Partido da Terra

como os políticos conquistam
o território brasileiro

Proibida a reprodução total ou parcial em qualquer mídia
sem a autorização escrita da editora.
Os infratores estão sujeitos às penas da lei.

A Editora não é responsável pelo conteúdo deste livro.
O Autor conhece os fatos narrados, pelos quais é responsável,
assim como se responsabiliza pelos juízos emitidos.

Consulte nosso catálogo completo e últimos lançamentos em **www.editoracontexto.com.br**.

Partido da Terra

como os políticos conquistam
o território brasileiro

ALCEU LUÍS CASTILHO

Copyright © 2012 do Autor

Todos os direitos desta edição reservados à
Editora Contexto (Editora Pinsky Ltda.)

Montagem de capa e diagramação
Gustavo S. Vilas Boas

Preparação de textos
Daniela Marini Iwamoto

Revisão
Lilian Aquino

Dados Internacionais de Catalogação na Publicação (CIP)
(Câmara Brasileira do Livro, SP, Brasil)

Castilho, Alceu Luís
Partido da terra : como os políticos conquistam o território
brasileiro / Alceu Luís Castilho. – São Paulo : Contexto, 2022.

Bibliografia.
ISBN 978-85-7244-729-4

1. Brasil – Política e governo 2. Eleições – Brasil 3. Estados e
Territórios Federais – Brasil 4. Posse da terra – Brasil I. Título.

12-06413   CDD-324.2

Índice para catálogo sistemático:
1. Posse de terra por políticos eleitos : Brasil : Ciência política 324.2

2022

EDITORA CONTEXTO
Diretor editorial: *Jaime Pinsky*

Rua Dr. José Elias, 520 – Alto da Lapa
05083-030 – São Paulo – SP
PABX: (11) 3832 5838
contexto@editoracontexto.com.br
www.editoracontexto.com.br

*Para cada brasileiro que tomba na disputa desigual pela terra.
E para meu pai, José Antonio Castilho (1933-2009).*

Sumário

APRESENTAÇÃO 9

O TERRITÓRIO
    Donos do Brasil 15
    Políticos latifundiários 27
    Marcha para o Oeste 36
    Pará: onde vale tudo 43
    Um Brasil muito particular 56

O DINHEIRO
    Quanto valem as terras? 69
    Exemplos de prosperidade 76
    No rumo do agronegócio 84
    Os reis do gado 92

A POLÍTICA
Movimento suprapartidário 103
Em ação: a bancada ruralista 113
A hora da votação 124
Famílias e clãs 133
Eleições: mais que "currais" 147

O AMBIENTE
Madeira abaixo 157
Amazônia despedaçada 163
O arco do desmatamento 172

EXCLUÍDOS
Escravizados 183
Mortos 205
Ameaçados 219

CONCLUSÕES 229

NOTAS 233

O AUTOR 239

Apresentação

Ao movimento dos trabalhadores sem-terra contrapõe-se (de modo articulado e sistemático) um movimento dos brasileiros com terra. Entre seus campos decisivos de atuação está a política – ao mesmo tempo palco e catapulta financeira. Os proprietários de terra no Brasil ocupam o Legislativo, invadem o Executivo, cultivam o Judiciário.

Este livro procura dimensionar a posse de terra por políticos eleitos, usando como fio condutor as declarações de bens entregues por eles mesmos ao Tribunal Superior Eleitoral (TSE). A opção metodológica nos obriga a deixar o Judiciário de fora.

É bem verdade que há bens não declarados ao TSE, números incompletos, valores defasados – mas também uma massa enorme de informações. São quase 13 mil declarações reunidas e comparadas – além de outras que se mostraram relevantes, de políticos eleitos em outros pleitos.

Os anos-base são os de 2008 e 2010 (ou 2006, no caso de 27 senadores e 54 suplentes). Prefeitos, vice-prefeitos, deputados estaduais, deputados federais, senadores, vice-governadores, vice-presidente da República e governadores ganham uma radiografia de suas fazendas, empresas agropecuárias, gado. Quantos hectares eles têm? Quantos bois? Quantas madeireiras?

Esse fio condutor numérico é recheado de histórias de um Brasil ainda rural – e arcaico. As histórias foram reunidas em mais de três anos de pesquisa jornalística. Ao longo desse período o mundo dos políticos com terra revelou-se microcosmo de boa parte dos problemas do país: desigualdade, violência, coronelismo, corrupção, agressão ao meio ambiente.

A primeira parte do livro ("O território") traz uma radiografia da posse de terra por políticos. Tanto nas Unidades de Federação em que eles foram eleitos, mas também fora delas. O levantamento mostra como os políticos latifundiários detêm uma parcela significativa do país; e como eles migram sistematicamente suas posses para as fronteiras agrícolas.

Aqui talvez esteja uma das maiores contribuições deste livro: o arco do desmatamento (o mesmo da matança de camponeses, do trabalho escravo) coincide com o arco da posse de terras por políticos latifundiários de todo o país. Amazônia e Cerrado são terras de políticos. O Pará, a mais completa tradução desse Velho Oeste.

A segunda parte do livro ("O dinheiro") esmiúça histórias dessa relação entre políticos e a terra. Uma história nem sempre republicana. Vão se delineando melhor os personagens dessa conquista do território: dos prefeitos de pequenos municípios no interior a governadores e senadores. Alguns, famosos – e enriquecidos. O que têm em comum Renan Calheiros, Newton Cardoso e Nilo Coelho? Pará e Paraná, Lupions e Barbalhos? José Sarney é um ruralista?

Na terceira parte ("A política") temos detalhes sobre a famosa bancada ruralista. Como ela vota, como os congressistas têm suas eleições financiadas por grandes grupos agropecuários. Por que políticos com campanhas financiadas por empresas votaram a favor do novo Código Florestal?

Outra revelação do livro: guardadas as proporções, quase todos os partidos têm políticos com (muita) terra. Da direita à esquerda. Esses dados ilustram como o nosso sistema político-partidário é ocupado, sistematicamente, pelos donos do território. Os ruralistas do Congresso (os assumidos) são apenas os que aparecem mais.

PMDB, PSDB e PR lideram o *ranking* dos partidos cujos políticos possuem mais hectares. Alguém se surpreenderá com a informação de que os filhos da Arena possuem menos terras que os filhos do MDB? Ou com o surgimento recente de uma "esquerda latifundiária", em partidos como o PPS, o PSB e o PT?

Mas esta não é apenas uma história de celebridades políticas, que pairam em relação ao país concreto – construído centímetro por centímetro, grão por grão, pasto por pasto. Veremos que a base desses políticos é regional. Familiar. A macropolítica no Congresso tem sua base na micropolítica: das prefeituras às fazendas. A teia coronelista dos votos é feita também de arame farpado.

Como consequência de uma relação nem sempre amistosa dos nossos representantes com a *terra brasilis*, tratamos também da devastação de nossos biomas pela pecuária. E do desmatamento praticado não por seres misteriosos no meio da floresta, mas por políticos. A questão ambiental é o tema da quarta parte do livro ("O ambiente").

Neste ponto, o livro traz outro levantamento inédito: uma lista de 69 madeireiras e serrarias pertencentes a mais de 60 políticos. Isso apenas entre os eleitos em 2008 e 2010. Várias dessas madeireiras apareceram em notícias e investigações (do Ibama, da Polícia Federal) sobre crimes ambientais.

A exploração de seres humanos como escravos abre a última parte do livro ("Excluídos"). Esse poderia ser considerado o último degrau na escala da barbárie. Uma barbárie copatrocinada por políticos. Mas há mais: a história do Brasil é uma história de violência no campo. Uma história de camponeses ameaçados – e assassinados.

Muitos episódios relatados chamam a atenção por sua face policial: políticos presos por extração ilegal de madeira; um prefeito detido por roubar carga de caminhões (e que esconde a muamba em fazendas no Nordeste); e um deputado arrozeiro colecionador de processos, que já foi preso sob a acusação de atirar em indígenas em Roraima.

Claro que nem tudo é ilegal. E que a menção a qualquer político nesta obra não implica que ele tenha sido condenado por algo. Como sabemos, todos são honestos até prova em contrário.

Afinal, a lista de políticos proprietários abriga nomes com ficha limpa. Há até um rei – um senador conhecido como o "rei da soja", que nos últimos anos passou a flertar com o ambientalismo. Um rei somente? Dois: em Minas Gerais, o "rei do feijão" e seu irmão (um prefeito) são acusados de trabalho escravo – e de mandar assassinar fiscais do Ministério do Trabalho.

Dois reis, seus súditos, muita concentração de terra – de fato vivemos em um regime capitalista muito particular.

Como os movimentos de trabalhadores sem-terra, o movimento dos políticos com terra (com lá seus quinhentos anos de idade) não se organiza de modo único. Ele tem suas figuras mais agressivas, seus cérebros, sua base eleitoral, seus financiadores – e também suas contradições. Gordo, ávido, esperto, onipresente, espaçoso, ele nem sempre deixa suas digitais. Seguem aqui algumas delas.

O TERRITÓRIO

O TERRITÓRIO

Donos do Brasil

A posse de terras rurais por políticos é identificável por camadas. Na medida em que identificamos cada uma delas, despontam milhões e milhões de hectares nas mãos de poucos homens públicos.

A cada camada de pesquisa, mais terras. Três milhões de hectares. Cinco milhões. Sete milhões. Nove milhões. Onze milhões de hectares. Isso sem contar as áreas urbanas. Os números vão progredindo conforme os dados são detalhados.

A primeira camada é a dos eleitos em 2008 em 2010. Para cargos eleitorais vigentes em 2012. Aqui avançamos bastante, em levantamento inédito: pelo menos 2,03 milhões de hectares são facilmente comprováveis – pois registrados, na Justiça Eleitoral, pelos próprios candidatos.

No Brasil, podemos comparar a área com a do estado de Sergipe (2,19 milhões de hectares).

Mas esse levantamento embute outra camada. Essa área se refere a apenas uma parcela dos bens que esses 12.992 políticos – apenas os eleitos em 2008 e 2010 – informaram ao Tribunal Superior Eleitoral.

É que, na base de dados do TSE, os bens rurais têm seu valor listado – mas não necessariamente a área. Entre os R$ 2,16 bilhões que os políticos declararam possuir em imóveis rurais, foi possível identificar a área no caso de apenas 63,6% do total.

Ou seja, aqueles 2 milhões de hectares referem-se somente a essa fatia de R$ 1,37 bilhão.

Esses imóveis rurais sem área especificada somam outros R$ 785 milhões, mais de 1/3 (36,4%) do total. Notem que estamos falando apenas de terras que os políticos registraram como pessoas físicas, na Justiça Eleitoral.

Caso essa área siga a mesma proporção em relação ao montante que eles detalharam (R$ 1,37 bilhão), são mais 1,3 milhão de hectares nas mãos dos políticos. E, portanto, eles têm no total pelo menos 3,3 milhões de hectares. Isto por uma simples regra de três.

Tentemos visualizar num quadro o levantamento e a projeção:

TERRAS DE POLÍTICOS			
	Hectares	Valor (R$)	%
Área (informada)	2,03 milhões	1,37 bilhão	63,60%
Área (não informada)	?	0,785 bilhão	36,40%
Área (TOTAL)	3,3 milhões*	2,16 bilhões	100%

* Projeção possível.

Nesse caso, podemos afirmar que os deputados estaduais e federais, senadores (e suplentes), prefeitos, governadores e vice-governadores possuem um território maior que o estado de Alagoas. Maior que o Haiti – ou a Bélgica.

Essas primeiras camadas são as mais próximas do que poderíamos chamar de "transparência". Pois os números estão à disposição de cada cidadão, na Justiça Eleitoral. Mas estão longe de serem as únicas.

A MULTIPLICAÇÃO

A terceira camada surge a partir das empresas de políticos. Tomemos cinco exemplos: o do senador Blairo Maggi (PR-MT); o do prefeito de Lucas do Rio Verde (MT), Marino Franz (PPS); o do deputado federal Newton Cardoso (PMDB-MG); o do prefeito de Pompéu (MG), Joaquim Reis (PPS); e o do deputado federal João Lyra (PTB-AL).

As usinas de João Lyra ocupam pelo menos 53.108 hectares – e ainda arrendam mais 65.770 hectares. Uma das empresas do prefeito Marino Franz (e apenas uma, a Mano Julio) informa 75.338 hectares de áreas plantadas. Uma empresa de Joaquim Reis, mineradora, foi autorizada a prospectar 500 mil hectares em Minas.

É pouco? O ex-governador Newton Cardoso possui 185 mil hectares em suas 145 fazendas.[1] O site do Grupo Newton Cardoso informa que possui 40 mil hectares de plantações de pinus e eucaliptos – apenas uma das atividades do grupo. Esses hectares também não entraram na nossa soma inicial.

Cardoso perde em extensão de terras para o senador Blairo Maggi (PR-MT). O grupo André Maggi (nome do pai e fundador) plantava grãos, na safra 2009/2010, em uma área de 203 mil hectares.

Vamos ajudar o leitor: essa camada corporativa soma quase 1,1 milhão de hectares aos 3,3 milhões de hectares identificados anteriormente.

Total parcial: 4,4 milhões de hectares – mais que o tamanho da Holanda. Ou da Suíça.

DE PREFEITOS A GOVERNADORES

Esse levantamento foi feito especificamente para este livro, ao longo de três anos, entre 2008 e 2011. Baseia-se nos documentos entregues pelos próprios políticos à Justiça Eleitoral.

Por um critério metodológico, não foi possível incluir nesse total os suplentes de deputado federal – vários deles já exercendo, em 2011, o cargo em Brasília. É o caso do deputado Roberto Dorner (PP-MT), dono de 25 mil hectares. Ou o do maior produtor de semente de soja do país, Odilio Balbinotti (PMDB), deputado entre 1995 e 2011. Primeiro suplente de sua coligação no Paraná, ele declarou em 2006 mais de R$ 68 milhões em terras – num total de 12,5 mil hectares.

E esses são apenas alguns casos. Igualmente não estamos falando de bens rurais (terras ou empresas) que não foram enumerados pelos políticos. Alguns deles registraram no TSE apenas o valor total declarado ao Imposto de Renda, sem nenhuma especificação, por itens. Ficamos sem saber se o total de bens se refere a fazendas, casas, carros ou dinheiro no banco, por exemplo.

Terras em nomes de laranjas? O leitor escolhe se elas não existem ou se não são computáveis.

Por suposto, não nos referimos também a fazendas que sumiram das declarações ao longo dos anos. Ou nelas nunca entraram. Quanta terra possui o senador Renan Calheiros (PMDB)? Não se sabe ao certo.

Da mesma forma, não é possível ainda quantificar as terras em nome de familiares dos políticos (a não ser quando eles relacionam, caso raro, as terras de cônjuges em regime de comunhão de bens). Quaisquer hectares nas mãos de filhos, pais, irmãos, tios, não entram neste levantamento.

Abrimos uma exceção para Eraí Maggi, primo do senador Blairo Maggi. É Eraí o verdadeiro "rei da soja" no Brasil: ele planta 380 mil hectares de grãos. Mais que os 203 mil hectares de Blairo – o vice-rei.

Ou seja: o pedaço de Brasil sob o controle *direto* dos políticos eleitos, vereadores à parte, é seguramente bem maior que as áreas mensuráveis. É terra saindo pelo ladrão. Nas mãos de homens públicos.

PLANETA POLÍTICO

Vale observar que aqueles 2 milhões de hectares iniciais (explicitamente declarados) significam 0,57% do total de terras declaradas no país em 2003. Conforme o IBGE, essas terras somavam naquele ano 355 milhões, diante dos 851,5 milhões de hectares – 8.514.876,599 quilômetros quadrados – que desenham o Brasil.

Somando aquela área não detalhada (1,3 milhão de hectares) e contando a área nas mãos de empresas (como as de João Lyra, Blairo Maggi, Newton Cardoso), ou seja, aqueles 4,4 milhões de hectares, concluímos que esse grupo seleto possui, no mínimo, 1,2% do território brasileiro.

Lembremos que estamos falando de apenas 13 mil brasileiros.

A desproporção é evidente. Suponhamos que toda a população brasileira (190 milhões de habitantes) possuísse terras como esses senhores. E não 0,22 hectare por pessoa, como é hoje. Pela hipótese mais tímida (2 milhões de hectares), teríamos de computar 153 hectares para cada um. Nesse caso, a soma ultrapassaria 290 milhões de quilômetros quadrados – ou 57% da superfície da Terra.

Com base nos números mais completos (4,4 milhões de hectares), o total de brasileiros possuiria mais de uma vez a superfície do planeta.

Lembremos que esse levantamento não leva em conta os bens de 51.225 vereadores eleitos em 2008. E façamos outra suposição.

Se esses vereadores possuírem, juntos, a mesma área que os 13 mil políticos analisados neste livro (e não uma área quatro vezes maior, ou duas vezes maior) a soma desse território dos políticos será uma área de quase 9 milhões de hectares. Ou seja, o tamanho de Portugal.

OUTRAS CAMADAS

E ainda estamos longe de chegar ao teto. O problema é que essas camadas começam a ficar cada vez menos transparentes. Como veremos ao longo do livro, há muitas histórias mal contadas: a de agropecuaristas "sem terra", de gado pastando em lugares não registrados, declarações genéricas ou imprecisas.

Este livro não teve como foco os políticos que não conseguiram se eleger em 2008 ou 2010. Mas algumas referências ao longo dos capítulos mostram mais centenas de milhares de hectares nas mãos de apenas alguns desses políticos.

É o caso dos candidatos a prefeito não eleitos em 2008 no Pará, com 88 mil hectares. Eles possuem mais terras do que os 50 mil hectares declarados pelos prefeitos eleitos.

Em todo o Brasil, nos 26 estados, os prefeitos eleitos declararam 1,16 milhão de hectares. Quantas terras possuem os candidatos não eleitos? Esse levantamento não foi feito. Seguindo a proporção paraense, teremos mais 2 milhões de hectares.

Reiteramos que todos os números anteriores representam apenas uma amostra. Não contamos outros políticos (deputados, senadores, governadores) que não se elegeram em 2010. E, mesmo assim, com projeções pouco ousadas, já passamos facilmente dos 11 milhões de hectares – o tamanho de Cuba ou da Bulgária.

Muita terra nas mãos de poucos, certo?

Pois é desse território inicial que emergem outras histórias, contadas ao longo do livro: as histórias dos latifundiários, as de políticos que ocupam a Amazônia, as de madeireiros. Histórias de coronéis e de violência.

Com um agravante. Em um país que ignorou e ignora uma reforma agrária de fato, essa terra toda pertence a figuras muito especiais: os executores das leis e normas que regem o próprio território.

UM POUCO DE HISTÓRIA

Essas leis e normas perpetuam uma desigualdade histórica. O Brasil só perde para o Paraguai[2] em concentração de propriedades rurais.

A posse de terras por políticos faz parte da história do Brasil desde as sesmarias. O paulista João Ramalho, no século XVI, era sesmeiro, além de caçador de índios – e foi alcaide e vereador. Gilberto Freyre conta, em *Sobrados e mucambos*,[3] que apenas no século XVIII a burguesia começa a tentar quebrar o exclusivismo dos donos de terras nas Câmaras e Senados. Somente com Dom João VI haveria uma distensão.

Com a Lei de Terras, a partir de 1850, o governo ganha mais poder sobre o território. Mas garante a concentração de terras – e de poder político – na mão de poucos. Em um país agrário, a própria família real tinha alto apreço por suas propriedades. Foi na Fazenda de Santa Cruz (onde séculos antes os jesuítas tinham escravos e gado) que Dom Pedro I comemorou a independência – e onde a princesa Isabel assinou a Lei Áurea.

Em 1888, o ministro da Agricultura era Antonio da Silva Prado. Primeiro prefeito de São Paulo, deputado, ministro, chegou a ter 24 milhões de pés de café no interior paulista. Hoje, com esses números, ele ainda seria o maior produtor do mundo. Durante a República Velha, fazendeiros paulistas e mineiros alternavam-se na presidência. Um deles, Prudente de Morais, foi quem enviou tropas para o massacre de Canudos.

Pouco mudaria no século XX. Getúlio Vargas era um pecuarista. Nem com o Estatuto da Terra, de 1964, teoricamente aberto à reforma agrária. O próprio golpe militar de 1964 teve na rejeição à reforma agrária um dos principais motivos para a queda do presidente João Goulart (cujo pai resistira no Rio Grande do Sul ao domínio dos frigoríficos americanos). As reformas de base de Jango – a começar da reforma agrária – não puderam ser feitas.

Mas o fetiche da posse de terra atravessou políticos de regimes autoritários e democráticos; dos governos Sarney a Lula, de Collor a Fernando Henrique Cardoso. O general João Figueiredo disse que preferia o cheiro do cavalo ao cheiro do povo. A família de José Sarney tem uma ilha inteira no Maranhão, a Ilha de Curupu – 2,5 mil hectares, ou 38% do município de Raposa.

Mesmo o intelectual FHC (cujo governo assistiu aos massacres de trabalhadores sem-terra em Corumbiara e Eldorado dos Carajás) tinha lá sua fazenda: 1.046 hectares em Buritis (MG). O sociólogo chegou a declará-la ao TSE, em 1998, como empresa. Depois passou-a para os filhos. Em 2002 ela foi ocupada por trabalhadores sem-terra – e logo desocupada pela Polícia Federal e pelo Exército.

Luiz Inácio Lula da Silva e Dilma Rousseff não possuem imóveis rurais – mas Lula abrigou ministros latifundiários, como os peemedebistas Geddel Vieira Lima (quase 10 mil hectares) e Eunício de Oliveira (outros 8 mil hectares). A presidente Dilma governa sob a marcação cerrada do PMDB – um partido recheado de coronéis. Seu vice, Michel Temer, tem lá seus hectares em Goiás. Os famosos caciques adoram colocar o pé na terra.

PALCOS PREFERIDOS

Entre os políticos eleitos nos últimos pleitos destacam-se os senadores como os principais proprietários de terra do país. Proporcionalmente, eles têm mais bens rurais que seus suplentes (conhecidos por sua condição de milionários); mais também que os governadores, deputados federais, estaduais, prefeitos e vice-prefeitos.

A média de hectares por senador impressiona: são quase mil hectares (973) para cada um. Precisaríamos de vários planetas para que cada brasileiro possuísse a mesma quantidade de terras. Trinta e oito senadores eleitos em 2006 e 2010 declararam ao TSE nada menos que 78.573 hectares. É o equivalente a 13,4% da área do Distrito Federal, onde eles exercem seu poder.

Os proprietários de terra não ambicionam da mesma forma todos os cargos. Basta comparar a média de hectares entre prefeitos e vice-prefeitos; ou a média entre vice-prefeitos e todos os demais cargos eletivos no país. Os donos do Brasil não fazem questão de ser vice – vão direto aonde está o poder de fato.

TOTAL POR POLÍTICOS		
	Área (Hectares*)	Valor (R$)
Governadores/vices	18.398,08	12.825.351,27
Suplentes (Senado)	78.573,25	63.370.036,33
Senadores	78.786,93	30.629.393,92
Deputados federais	157.074,91	128.152.856,72
Deputados estaduais	215.407,85	163.998.941,33
Vice-prefeitos	322.823,82	603.850.340,67
Prefeitos	1.160.422,88	1.156.181.690,71
Total geral	2,03 milhões	R$ 2,16 bilhões

* Parciais (apenas os que eles especificaram).

Notem que, para este levantamento, estamos trabalhando apenas com a camada inicial (2 milhões de hectares), a que possui mais riqueza de detalhes.

Mas vejamos: mais de 5 mil vice-prefeitos possuem "apenas" 323 mil hectares. Isso representa quase quatro vezes menos que a área possuída por 5 mil prefeitos. Mesmo assim, essa média de 58 hectares por cabeça é 14 vezes maior que a média da população economicamente ativa.

Entre essa população de 100 milhões de brasileiros, considerando 418 milhões de hectares cadastrados no Incra[4] (quase a metade do território brasileiro), a média é de 4,18 hectares por cabeça. A relação população/território é parecida: 4,5 hectares para cada um dos 190 milhões de brasileiros. Um convite ao leitor: quantas pessoas você conhece que têm 45 mil metros quadrados no campo?

ELITE POLÍTICA E FUNDIÁRIA

Cargos mais altos implicam maior média. Entre os prefeitos eleitos, ela salta para 209 hectares por pessoa; entre os deputados estaduais, para 203; entre os federais, para 296; entre os senadores, atinge o pico, com 973 hectares por senador eleito; entre os suplentes para o Senado, 485 hectares; e entre os governadores (e vices), volta a baixar, para 341 por político.

Uma ressalva deve ser feita em relação aos suplentes do Senado. Eles declararam ao TSE um valor parecido com o dos senadores, R$ 21 milhões cada, para as terras com área definida – especificada por eles nas declarações. Essa área é parecida nos dois casos: 79 mil hectares cada grupo. Mas os senadores declararam somente R$ 9,3 milhões sem especificar a área, contra R$ 41,6 milhões dos suplentes.

Isso significa que, voltando à clássica regra de três, os suplentes podem ter 150 mil hectares a mais em relação ao que eles divulgaram (79 mil hectares). No caso dos senadores, esse território adicional, não informado, deve girar em torno de 33 mil hectares.

Os suplentes do Senado têm uma característica curiosa em relação aos demais políticos eleitos. Mais até que no caso dos vice-prefeitos e vice-governadores, pouca gente sabe em quem está votando. No caso de morte ou licença (para que o senador assuma um ministério, ou o governo estadual), o suplente ganha a cadeira. Em geral eles são muito ricos.

SEM TERRA *VS.* SEM-TERRA

Vale ressaltar a existência de um grupo muito curioso entre os políticos eleitos: são uma espécie de proprietários de terra "sem terra". Explico. Nada menos que 92 prefeitos, 207 vice-prefeitos e 8 deputados declararam-se, ao informar a profissão, agricultores, pecuaristas ou produtores agropecuários. Mas, ao TSE, não informaram um único centímetro de terra.

Entre esses pecuaristas e agricultores "sem terra" (sem o hífen, que caracteriza o movimento de camponeses) há políticos milionários, como os vice-prefeitos de Abelardo Luz e Ralador. Os dois catarinenses possuem, respectivamente, R$ 1,2 milhão e R$ 1,5 milhão em equipamentos agrícolas – sem nenhum hectare declarado à Justiça Eleitoral.

Outros cinco políticos declararam possuir tratores, grua florestal e outros equipamentos – mas igualmente sem um chão onde colocá-los. Dois são deputados federais: o acreano Márcio Bittar (PSDB) e o rondonense Natan Donadon (PMDB).

Bittar declarou-se pecuarista. Dono de um patrimônio de R$ 1,8 milhão, ele até informou possuir R$ 163 mil em gado, mas não terra. Donadon declarou-se agricultor. Ele é um caso à parte na Câmara: está condenado, desde o fim de 2010, a 13 anos de prisão, por desviar dinheiro da Assembleia Legislativa de Rondônia.[5]

A lista desses políticos com matriz agrária, mas sem terra, inclui prefeitos que foram deputados. Um deles é o ex-deputado paranaense

José Borba. Ex-líder do PMDB na Câmara, ele foi acusado pela Comissão Parlamentar de Inquérito (CPI) do Mensalão de receber em sua conta bancária R$ 1,1 milhão do empresário Marcos Valério. Renunciou em 2005 ao mandato e, em 2008, elegeu-se prefeito de Jandaia do Sul, com apenas R$ 288 mil em sua declaração de bens. Sua profissão, "pecuarista".

É importante diferenciar os políticos que se definiram como "agricultores" daqueles que optaram pela profissão de "trabalhador rural": quatro prefeitos e 28 vice-prefeitos sem posse de terra encaixam-se nesse perfil – de quem vive no campo como assalariado.

Esse total de 32 trabalhadores rurais[6] ilustra a desproporção em relação às centenas de políticos proprietários de terra. Estes são minoria na população brasileira, mas chegam muito mais facilmente às prefeituras.

Aos demais cargos (Congresso, Assembleias, governos estaduais), os trabalhadores rurais nem chegam.

UMA GEOGRAFIA PRÓPRIA

Essa montanha de bens rurais dos políticos é suficientemente grande para estar distribuída por todo o território brasileiro.

A distribuição de terras segue a lógica regional: mais propriedades pequenas em estados como o Rio Grande do Sul, mais latifúndios no Mato Grosso, e assim por diante.

De um modo geral, porém, afirma-se um Brasil político muito mais rural do que se proclama.

Por sua capilaridade, os dados sobre prefeitos são importantes para perceber o quanto esse Brasil dos políticos tem vínculo estreito com o campo. A porcentagem de municípios onde o prefeito ou o vice possuem terras é de 62,33% no país. No Mato Grosso, chega a 78,72%.

Em sete estados (MT, TO, BA, ES, RO, GO e PI) nem é preciso contar o vice-prefeito: mais de 50% dos prefeitos são proprietários de terra.[7]

Se voltarmos a contar os vices, em apenas três estados esse índice de posse de terras entre prefeitos não ultrapassa 50%: Amapá (25%), Rio de Janeiro (39%) e Amazonas (46%). E o Amapá tem apenas 16 municípios.

UM PAÍS RURAL						
UF	Prefeitos	Com terra	% com terra	Hectares (totais)	Pref. ou vice c/terra	%
MT	141	88	62,41%	172.796,11	111	78,72%
TO	139	74	53,24%	52.632,74	139	74,82%
PR*	397	197	49,62%	73.391,66	100	74,44%
BA*	414	222	53,62%	78.626,96	308	74,40%
ES	77	40	51,95%	2.349,42	55	70,51%
MG	853	418	49,00%	99.972,66	592	69,40%
RO	52	29	52,73%	9.379,94	36	69,23%
RS	496	228	45,97%	47.071,42	341	68,75%
GO*	244	127	52,05%	132.165,53	166	68,03%
SC	293	139	47,44%	38.245,55	199	67,92%
PI*	223	114	51,12%	46.853,09	149	66,82%
RR	15	5	33,33%	3.057,70	10	66,67%
MS**	78	38	48,72%	51.899,28	50	64,10%
PB*	221	91	41,18%	12.780,96	139	62,61%
SP*	643	282	43,86%	72.697,91	394	61,18%
PA*	142	61	42,96%	50.749,81	85	59,86%
MA	217	95	43,78%	66.547,55	129	59,45%
AC	22	10	45,45%	20.377,90	13	59,09%
RN	167	65	38,92%	14.435,24	89	53,29%
CE*	183	72	39,34%	65.700,68	97	53,00%
SE*	74	28	37,84%	5.659,33	39	52,70%
AL*	101	39	38,61%	7.344,53	52	51,49%
PE*	183	68	37,16%	4.925,40	94	51,37%
AM*	61	22	36,07%	26.970,41	28	45,90%
RJ	92	27	29,35%	2.441,10	36	39,13%
AP	16	3	18,75%	1.350,00	4	25,00%
TOTAL	5543	2582	46,58%	1.160.422,80	3455	62,33%

* *Sem dados dos 19 municípios restantes.*
** *Um município foi criado após as eleições.*

LONGE DO LITORAL

Dados do Incra e do IBGE mostram que o Centro-Oeste é a região brasileira com mais terras registradas – mais de 100 milhões de hectares, em torno de 30% do total nacional. Norte (pelos dados do Incra) e Nordeste (conforme o IBGE) disputam a segunda colocação, na faixa dos 20%. Por último vêm o Sudeste (cerca de 17%) e o Sul (10%).

Pelo critério do domicílio eleitoral dos políticos, a distribuição dos 2 milhões de hectares declarados segue a mesma ordem do IBGE: Centro-Oeste (614 mil hectares), Nordeste (538 mil), Norte (362 mil), Sudeste (260 mil) e Sul (255 mil). Mas veremos em outro capítulo que as terras dos políticos nem sempre estão em suas regiões eleitorais.

Há duas ligeiras diferenças em relação à distribuição mostrada pelo IBGE e pelo Incra. Uma delas é relativa aos políticos do Sudeste: eles têm percentualmente menos terras (12%) que a média nacional dos proprietários de sua região. Em contrapartida, os políticos do Nordeste possuem mais terras (26%) que a média observada no país, aproximando-se significativamente da média dos proprietários do Centro-Oeste.

Mas a liderança do Centro-Oeste é incontestável. Entre os deputados federais de Goiás, Mato Grosso e Mato Grosso do Sul a média é de 1.821 hectares por político. Quase o dobro da média dos senadores. Entre os deputados estaduais (e distritais) do Centro-Oeste, essa média cai para 513 hectares.

Comparando deputados federais e estaduais, os deputados federais dos quatro estados do Sudeste têm a menor média do país: "apenas" 42 hectares por pessoa. É o Brasil mais distante dos grotões – e supostamente mais próximo da modernidade. Diante dos demais políticos brasileiros, são praticamente uns sem-terra.

Políticos latifundiários

Há um grupo muito especial entre os 13 mil políticos – eleitos para cargos vigentes em 2011 – com imóveis rurais. Apenas 346 deles possuem 77% da área inicial de 2 milhões de hectares. O que eles têm em comum? Suas fazendas possuem mais de mil hectares. Somadas, elas perfazem um território de 1,54 milhão de hectares – equivalente à metade da Bélgica.

Essa porcentagem de 77% entre os políticos latifundiários é ainda maior que o largo índice de concentração de todas as fazendas brasileiras, conforme o Incra. Pelo Censo Agropecuário de 2006, as propriedades com mais de mil hectares concentram 43% da área total registrada no Brasil.

Ocorre que a concentração entre os políticos é ainda maior: um grupo de 211 eleitos possui mais de 2 mil hectares cada um. Mesmo com esse recorte, eles têm acima de dois terços (67%) da área de 2 milhões revelada ao TSE. Esse pedaço de Brasil soma 1,35 milhão de hectares – tamanho de países como Montenegro e Bahamas, quase o do Timor Leste.

Façamos mais um recorte: políticos com, cada um, mais de 5 mil hectares. São 77 senhores e senhoras (número menor que o de senadores), todos referendados pelo voto popular, com uma área total de 930 mil hectares – maior que Porto Rico, perto do tamanho do Líbano.

Mas vamos além. Há ainda um seletíssimo grupo de políticos que cabe em uma sala de aula. São duas mulheres (esposas, por sua vez, de políticos também presentes na lista) e 29 homens que, sozinhos, têm 612 mil hectares. Mais terras que o Distrito Federal. Ou que a disputadíssima Palestina.

O PESO DO LATIFÚNDIO					
DIMENSÃO	Nº DE POLÍTICOS	ÁREA TOTAL (ha)	ÁREA EQUIVALENTE	MÉDIA (ha/pessoa)
Todos os políticos com terra	12.992	2.016.063,12	El Salvador	155
Com mais de 1 mil hectares	346	1.538.300,55	1/2 Bélgica	4.446
Com mais de 2 mil hectares	211	1.352.460,44	Montenegro	6.410
Com mais de 3 mil hectares	77	930.406,34	Líbano	12.083
Acima de 10 mil hectares	31	612.073,24	Palestina	19.744

Esses 31 políticos têm em média quase 20 mil hectares cada. Isso representa quase um terço do total de "terras de políticos" identificadas neste levantamento, aqueles 2 milhões de hectares. Ao TSE, eles avaliaram esses 612 mil hectares em R$ 108 milhões.[8]

OS MAIORES LATIFUNDIÁRIOS							
POLÍTICO	SIGLA*	HECTARES	CARGO	MUNICÍPIO	UF	VALOR	R$/ha
Adair Henriques	PSDB	53.929,40	prefeito	B. Jesus de Goiás	GO	6.886.625,74	127,7
João Muniz Sobrinho	PSDB	48.514,77	prefeito	Cruz	CE	12.451.021,63	256,64
Jayme Campos	DEM	32.105,38	senador	-	MT	3.900.365,34	121,49
Fernando Gorgen	PR	31.878,73	prefeito	Querência	MT	3.119.814,52	97,87
Tobias Carneiro	PMDB	26.084,63	suplente/Senado	-	TO	22.059,25	0,85
Nilo Coelho	PP	24.978,60	prefeito	Guanambi	BA	7.601.700,01	304,33
Íris Rezende	PMDB	23.913,37	prefeito	Goiânia	GO	4.186.012,59	175,05
Togo Soares	PR	23.689,00	prefeito	Uarini	AM	6.619,95	0,28
Marino Franz	PPS	23.109,29	prefeito	Lucas do Rio Verde	MT	3.573.130,87	154,62
Nelson Cintra	PSDB	22.365,50	prefeito	Porto Murtinho	MS	4.592.304,31	205,33
Íris Rezende	PMDB	21.523,81	dep. federal	-	GO	3.722.975,61	172,97
Baltazar Rodrigues	PR	20.533,73	prefeito	Arapoema	TO	4.142.313,07	201,73
Jango Herbst	PMDB	18.914,24	prefeito	Mafra	SC	3.463.695,79	183,13
Sinval Silva	PMDB	17.940,98	prefeito	Tibagi	PR	1.111.846,25	61,97

Hilário Melo	PT	17.842,00	prefeito	Jordão	AC	42.942,87	2,41
Izair Teixeira	PPS	16.634,61	prefeito	Buritama	SP	595.408,52	35,79
Sandro Mabel	PR	15.583,23	dep. federal	-	GO	1.562.409,53	100,26
Juraci Freire	PP	15.171,71	prefeito	Porteirinha	MG	1.470.739,80	96,94
João B. de Andrade	PSDB	14.491,80	prefeito	Pitangueiras	SP	15.803.475,12	1.090,51
Humberto Coutinho	PDT	14.063,27	prefeito	Caxias	MA	1.466.084,52	104,25
Cleide Coutinho	PSB	13.860,63	dep. estadual	-	MA	10.345.497,17	746,39
Elias Farah Neto	PSDB	13.129,88	prefeito	Candói	PR	1.564.526,96	119,16
Tadashi Uto	PR	12.913,12	vice-prefeito	Carlópolis	PR	174.048,33	13,48
Roland Trentini	DEM	12.200,72	prefeito	Alto Garças	MT	5.748.478,60	471,16
Edson Barros	PTB	12.000,00	prefeito	Anajás	PA	300.000,00	25,00
Shidney Rosa	PSDB	11.599,10	dep. estadual	-	PA	1.906.704,96	164,38
Zé Gomes	PP	11.110,53	prefeito	Itumbiara	GO	502.030,38	45,19
Acir Marcos Gurgacz	PDT	10.719,33	senador	-	RO	292.109,33	27,25
Eros Araújo	PMDB	10.702,17	prefeito	Telêmaco Borba	PR	10.409,56	0,97
Antério Mânica	PSDB	10.424,55	prefeito	Unaí	MG	3.120.100,64	299,30
José Vieira Lins	PR	10.145,16	dep. federal	-	MA	4.093.457,00	403,49

* *Partido pelo qual foi eleito.*

Mesmo diante de toda essa grandeza, 7 desses 31 políticos não se declararam milionários ao TSE. O biólogo goiano Tobias Carneiro (PMDB-TO), suplente da senadora Kátia Abreu, conhecido como Paulo Leniman, é dono de 26 mil hectares, mas informou em 2006 ter apenas R$ 74 mil em bens, rurais ou urbanos.

Veremos na segunda parte do livro ("O dinheiro") como varia – e muito – ao longo das declarações o valor de cada hectare.

UMA LISTA EXTRA

Como na lista geral de posses rurais, o rol de políticos latifundiários seguramente não para na relação anterior: eleitos que assumiram ter mais de 1 mil, 2 mil, 5 mil ou 10 mil hectares cada um. É que muitos deles declararam terras milionárias, mas sem a gentileza de informar ao eleitor qual o tamanho delas.

Vimos que 31 políticos com mais de 10 mil hectares cada declararam esses bens por R$ 108 milhões. Pois bem: vários outros eleitos informaram a posse de terras por milhões ou até dezenas de milhões de reais. Mas omitiram a área.

Vejamos alguns deles:

ÁREA INDEFINIDA						
POLÍTICO	SIGLA	TERRAS (R$)	CARGO	MUNICÍPIO	UF
José Catanant Neto	PT	25.000.000,00	prefeito	Campo Florido	MG
Demetrius Ribeiro	PSDB	21.200.000,00	suplente/Senado	-	PA
Brandão Rezende	PMDB	20.000.000,00	prefeito	Tupiratins	TO
Antonio Levino	PTB	19.100.000,00	prefeito	São Félix do Xingu	PA
José Toniello	PTB	15.195.087,97	prefeito	Nova Independência	SP
Luciane Bezerra	PSB	13.300.000,00	deputada estadual	-	MT
Beto Rocha	PMN	12.500.000,00	prefeito	Bom Jardim	MA
Geraldo Pires – Sabiá	PMDB	10.000.000,00	prefeito	Sabinópolis	MG
Celso Lopes Cardoso	PDT	9.400.000,00	prefeito	Tucumã	PA
Elmiro Nascimento	DEM	9.800.000,00	suplente/Senado	-	MG
Antonio Salim Curiati	PP	9.291.704,20	deputado estadual	-	SP
Arthur Lira	PP	8.382.156,00	deputado federal	-	AL
Dimas Ferraz	PSC	6.300.000,00	vice-prefeito	S. Cruz do Escalvado	MG
Jeová de Aguiar	DEM	6.300.000,00	vice-prefeito	Santana do Araguaia	PA
Cel Gilberto Santana	PTN	6.110.000,00	deputado estadual	-	BA
Marquinho Foresti	PPS	6.000.000,00	vice-prefeito	Varginha	MG
Chico Rego Neto	PTB	6.000.000,00	vice-prefeito	M. Cabeça no Tempo	PI
Paulo Alves	PMDB	5.450.000,00	vice-prefeito	Vila Valério	ES

Esses 18 políticos declararam R$ 209 milhões em terras sem área definida – quase o dobro, portanto, que o valor informado por aqueles 31 eleitos para 612 mil hectares. Mais uma vez, a tentação de fazer uma regra de três é grande: temos aí mais 1 milhão de hectares – omitidos – nas mãos de políticos? Pouco mais, pouco menos? Eu também gostaria de saber.

LATIFÚNDIOS NO BRASIL

Para este levantamento foi considerada a soma das propriedades de cada político. Mais que identificar latifúndios, este livro conta a história dos latifundiários. As propriedades do senador Jayme Campos (DEM-MT) são um exemplo de pulverização dos bens: os 32 mil hectares do senador estão divididos. A maior de suas fazendas tem 5.554 hectares.

Alguém dirá que, no Brasil, uma área de mil hectares não basta para caracterizar um latifúndio. Do ponto de vista legal, é verdade.

Temos uma definição jurídica que varia conforme as regiões, mais ou menos produtivas. Do ponto de vista político, porém, é comum que áreas acima de mil hectares (como a fazenda de FHC em Buritis) sejam associadas a latifúndios.

A face esponjosa do conceito de latifúndio deriva da ideia de módulo fiscal, presente no Estatuto da Terra. Ele varia não só por região, mas por município. Para se caracterizar um latifúndio por extensão é preciso ter mais de 600 módulos fiscais. Isso significa tanta terra, em algumas partes do país, que o prefeito Adair Henriques, dono de 54 mil hectares em Goiás, talvez tivesse pouca companhia numa lista de latifundiários do Norte e Centro-Oeste.

Isso porque na região Norte um módulo fiscal varia entre 50 e 100 hectares. Multiplicando isso por 600 precisamos de 30 mil a 60 mil hectares para comprovar um latifúndio por extensão. No Nordeste, o módulo oscila entre 15 e 90 hectares. No Centro-Oeste, Sul e Sudeste, o mínimo é de 5 hectares – variando até 40 hectares (Sul), 70 (Sudeste) e 110 (Centro-Oeste). Nenhuma terra brasileira com até 3 mil hectares seria, ainda, latifúndio por extensão.

Tudo isso não significa que os latifúndios por extensão estejam para ser desapropriados: com a Constituição de 1988, isso se tornou só uma referência.

Mas além dele existe o latifúndio por exploração, que pode ter menos de 600 módulos fiscais. Basta que não cumpra sua função social. Isso abre o leque do conceito e estimula o debate sobre a legitimidade das grandes extensões de terra. O Fórum Nacional da Reforma Agrária e Justiça no Campo defende a limitação da propriedade a 35 módulos fiscais – algo entre 175 hectares (mais do que o limite de 125 hectares proposto no Império Romano) e 3,5 mil hectares.

BRASIL DE PONTA A PONTA

A lista de 31 políticos com mais de 10 mil hectares inclui o prefeito de Jordão, no Acre, Hilário Melo (PT). O município tem o segundo pior IDH (Índice de Desenvolvimento Humano) do país, na fronteira com o Peru. Melo faz parte de uma das famílias que fundaram Jordão – e que se alternam no poder desde 1992. Ele possui quase 18 mil hectares: tamanho de Aruba, no Caribe.

Mas o político com mais terras na Amazônia é o madeireiro Togo Soares (PMDB), prefeito de Uarini (AM), com 23 mil hectares. Pouco menos que a área das famosas Ilhas Cayman. Ao TSE ele declarou em 2008 lotes de terra em Ipixuna, nas duas margens do rio Juruá e na margem do rio Copacá. Os dois lotes do Juruá somam 23.689 hectares, declarados por R$ 6.619,95.

Soares move-se por todo o Amazonas – um estado do tamanho da Mongólia (ou do Irã), ou de toda a região Nordeste. Uarini fica na região central. Um documento de 2003 do Inpa (Instituto Nacional de Pesquisas da Amazônia) mostra que Soares tinha nesse ano três propostas de manejo florestal, em Santo Antônio do Içá (extremo oeste) e em Ipixuna, na divisa com o Acre, em um total de 15.940 hectares.

Vale lembrar aqui que a lista se baseia no momento da eleição, em 2008 e 2010. (Ou 2006, para um terço do Senado.) Por isso a presença de Íris Rezende (PMDB), por exemplo, que deixou a prefeitura de Goiânia para tentar voltar ao governo estadual, sem sucesso. Mas sua mulher, homônima, segue como deputada federal (PMDB). Outro político da lista foi governador: o baiano Nilo Coelho (PP), o Nilo Boi.

Esses latifundiários espalham-se com desenvoltura pelo território brasileiro. O empresário mineiro Adair Henriques (PSDB) lidera o *ranking*, com 54 mil hectares. Dono da Bagel, empresa de armazenamento de grãos (parceira da multinacional Cargill), ele até tem seus 1.429 hectares em Bom Jesus de Goiás, onde é prefeito. Mas suas propriedades estão principalmente no Mato Grosso: duas fazendas "em Cascalheiras" (provavelmente ele se refere a Ribeirão Cascalheira, quase na divisa com Goiás) somam 52.500 hectares.

A comparação com o tamanho de países pode soar cansativa, mas não podemos perder a dimensão dessas posses. Sozinho, Adair Henriques tem nesse município mato-grossense duas fazendas com área similar à de Singapura.

TERRA E PODER

Vale detalhar mais um pouco esse grupo de 31 políticos com overdose de hectares. Terão eles estudado muito para obter todo esse poder? Não exatamente. Doze deles têm ensino médio completo. Um deles, incompleto. Quatro possuem o fundamental completo. Dois obtiveram suas riquezas com somente o ensino fundamental incompleto.

O prefeito de Arapoema (TO), Baltazar Rodrigues, o Tazinho (PR), dono de 20 mil hectares, não tem estudo formal: declarou que "lê e escreve". Em novembro de 2010, cinco vereadores protocolaram uma representação contra Tazinho, acusando-o de crime ambiental pelo descarte do lixo do município sem separação (domiciliar, comercial, hospitalar) e em área próxima a mananciais.

Três desses 31 políticos começaram um curso superior, mas não se formaram. Apenas oito têm curso superior completo: o advogado Íris Rezende (GO), o empresário Sandro Mabel (GO), os médicos Eros Araújo (PR) e Humberto Coutinho (MA), a engenheira Cleide Coutinho (MA), o administrador Shidney Rosa (PA), o veterinário Tobias Carneiro (TO) e o agrônomo Sinval Silva (PR).

Oito deles exercem atividade política no Centro-Oeste – metade em Goiás, metade em Mato Grosso. O mais poderoso atualmente é o senador Jayme Campos (eleito em 2006 pelo PFL). Filho de político, irmão de político, dono de mais de 32 mil hectares.

Campos é um dos acusados pelo Ministério Público Federal de participar, como prefeito de Várzea Grande, de fraudes em licitações para compra de ambulâncias. O esquema ficou conhecido como "máfia dos sanguessugas". O Supremo Tribunal Federal também investiga superfaturamento de obras na cidade.

Mas vamos nos ater, por ora, à relação desses políticos com o território brasileiro. De sua tribuna privilegiada, o senador contesta, por exemplo, a demarcação de terras indígenas. Em 2009, ele questionou a destinação de uma área de 1 milhão de hectares aos povos kayabi, mundukuru e apiaká, na divisa do Mato Grosso com o Pará, alegando que ela "nunca foi por eles habitada de forma permanente, em tempo algum".[9]

Em 2007, uma das fazendas de Campos em Alta Floresta (MT), a Santa Amália, recebeu três multas do Ibama (Instituto Brasileiro do Meio Ambiente e dos Recursos Naturais Renováveis). Segundo o órgão ambiental, mais de 1,5 mil hectares em Áreas de Preservação Permanente (APP) tinham sido desmatados, ao longo de nascentes e cursos d'água, em troca de pastagens. Segundo o TSE, a fazenda tem 11 mil hectares. As multas para Campos somaram R$ 6 milhões.[10] Ele disse que levou as multas porque fez críticas ao Ibama.

Em 2008, mais um revés: ele teve de assinar um acordo após denúncia de trabalho degradante. Onde mesmo? Na Fazenda Santa Amália – na melhor tradição brasileira de topônimos religiosos. O acordo com o Ministério Público do Trabalho previa 30 exigências – entre elas, a de não alojar trabalhadores em barracos de lona e a de oferecer água potável. Campos negou as acusações, que teriam sido orquestradas por trabalhadores temporários, a fim de receber uma verba extra.[11]

Quatro anos depois, em 2011, Jayme Campos assumiu a presidência da Comissão de Assuntos Sociais do Senado. O irmão dele, deputado federal Julio Campos (DEM-MT), ex-governador, possui 8.443 hectares no município de Barão de Melgaço e também está na lista dos 50 maiores políticos latifundiários do país. Juntos, eles têm 40 mil hectares – 1/25 da área destinada à Terra Indígena Kayabi.

TERRA E CRIMES

Alguns políticos latifundiários destacam-se no noticiário por motivos muito peculiares.

Dono de uma fazenda de 3.128 hectares, o prefeito de Curimatá (PI), José Arlindo da Silva Filho, foi preso em novembro de 2008. A acusação? Roubo de cargas.

O pernambucano Silva Filho (eleito pelo PR) apresentou-se na Justiça Eleitoral como "agricultor". Declarou essa fazenda por R$ 600 mil e R$ 580 mil em gado – 1.200 cabeças.

Também conhecido como Zezinho e como "Gordo do Tomate", Silva Filho foi preso um mês após as eleições de 2008, em um sítio. O mandado de prisão foi expedido por um juiz de Pernambuco. Aparece algemado nas fotos dos jornais pernambucanos, que o definem como "um dos maiores ladrões de cargas do país".

"Zezinho da Cincal" já tinha sido preso no Piauí, acusado de esconder as carretas com mercadorias roubadas em um túnel – localizado em uma chácara próxima de Teresina. A Cincal é uma empresa de calcário – mas não aparece na declaração entregue à Justiça Eleitoral.

Zezinho foi defendido com veemência, durante a campanha eleitoral de 2010, pelo deputado federal Paes Landim (PTB), em um comício em Curimatá. O prefeito estava afastado do cargo. Landim fez o discurso ao lado de Zezinho e do senador João Vicente Claudino, candidato do PTB derrotado para o governo estadual.

A fala de Landim foi precedida pela do próprio Zezinho. "Agora quero passar aqui a palavra para o nosso deputado federal que eu chamo de meu padrinho", apresentou José Arlindo.[12]

Landim informou que seu irmão, desembargador Francisco Paes Landim Filho, estava analisando o mandado de segurança impetrado por Zezinho para continuar no cargo. "Nunca vi uma pessoa tão injustiçada como ele", afirmou.

Em maio de 2011, o filho do prefeito, José Adelmo da Silva, foi preso pela Polícia Rodoviária Federal em Barreiras (BA), com 232 bastões explosivos, utilizados em demolições. Ele seguia para Curimatá, sem autorização para uso, para transporte e sem notas fiscais.[13]

Em outubro de 2011, o Tribunal Regional Eleitoral cassou Zezinho por compra de votos. Da acusação de roubo de cargas, em Pernambuco, foi absolvido.

Marcha para o Oeste

A sede territorial dos políticos é tamanha que não basta a eles possuir áreas rurais próximas dos eleitores. Nada menos que 22,56% das áreas rurais declaradas pelos prefeitos estão em outros estados – que não aqueles onde eles têm domicílio eleitoral. Isso significa 262 mil hectares, de um total de 1,16 milhão de hectares informados por eles ao TSE.

Entre os políticos eleitos em 2010 (deputados estaduais e federais, senadores e governadores) e 2006 (caso de um terço dos senadores), o fenômeno se repete: entre 548 mil hectares, 88 mil ficam em outras Unidades da Federação. Isso representa 16% do total. Os vice-prefeitos têm a menor proporção: apenas 8,3% dos 323 mil hectares.

No total, os políticos brasileiros contemplados neste levantamento possuem mais de 375 mil hectares fora de seus domínios. Estamos falando aqui, claro, apenas daquela fatia diretamente computável do que eles declararam, aqueles 2 milhões de hectares.

Os políticos com terra praticam essa migração muito específica tanto em estados vizinhos como distantes. E nem estamos incluindo aqui as propriedades localizadas em outros municípios (nem sempre próximos) de seus estados.

Esse fenômeno de migração das posses esconde outro, ainda mais significativo: a análise das 13 mil declarações entregues ao TSE revela uma ocupação efetiva do Norte e do Centro-Oeste por políticos de todo o país.

Os latifundiários possuem a maior parte dessas terras. Eles saem principalmente do Sul e Sudeste. Os estados que compõem a Amazônia Legal são o principal alvo.

O quadro a seguir, relativo às terras que os prefeitos possuem em outros estados, pode ajudar a visualizar a tendência:

TERRAS EM OUTROS ESTADOS					
ONDE ELES POSSUEM TERRA			ONDE ELES MORAM		
Destino	Prefeitos	Hectares	Origem	Prefeitos	Hectares
MT	23	102.679,37	GO	15	86.845,87
MA	5	50.192,36	PR	17	37.420,30
PA	20	42.150,81	CE	1	36.803,49
BA	13	29.176,31	SP	26	25.637,90
PI	5	9.465,20	MS	3	13.493,96
MS	10	8.909,08	TO	6	12.182,76
TO	5	8.082,40	RS	9	11.992,41
GO	12	5.362,17	SC	8	8.589,92
MG	13	1.993,38	MG	13	8.332,32
PR	7	1.399,64	BA	8	7.256,03
PE	5	1.179,08	MA	6	5.329,24
SE	2	474,45	MT	7	3.491,94
RJ	2	410,76	SE	1	2.513,57
PB	2	330,00	PI	2	673,00
RS	1	284,00	PE	6	506,00
CE	3	265,25	AM	1	500,00
SC	2	28,51	AL	3	493,10
SP	4	19,32	RN	1	250,00
RN	2	19,00	PB	5	90,75
RO	2	16,67	RJ	1	40,20
AL	1	5,00	ES	3*	0,00
ES	2*	0,00	PA	1*	0,00
AM	1*	0,00	AC	0	0,00
AC	0	0,00	AP	0	0,00
AP	0	0,00	RO	0	0,00
RR	0	0,00	RR	0	0,00
TOTAL	143	262.442,76	TOTAL	143	262.442,76

Total de políticos: 143 (média de 1.835 hectares por político)
Total de propriedades: 352 (média de 746 hectares)

* 7 entre 47 prefeitos que declararam R$ 21 milhões em terras distantes, mas não especificaram a área.

No que se refere ao destino, portanto, apenas oito estados (MT, MA, PA, BA, PI, MS, TO e GO) detêm 97,45% (257 mil hectares) do total declarado por esses "prefeitos que migram". E nada menos que 77% dessas terras "de estrangeiros" ficam nos nove estados que compõem a Amazônia Legal: os sete do Norte mais Mato Grosso e Maranhão.

Esse fenômeno tem outra ponta: a da origem dos proprietários. Dela fazem parte os políticos dos estados mais ricos. Representantes de dez estados brasileiros (GO, PR, CE, SP, MS, TO, RS, SC, MG e BA) ocupam 94,71% dessas áreas: 249 mil hectares.

O Ceará ocupa essa terceira colocação entre os estados de origem desses políticos pela vasta extensão das propriedades de um único prefeito: o tucano Jonas Muniz, de Cruz. Mas a lógica principal é a de migração de políticos do Sul (com destaque para o Paraná) e do Sudeste (em especial São Paulo).

Dois estados apenas estão no topo das duas listas: no meio do caminho, Goiás e Tocantins recebem políticos de outros estados, mas ao mesmo tempo seus representantes buscam terras em outros lugares: particularmente o Pará. Os goianos são os que mais buscam terra fora.

Não estamos aqui falando dos políticos que migraram em definitivo: inúmeros prefeitos e parlamentares do Norte e Centro-Oeste nasceram no Paraná, em São Paulo, Santa Catarina e Rio Grande do Sul.

NEOBANDEIRANTES

A ordem dos estados ocupados por deputados (estaduais e federais) e senadores não difere essencialmente daquela dos prefeitos. Vejamos as principais Unidades da Federação (UF) de origem dos proprietários e de destino das propriedades:

TERRAS EM OUTRAS UF			
Deputados e senadores			
ONDE ELES POSSUEM TERRA		ONDE ELES MORAM	
Destino	Hectares	Origem	Hectares
MT	22.701,47	GO	24.940,82
GO	13.322,69	SP	10.211,62
BA	10.949,63	AL	10.038,67

PA	9.201,85	PR	9.827,31
TO	7.062,34	CE	8.313,39
MS	4.627,28	TO	7.467,43
AC	2.420,00	DF	2.994,74
PI	1.954,88	SC	2.861,15
MA	1.200,00	RS	1.000,00

No total, os deputados e senadores possuem 80 mil hectares em outras Unidades da Federação, de um total de 450 mil em terras. Aqui sem contar os suplentes. Observem que, novamente, estados como Mato Grosso e Goiás são destinos de políticos eleitos em outras Unidades da Federação; e que políticos de São Paulo e Paraná possuem muitas terras fora.

A lógica segue sendo a das compras rumo ao oeste (ou norte) do território. A deputada federal Íris de Araújo (PMDB-GO) tem mais de 11 mil hectares em Canarana, no Mato Grosso. Mas as terras goianas abrigam 70 propriedades rurais do senador cearense Eunício de Oliveira (PMDB), com mais de 8 mil hectares.

O quadro a seguir, específico para os deputados federais, ajuda a entender esse processo. Ele mostra que a maioria das terras dos deputados da região Sul localiza-se muito além dos três estados de origem:

RUMO AO NOROESTE			
A "migração" entre os deputados federais			
Região eleitoral	Total de terras (ha)	Outras UF (ha)	%
Norte	15.806,24	1.210,00	7,70%
Nordeste	41253,96	1.142,86	6,72%
Centro-Oeste	76.396,32	14.014,93	18,35%
Sudeste	10.341,52	3.778,61	36,54%
Sul	13.276,87	7.844,38	59,09%

Traduzindo: a maior parte das terras dos deputados federais do Sul não fica no próprio domicílio eleitoral do político (Paraná, Santa Catarina ou Rio Grande do Sul). O mesmo ocorre com 37% das terras dos políticos do Sudeste. Em contrapartida, somente 7,7% das terras de políticos do Norte ficam em outras Unidades da Federação.

Novamente, como no capítulo "Donos do Brasil", ficam de fora do levantamento as terras que não tiveram os hectares especificados. Entre os bens enumerados pelos prefeitos, por exemplo, 22,6% dos bens rurais (R$ 21 milhões de um total de R$ 93 milhões) por eles declarados em outros estados traziam apenas o valor, não o tamanho.

O deputado paranaense Nelson Padovani (PSC) é um dos que têm uma declaração imprecisa em relação ao tamanho das fazendas. Tudo indica que ele possui milhares de hectares no Maranhão e no Mato Grosso, até pelo valor dos imóveis (R$ 1,3 milhão somente em Loreto, no Maranhão), mas os números registrados no TSE são indecifráveis.

Também há as terras de propriedade das empresas dos políticos. Nesses casos, a empresa é declarada ao TSE, mas as terras não são especificadas: as usinas do deputado alagoano João Lyra (PTB), por exemplo, têm pelo menos 10 mil hectares em Minas Gerais.

A posse de empresas agropecuárias por políticos será detalhada na segunda parte do livro, "O dinheiro".

PAPEL DOS LATIFUNDIÁRIOS

Esse movimento para o Oeste é quase totalmente um movimento dos políticos latifundiários. Entre 80 mil hectares dos senadores e deputados (estaduais e federais) localizados em outras Unidades da Federação, 57 mil (71,25%) pertencem a estes 10 políticos:

DEZ POLÍTICOS QUE "MIGRAM"						
	Sigla	UF	Cargo	Propriedades/Municípios	UF	Total (ha)
Íris de Araújo	PMDB	GO	dep. federal	3 em Canarana	MT	11.339,56
Eunício de Oliveira	PMDB	CE	senador	70 em Alexânia e Corumbá de Goiás	GO	8.305,55
Francisco Gedda	PTN	GO	dep. estadual	1 em Cocalinho	MT	6.782,45
Sérgio Toledo	PDT	AL	dep. estadual	1 em Rio Preto	BA	5.000,00
Edmar Arruda	PSC	PR	dep. federal	1 em Barreiras	BA	4.983,23
Gilvan Barros	PSDB	AL	dep. estadual	14 em Sítio Novo e Itaguatins	TO	4.829,81
Nilo Resende	DEM	GO	dep. estadual	2 em São José do Xingu	MT	4.577,46
Vilmar de Oliveira	PMDB	TO	dep. estadual	3 em Tucumã e São Félix do Xingu	PA	4.350,84
Roberto Massafera	PSDB	SP	dep. estadual	1 em Boca do Acre	AM	3.998,00
Celso Maldaner	PMDB	SC	dep. federal	1 em São Félix do Xingu	PA	2.861,15

Entre os prefeitos eleitos em 2008, 143 têm propriedade em outras Unidades da Federação. A média entre eles é de 1.835 hectares cada um. Os dez maiores proprietários, entre os 143, possuem juntos 172 mil hectares em outras UF. Isso significa 66% do total de 262 mil hectares.

Todos esses prefeitos estão na lista dos maiores políticos latifundiários do país, conforme visto no capítulo "Políticos latifundiários". São eles os goianos Adair Henriques, Íris Rezende (as terras são as mesmas da mulher) e Zé Gomes; os paranaenses Sinval Silva, Elias Farah Neto e Eros Araújo; o cearense Jonas Muniz; o paulista João Batista de Andrade; o gaúcho Irineu Orth e o tocantinense Baltazar Rodrigues.

AMAZÔNIA LEGAL

A Amazônia chama atenção entre as regiões ocupadas por políticos de fora. Nada menos que 77% das terras de prefeitos que se encontram fora de seus domicílios eleitorais encontram-se – declaradamente – em um dos nove estados que compõem a Amazônia Legal, ou seja, Mato Grosso, Maranhão e os sete da região Norte. Os prefeitos que não são desses estados possuem 171 propriedades na Amazônia Legal, distribuídas em 203 mil hectares.[14]

Em contrapartida, os prefeitos desses nove estados possuem apenas 21,5 mil hectares em outras Unidades da Federação. Com um detalhe: desses 21,5 mil hectares, 17,6 mil ficam em outros estados da própria Amazônia Legal. Descontado esse "intercâmbio" intrarregional, apenas 4 mil hectares ficam em outras regiões brasileiras – número muito inferior aos 203 mil hectares que vimos acima.

O Maranhão merece uma ressalva: nem todas as suas terras fazem parte da Amazônia Legal; somente as terras no oeste do estado. Mas todas as terras às quais nos referimos neste levantamento estão nessa região.

É o caso dos 36 mil hectares do cearense Jonas Muniz (o segundo na lista de prefeitos): eles estão distribuídos em Açailândia, Bom Jardim e Bom Jesus das Selvas, no noroeste maranhense. Os demais municípios são Balsas, Dom Pedro, Imperatriz e São Domingos do Azeitão – todos na Amazônia Legal.

Os prefeitos "de fora" têm mais terra na Amazônia Legal que a soma dos prefeitos da própria região Norte: são 203 mil hectares contra 186 mil hectares. Somando os 165 mil hectares dos prefeitos mato-grossenses, chegamos a 550 mil hectares – mesmo descontando os 4 mil hectares que os prefeitos da Amazônia possuem em outras regiões. Isso sem contar os 61 mil hectares declarados pelos prefeitos maranhenses.[15]

Isso significa que cerca de metade das terras declaradas por prefeitos brasileiros (550 mil em relação a 1,16 milhão de hectares) está na Amazônia Legal.

Os dados são significativos porque, embora a maior parte do território brasileiro (61%) esteja nessa região, a maior parte das terras não está (na teoria) à venda. Além disso, é notória sua baixa densidade populacional. A quantidade de prefeituras na região Norte também é bem menor que no Sul e Sudeste.

Somente Minas Gerais, por exemplo, possui 853 municípios (e prefeitos), diante de 15 municípios em Roraima, 16 no Amapá e 22 no Acre. Isso também implica uma quantidade menor de representantes nas Assembleias e na Câmara dos Deputados.

A dimensão do fenômeno se explica, portanto, não por uma distribuição natural das terras de políticos pelo território, mas pela ocupação do Norte por políticos de outras regiões.

Dessa forma, o movimento dos políticos brasileiros com terra tem mão dupla – ou pendular. Por um lado eles buscam votos no Sul Maravilha – onde há eleitores e financiamento para as campanhas. Por outro lado, gostam de adquirir propriedades rurais onde há pouca gente – e muita terra. Estão dispostos a "invadir a selva" – nem que seja, como veremos, para destruí-la.

Pará: onde vale tudo

O município de São Félix do Xingu (PA) detém algumas marcas. Tem o maior rebanho bovino do país, o segundo maior território (atrás somente da vizinha Altamira) e está entre os primeiros em desmatamento, roubo de madeira e assassinato de camponeses.

A partir deste levantamento, o município pode ostentar outro recorde: não há lugar no país onde tantos políticos de outros lugares tenham áreas rurais. Vejam a lista:

				POLÍTICOS EM SÃO FÉLIX			
				CARGO	TERRAS	HECTARES	VALOR (R$)
MA	Antonio Marcos de Oliveira		PDT	prefeito - Buriticupu	1	3.000,00	30.000,00
SC	Celso Maldaner		PMDB	deputado federal	1	2.861,15	66.294,94
TO	Vilmar Alves de Oliveira		PMDB	deputado estadual	1	2.458,40	280.000,00
SC	Casildo João Maldaner		PMDB	senador	1	2.050,00	9.115,55
TO	Nilton Franco		PMDB	prefeito - Pium	1	1.645,00	30.000,00
TO	Junior Coimbra		PMDB	deputado federal	1	1.210,00*	2.000.000,00
PI	Amarildo Silva		PSC	suplente - Senado	2	-	100.000,00
				TOTAL	8	13.224,55	2.515.410,49

* *Ele declarou 500 alqueires.*

Essa relação se refere apenas a políticos eleitos em 2008 e 2010. Veremos no capítulo "Trabalho escravo" mais três casos de políticos de outros estados – não eleitos – com terras no município.

A lista não inclui o prefeito de Tucumã (PA), Celso Lopes Cardoso. O Ibama já embargou a fazenda dele em São Félix. Mas, ao TSE, Cardoso não especificou os municípios onde ficam suas 1,2 mil cabeças de gado e suas duas fazendas – uma de R$ 8 milhões, outra de R$ 1,4 milhão.

O próprio prefeito Antonio Levino (PTB), um pecuarista nascido em Tiros (MG), não está na lista anterior. Ele declarou nada menos que R$ 19 milhões em terras rurais. O eleitor fica sabendo o nome delas, Santa Rosa e Santa Marta, mas não é informado sobre o tamanho das fazendas.

Três dos sete políticos com domicílio eleitoral em outros estados são de Tocantins: um prefeito e dois deputados. Os dois deputados (um estadual e um federal) fizeram dobradinha nas últimas eleições: "Vilmar do Detran" e Junior Coimbra declararam em São Félix do Xingu, respectivamente, 500 alqueires (no mínimo 1.210 hectares) e 2.458 hectares.

O maranhense Antonio Marcos de Oliveira, o Primo, é um personagem que voltará à cena neste livro. Ele é marido da deputada estadual Francisca Primo. Dono de serraria, ele protagonizou um conflito com sem-terra em seu município, Buriticupu.[16]

Entre outros políticos em São Félix estão os irmãos Maldaner, de Santa Catarina. Juntos eles têm quase 5 mil hectares no município. Casildo Maldaner (PMDB) é um dos vice-presidentes da Comissão de Agricultura do Senado. O valor de R$ 9 mil informado por ele para mais de 2 mil hectares está defasadíssimo.[17]

O que tantos políticos fazem em São Félix?

Os dados do Ibama apontam para um lugar inóspito: somente entre agosto de 2009 e agosto de 2010, o município destruiu 15,9 mil hectares de floresta. E respondeu por 30,6% dos 64 mil focos de incêndio no Pará.

Entre 1985 e 2001, segundo a Comissão Pastoral da Terra, foram mortos 37 trabalhadores rurais em São Félix do Xingu. Ninguém foi punido. É um dos municípios mais violentos do estado, ao lado de Xinguara e Marabá, em matança de sindicalistas e sem-terra no Brasil.

O REINO DO GADO

No cerne dos conflitos no Pará está a pecuária. São Félix do Xingu tinha apenas 38 mil cabeças de gado em 1991. Em 2006 chegava a 1,6 milhão de cabeças. Mas tanto o prefeito atual como o anterior, Denimar Rodrigues (PR), dizem que o rebanho já ultrapassa 2 milhões – mais de 20 vezes a população local, de 91 mil habitantes.

Em 2008, segundo Denimar, São Félix possuía 6,4 mil propriedades rurais – quase todas irregulares (ele mesmo, em 2002, tinha 1,8 mil hectares de terra, nas margens do rio Xingu). Os conflitos fundiários são o combustível para a violência, em um município do tamanho de Porto Rico, mas com pouca lei.

O prefeito Antonio Levino declarou ao TSE 3.150 bovinos em suas terras (aquelas de R$ 19 milhões), por R$ 2,4 milhões.[18] O deputado Junior Coimbra registrou 800 reses. Os demais políticos com terras declaradas em São Félix do Xingu não registraram posse de gado no TSE.

Essa lista não está maior por um triz: em maio de 2010, o presidente do Sindicato Rural de São Félix, José Wilson Rodrigues, disse que José Edmar Brito Miranda tinha ali 30 mil cabeças de gado. Ele seria o terceiro maior proprietário no município, atrás do grupo Santa Bárbara (do banqueiro Daniel Dantas) e da Fazenda Jaú.

Quem é Brito Miranda? Durante décadas deputado estadual (por Goiás) e secretário de Infraestrutura do Tocantins, em 2010 ele concorreu ao Senado na chapa do filho Marcelo Miranda (PMDB-TO) – por sua vez, governador cassado.

Brito Miranda negou à imprensa que tivesse 30 mil cabeças de gado. Disse que gostaria de tê-las, mas informou que possui apenas 600, "em parceria". Na sua declaração ao TSE não constam as reses.

A PORTA DA AMAZÔNIA

São Félix do Xingu é apenas um dos exemplos da violência no Pará. Veremos mais casos na última parte do livro. Por ora detalhemos o poder de atração das terras paraenses. A lista de políticos de outros estados com propriedades na região mostra que quase todas elas ficam no sul do estado, a região dos conflitos:

DE OLHO NO PARÁ							
MUNICÍPIO	POLÍTICO	UF	CARGO	SIGLA	TERRAS	HECTARES	VALOR (R$)
Azul do Norte	João Campos	GO	deputado federal	PSDB	1	18,67	25.000,00
Altamira	João Claudino	PI	suplente - Senado	PRTB	1	-	16.655,34
Conceição do Araguaia	Elias Farah Neto	PR	prefeito - Candói	PSDB	3	576,48	128.400,00
	Raquel Rodrigues	GO	prefeita - S. Helena	PP	4	5.788,90	116.486,07
Floresta do Araguaia	Elias Farah Neto	PR	prefeito - Candói	PSDB	11	10.813,65	570.395,00
Jacareacanga	Orovaldo Miranda	MT	prefeito - Carlinda	PV	1	2.143,70	370.000,00
	Sergio Tres	RS	prefeito - Pinhal	RS	1	484,70	8.447,00
Marabá	João Alberto	MA	prefeito - Carolina	PSDB	1	240,00	150.000,00
Novo Repartimento	Adelson Oliveira	BA	prefeito - Iaçu	PMDB	6	3.293,60	4.200.000,00
Ourilândia do Norte	Carlos Novaes	MG	prefeito - Almenara	PDT	1	133,1	6.000,00
Pacajá	Baltazar Rodrigues	TO	prefeito - Arapoema	PR	1	7.535,38	600.000,00
	Zélio Herculano	TO	prefeito - Cachoeirinha	PR	1	3.000,00	2.500.000,00
Piçarra	Edezio Bastos	BA	prefeito - Brejolândia	DEM	1	435,6	2.000.000,00
Rondon do Pará	Robinho Silva	BA	prefeito - Nova Viçosa	PMDB	1	2.500,00	2.217.289,38
S. Domingos do Capim	Marcus Odilon	PB	prefeito - Santa Rita	PCdoB	2	-	500.000,00
Tucumã	Vilmar do Detran	TO	deputado estadual	PMDB	2	1.892,44	195.000,00
não informado	Djalma Rios	TO	prefeito - C. Natividade	PMDB	1	96,8	150.000,00
não informado	Eurípedes Melo	TO	prefeito - Riachinho	PR	1	-	84.000,00
não informado	Humberto Machado	GO	prefeito - Jataí	PMDB	1	1.500,00	600.000,00
não informado	Moacir Froellich	PR	prefeito - Mal.C. Rondon	PMDB	1	343,64	598.000,00
não informado	Sussumo Itimura	PR	prefeito - Uraí	PSDB	1	1.294,70	6.632.000,00

Vilmar do Detran já estava na lista de São Félix do Xingu. Ele registrou uma das áreas em Tucumã, de 822 hectares, como "direito de posse".

Os dados são mais significativos se observamos que nenhum prefeito paraense possui um hectare sequer fora de seu estado. O mesmo ocorre com os deputados e senadores. É um fenômeno de mão única: os políticos de outras UF buscam o Pará, mas os políticos paraenses não têm terras longe de seus domínios.

POLÍTICOS NA FILA

Entre 142 municípios paraenses,[19] 61 prefeitos eleitos em 2008 declararam 50 mil hectares em terra. O número deve ser bem maior, pois se refere a uma fatia de R$ 31 milhões das áreas rurais declaradas – outros R$ 35 milhões não tiveram o tamanho especificado na Justiça Eleitoral.

No caso do Pará, abrindo uma exceção em relação ao restante do livro, pesquisamos também os candidatos a prefeito derrotados nas eleições de 2008. A posse de bens rurais e de gado entre eles é igualmente superlativa.

A soma das terras dos não eleitos ultrapassa 88 mil hectares. Um dos derrotados no município de Breves, Vilson Mainardi (PP), declarou sozinho uma única propriedade de 10,8 mil hectares, na margem esquerda do rio Iraju. Beto Chermont (PMDB), de Chaves, possui 5.260 hectares na Ilha de Marajó. Em Tomé-Açu, o prefeito e o vice de uma chapa (PSDB e PV), Eudes Rodrigues e Nego Pancieri, somam 19,1 mil hectares no próprio município. Ambos são madeireiros.

A posse de gado também é significativa. Os políticos derrotados em 2008 no Pará declararam 44 mil cabeças de bovinos. Sem falar nos 18 mil animais especificados apenas como "gado". Como veremos no capítulo "Os reis do gado", essa palavra costuma ser (na prática, ainda que não no dicionário) sinônimo para gado bovino. Eles também possuem 2.570 búfalos.

Apenas esses políticos possuem – declaradamente – 62 mil bovinos. Os prefeitos eleitos declararam mais 24 mil cabeças (10.552 de "bovinos" e 13.600 de "gado"). Ou seja, somente em 2008 disputavam as prefeituras paraenses donos de quase 90 mil cabeças de gado. Isso nos baseando apenas no que foi declarado ao TSE.[20]

Esses dados não incluem rebanhos declarados por políticos apenas por seu valor, sem a quantidade de cabeças. É o caso do prefeito de Tailândia, Gilbertinho Sufredini (PTB), que possui R$ 165 mil em gado nelore – mas não informou a quantidade.

Gilbertinho é um exemplo do quanto o Pará voltará a aparecer neste livro. O município de Tailândia é líder na extração de madeira no Brasil. Durante a campanha de 2008, a Polícia Federal encontrou ali 13 mil metros cúbicos de madeira ilegal – inclusive na empresa do candidato.

O Pará voltará, portanto, no capítulo "Madeireiros". Ou no capítulo sobre trabalho escravo – o estado recebe trabalhadores nessas condições de várias regiões do país, em esquema de escravidão por dívida, a chamada peonagem. Políticos também são protagonistas dessas histórias.

Mas o Pará é também o estado onde fica Eldorado dos Carajás – palco de chacina de sem-terra em 1996. Ou Anapu – onde a irmã Dorothy Stang foi assassinada, em 2005. Dessa forma, o estado voltará ainda de modo eloquente nos dois últimos capítulos do livro, sobre camponeses brasileiros mortos e ameaçados.

Além de tudo isso, o Pará tem um dono.

O DONO DO PARÁ

Ele já foi governador do Pará, presidente do Senado e ministro da Reforma Agrária. Chegou a ser algemado e preso, em 2002, acusado de chefiar uma organização criminosa. Em 2011, foi impedido de assumir o cargo de senador, mas voltou ao Salão Azul em dezembro, após uma longa batalha jurídica. Eleito com 1,8 milhão de votos, ele tinha sido barrado pela Lei da Ficha Limpa – e substituído por quase um ano pela quarta colocada nas urnas, Marinor Brito (PSOL).

Jader Fontenelle Barbalho (PMDB) foi considerado ficha suja por ter renunciado ao cargo de senador, em 2000, diante das acusações de desvio de verbas da Sudam, do Banpará e do Incra – onde, em 1988, ele desapropriou uma fazenda inexistente. O pedido de prisão feito pelos procuradores do Ministério Público Federal o definia como "líder da organização criminosa" que dirigia a Superintendência de Desenvolvimento da Amazônia.

A declaração entregue pelo político em 2010 ao TSE mostra uma fortuna de R$ 4,58 milhões. Uma cifra extremamente defasada, pelo hábito fiscal do senador de não atualizar os valores. Quase 40% desse total deriva de bens ou atividades rurais, declarados pelos seguintes valores:

– cotas da Agropecuária Rio Branco Ltda. – R$ 983 mil
– imóvel rural Cinderela, em Paragominas – R$ 500 mil
– imóvel rural Fazenda Modelo, em São Domingos do Capim – R$ 333 mil
– imóvel rural Retiro Chão Preto, em Aurora do Pará[21] – R$ 12 mil

Vamos falar várias vezes desses nomes. E desses números. As histórias por trás deles (as histórias de um proprietário de terras) têm relação direta com o processo de enriquecimento do senador – e com seu estilo para-raios de atrair acusações e denúncias. Mas também ilustram o modo como o território paraense é fatiado pelos políticos.

O ENRIQUECIMENTO

Nascido em 1944, Jader Barbalho, advogado belenense, morou por muito tempo em uma casa de 55 metros quadrados, em Belém. Era ali que ele estava quando foi eleito deputado federal pela primeira vez, em 1974. Antes ele tinha sido deputado estadual, em 1970. Em 1966, aos 22 anos, egresso do movimento estudantil, conseguia seu primeiro cargo político, o de vereador.

"Exerci a advocacia por dois anos. Venci uma causa importante e, com o dinheiro, comprei minha primeira fazenda", contou o senador à revista *Veja*, em 2000. O repórter Alexandre Oltramari escreveu que ele não lembrava quem era o cliente, qual era a causa exatamente, nem quanto ganhou. Sua especialidade como advogado? "Ah, eu era clínico geral, não tinha especialidade."

Barbalho é filho de um político do antigo PSD, Laércio Wilson Barbalho. Foi Laércio quem fundou o *Diário do Pará*, em 1982 – Jader é dono hoje de um império de comunicação no estado. Ele também dá nome a um bairro em Ananindeua (Jaderlândia) e ao Estádio Jader Barbalho, em Santarém.

O trecho seguinte da revista *Veja* é representativo da história de enriquecimento:

> Com a primeira fazenda, o senador diz que tomou um empréstimo no Banco do Brasil e plantou 460 hectares de seringueira. Foi um empreendimento, diz ele, bem-sucedido. Sua atividade agrícola, porém, terminou aí. Mais tarde, em outra fazenda, plantou 250 hectares de cacau, também com financiamento do Banco do Brasil, mas o projeto foi para o brejo devido a uma seca braba. "Hoje, só planto para subsistência, para consumo nas próprias fazendas. A base de meu trabalho é a pecuária."

O empréstimo, a rigor, ocorreu na segunda fazenda de Barbalho. A primeira era a Fazenda Campos do Piriá (antes Batistão). O falecido senador Antonio Carlos Magalhães comparava essa fazenda, onde seu desafeto reuniu a fortuna inicial à "moedinha da sorte" do Tio Patinhas.

No livro *Jader Barbalho: o Brasil não merece*,[22] ACM conta que a fazenda tinha 9.240 hectares. Era do agricultor José de Oliveira Soares – que teria sido traído pelo amigo Barbalho. É que posseiros estavam ocupando as terras. Deputado federal em 1975, o político teria passado as terras para o seu nome para que, com seu prestígio político, expulsasse os posseiros. Depois o valor da venda seria dividido. Segundo ACM, não foi.

Mas voltemos à informação de Barbalho: a de que a base de seu trabalho é a pecuária. Onde está o gado? A declaração de 2010 não informa a quantidade de gado nas terras do senador. Em 2000, ele disse que eram "umas 8 mil". A revista *Veja* corrige – 9.134 – e segue tentando explicar a fortuna do político: "E parece ter sido assim, entre um financiamento e outro no Banco do Brasil, uma causa e outra de advogado diletante, um boi aqui, outro boi ali, que o senador teria conseguido chegar ao primeiro, terceiro, décimo milhão de reais."

A *Veja* falava em "décimo milhão de reais" porque encarou como defasado historicamente o patrimônio declarado pelo senador em 1998. Para a revista, os bens chegariam nessa época – com as devidas atualizações – a R$ 30 milhões.[23]

AS TERRAS

As fazendas do senador somam pelo menos 13 mil hectares. Veremos isso com detalhes. Mas pode ser muito mais. Essa área não entrou no levantamento dos primeiros capítulos, sobre a soma de terras de políticos – pois Barbalho não assumiu o cargo em janeiro de 2011, critério utilizado para a tabulação dos dados.

A Agropecuária Rio Branco Ltda. é uma *holding* com pelo menos cinco fazendas. Sua atividade, a pecuária. É aí que começam os problemas.

Como pessoa física, o senador não declarou ao TSE, desde 1998, uma única cabeça de gado. Mas, em 2000, ele tinha as tais 9.134 cabeças. Em janeiro de 2011, o Fisco o investigava por venda simulada de gado, entre 1997 e 2000, para justificar rendimentos.[24] O político está sendo acusado pela Procuradoria Geral da República de sonegar pelo menos R$ 2,8 milhões. Não há documentos que comprovem a comercialização dos bois – igualmente ausente dos registros contábeis dos frigoríficos.

Diante das várias caixas-pretas do senador, as Fazendas Cinderela e Modelo não trazem mistérios. Foram compradas em 1996 e 1989, respectivamente. Elas somam mais de 7.700 hectares – 5.318 da Cinderela e 2.401 da Modelo. Os valores (R$ 500 mil e R$ 333 mil) são repetidos ao TSE pelo menos desde 1998. Em 2010, o senador deixou de especificar as áreas.

Com a Fazenda Chão Preto, a história volta a ficar complicada. Declarações anteriores registram uma área de 749,9 hectares, comprada em 1992. O valor, R$ 11.985,78. Algumas notícias de 2001 dizem que foi essa a área ocupada pelo MST naquele ano, sob a alegação de que era improdutiva – e grilada.

O correspondente da *Folha* em Belém na época, Luis Indriunas, escreveu que a fazenda, em Aurora do Pará (250 quilômetros ao sul de Belém), possuía bem mais hectares: 16 mil. O coordenador estadual do MST, Raimundo Nonato de Souza, disse ao repórter que o movimento ia ocupar a terra "grilada e cheia de falcatruas da Sudam". A área estendia-se por 60 quilômetros de estrada, com açude e área cultivada.

Outros relatos dizem que a área invadida pelo MST chamava-se Chão de Estrelas. O problema é que essa terra nunca foi declarada. Em 2001, o Cartório de Registro de Imóveis de Guamá mostrava que Barbalho adquirira a Chão de Estrelas em 1989 (comprada de um dos acusados por desvios no Banpará, segundo a Polícia Federal), e outro bem rural, em 1988.

Os dois bens estavam, em 1994 e 1998, ausentes das declarações à Justiça Eleitoral. Entre 1996 e 1998, Barbalho também foi um dos donos da Agropecuária Campo Maior, em sociedade com o empresário goiano José Osmar Borges. Quem foi esse homem?

A SUDAM

Borges ficou conhecido como o maior fraudador da Sudam. E assim entrou para a história. Em 2007, para se livrar das dores de um câncer, ele escovou os dentes – em sua mansão em Chapada dos Guimarães (MT) – e ingeriu uma dose de veneno de rato suficiente para se matar.

Barbalho contaria depois que foi sócio de Borges quando este não era alvo de nenhuma acusação. Durante o período em que ocorriam as fraudes na Sudam, porém, eles se falaram por telefone 240 vezes – pelo menos 18 vezes[25] quando o empresário já era investigado por um desvio de R$ 133 milhões.

Criada em 1966, durante o governo Castelo Branco, numa lógica de desenvolvimento regional do território brasileiro, a Sudam – com sede em Belém – se tornaria um feudo político de Barbalho. A proliferação de denúncias foi tão grande que, em 2001, o presidente Fernando Henrique Cardoso decidiu cortar o mal pela raiz: extinguiu o órgão. Lula o ressuscitaria em 2007.

Somente no Mato Grosso, área de atuação de Borges, o procurador Mauro Taques identificou o desvio de R$ 300 milhões da Sudam, principalmente por meio de incentivos fiscais do Fundo de Investimentos da Amazônia (Finam). Por conta da ligação entre Barbalho e Borges, o procurador-chefe da República no Pará, Ubiratan Cazzetta, dizia em 2005 que os inquéritos que mais avançaram na direção de Jader Barbalho eram os do Mato Grosso.

Mas voltemos à conexão paraense entre Barbalho e Borges. O parlamentar pagou R$ 600 mil por uma fazenda que Borges comprara por R$ 1,7 milhão. Diante das insinuações de que teria sido um presente do sócio, Barbalho alegou que as terras tinham sido desvalorizadas diante de outra "invasão" pelo MST, a de 1996.

O Ministério Público também investigou a remessa de US$ 120 mil, em 1995, por Borges para uma conta em Liechtenstein, um paraíso fiscal europeu. Um procurador disse ao jornal que o dinheiro passou por doleiros de Foz do Iguaçu, Montevidéu e Assunção. O dono da conta, segundo o *Jornal do Brasil*,[26] era Jader Barbalho.

Oficialmente, a sócia de Borges na Fazenda Campo Maior – vizinha da Chão Preto – era a segunda mulher de Barbalho, Márcia Zaluth Centeno. Sobrinha da deputada Elcione Barbalho (PMDB), primeira mulher do senador, ela ficou mais conhecida pelas investigações sobre suposto desvio de verbas da Sudam (o total era de R$ 9,6 milhões) para seu ranário, em Belém.

Márcia Centeno tinha R$ 270 mil da participação na Fazenda Campo Maior. Uma parcela pequena diante da cota de Gomes, R$ 1,7 milhão. Mesmo assim, a fazenda acabou sendo incorporada à Agropecuária Rio Branco – a *holding* atual do senador.

GRILAGEM

Voltemos, portanto, ao grupo Rio Branco. Uma peculiaridade nos aguarda nessa que é a maior propriedade rural de Barbalho. É na *holding* que está a maior caixa-preta do senador.

A participação dele em 99% das cotas da Rio Branco, em 1998, era de R$ 395 mil. Desde 2002 esse valor foi atualizado para R$ 983 mil. E assim ficou – após a incorporação da Campo Maior.

A Fazenda Rio Branco foi comprada em 1983, ano em que ele assumiu o governo paraense. Encheu-se de dívidas por ela. Em 2000, porém, segundo a revista *Veja*, essa fazenda (a principal do grupo, a 100 quilômetros de Belém) valia cerca de R$ 6 milhões.

Em reportagem sobre o enriquecimento do político, então candidato à presidência do Senado, a revista descreveu no local "uma casa de três andares (1,4 mil metros quadrados), com nove suítes, três quadras de esporte e pista de pouso para jatinho".

A fazenda teria por volta de 6 mil hectares. Segundo a *Folha*, um pouco menos: mais precisamente 5.252 hectares. Mas com um pequeno detalhezinho. Esse número estava multiplicado por mil em relação à área do primeiro comprador, informou Luis Indriunas.[27] A área original da Rio Branco era de somente 5,25 hectares.

Esse processo, como veremos no capítulo "Um Brasil muito particular", atende pelo nome de "grilagem". Os documentos do Instituto de Terras do Pará mostram que a escritura de compra da Fazenda Rio Branco 2 (em 1976) simplesmente não existe. A investigação constatou irregularidades em três das cinco fazendas do grupo. Outra é a Paraíso do Norte – que também era do grupo Campo Maior e foi comprada por José Osmar Borges.

O assessor de imprensa de Barbalho à época, chamado Luiz Fernando Terra, disse que o senador comprou as propriedades "de boa-fé". "O senador nasceu em 1944. Como ele poderia saber de negociações feitas dezenas de anos antes?"

TENTÁCULOS AGRÁRIOS

A história de Jader Barbalho como ministro da Reforma Agrária ajuda também a entender como a compra e venda de terras no Brasil constitui um terreno obscuro, à mercê de casuísmos.

Uma fazenda chamada Paraíso, no Pará, foi desapropriada em 1988. Seu proprietário era Vicente de Paula Pedrosa da Silva. Ele recebeu 55.221 Títulos da Dívida Agrária (TDA) por isso e os vendeu para o pecuarista Serafim Rodrigues de Moraes por 4 milhões de dólares.

O problema é que a fazenda não existia. A Justiça constatou que os 58 mil hectares no município de Viseu só existiam no papel – e cancelou os TDA.

A negociação para a compra ocorreu no saguão de um hotel em São Paulo. Uma gravação de conversa do casal Serafim Moraes e Vera Campos, obtida pela revista *IstoÉ*, mostra que os dois viram Barbalho no local – e que o consideravam o destinatário do dinheiro.

Os dois confirmaram, em depoimentos no Senado e na Polícia Federal, que Barbalho estava no hotel, mas disseram que fizeram um depósito na conta de Pedrosa. O senador negou as acusações. Alegou que o início e o fim do processo de desapropriação das terras não ocorreram em sua gestão – e que estava sendo chantageado.

Vicente de Paula e um ex-assessor de Barbalho, Antônio Brasil, foram condenados a seis anos de prisão por esse caso, em abril de 2001. Brasil foi deputado federal e secretário de Recursos Fundiários – quando o senador comandava o Ministério da Reforma Agrária e do Desenvolvimento Agrário (Mirad). O gosto pela política parece ser algo em comum: Vicente de Paula tentou ser prefeito de Igarapeaçu, pelo PMDB, com apoio de Barbalho.

Da conversa com os banqueiros participava também um procurador, Gildo Ferraz. Segue um trecho da revista: "Na conversa, Vera conta ao procurador ter descoberto que o senador paraense teria um estoque de TDAs em suas mãos. 'Eles é que vieram atrás da gente. Na época a gente soube que quem mais tinha TDAs no Brasil era ele (Jader)', disse Vera."[28]

No caso do Instituto de Colonização e Reforma Agrária (Incra), o próprio órgão investigou a compra de sessenta áreas de castanhais no sudeste do Pará. Um relatório do Tribunal de Contas da União (TCU) constatou que os imóveis foram superavaliados. O senador comandava o Mirad, o equivalente na época do atual Ministério do Desenvolvimento Agrário – a quem o Incra está subordinado.

O Ministério Público Federal chegou a pedir à Justiça, em 1997, o indiciamento de Barbalho. Os personagens se repetem. Antônio Brasil, como secretário de Recursos Fundiários, deu parecer favorável ao pagamento – em TDA – de uma desapropriação de terras em Mato Grosso.

O valor da indenização era de R$ 2,4 milhões. Mas era fraudulenta. Gildo Ferraz disse que existia uma máfia e que o Polígono dos Castanhais "foi uma mina de TDA". O procurador-geral da República na época, Geraldo Brindeiro, engavetou o caso.

A CPI da Grilagem, em 2001, apurou ainda indícios de fraudes na compra de duas fazendas no Maranhão (Rio Bonito e Buriti) e de uma fazenda (a Vila Amazônia) em Parintins, no Amazonas.

Por quatro votos a três, porém, a Comissão rejeitou a proposta de indiciamento do senador pelo caso da fazenda em Parintins. O relatório dizia que as decisões tinham sido tomadas no gabinete do ministro, sem amparo técnico. E que o valor autorizado por Barbalho era cinquenta vezes maior que o sugerido pelo Incra.

Em 2006, porém, o Supremo Tribunal Federal recebeu, por unanimidade, a denúncia do MPF relativa à prática de crime de peculato, por Brasil e Barbalho. O ministro Ricardo Lewandowski declarou haver "indícios suficientes de materialidade de autoria do crime", apontando a necessidade de aprofundar investigação.

Lewandowski apontou um "significativo descompasso" entre o valor atestado inicialmente para a desapropriação e o valor da indenização final, "incrementado em mais de 50 vezes".[29] Os ministros Carmen Lúcia, Joaquim Barbosa, Carlos Ayres Britto, Gilmar Mendes e Celso de Mello acompanharam o voto do relator.

VOOS MAIS ALTOS

O senador foi também investigado, junto com sua primeira mulher, a deputada Elcione Barbalho, por um caso da década de 1980 – quando ele despontava para a política. Em 2006, o Superior Tribunal de Justiça resolveu dar continuidade a uma Ação Popular (que já durava vinte anos) contra os dois.[30] Era relativa ao financiamento de outra fazenda em São Domingos do Capim, a Poliana – posteriormente vendida.

O financiamento com o Banco do Brasil era de R$ 30 milhões. Tratava-se de subsídio para produção de borracha em seiscentos hectares de seringueiras na Fazenda Poliana.

Naquela entrevista à *Veja*, em 2000, Barbalho disse que foi esse investimento que deflagrou seu enriquecimento – anos após a aquisição da Campos de Piriá, que o senador ACM chamava de "moedinha da sorte". Mas o advogado Paulo Lamarão – autor da Ação Popular – fez na época um sobrevoo de helicóptero e constatou que ali não havia seringueira nenhuma.

Um Brasil muito particular

Em 2008, o prefeito baiano José Carlos de Lacerda (DEM) decidiu nivelar estradas de acesso à sua fazenda. Mas um detalhe no trator chamava a atenção: um adesivo da prefeitura de São Gonçalo dos Campos. Os dois operadores eram servidores municipais. Como se não bastasse, era uma Área de Proteção Ambiental. Carlinhos foi preso em flagrante. Acusado de uso indevido de bem público em proveito próprio. Mesmo assim foi reeleito.

Em 2009, no Maranhão, o prefeito de Pirapemas, Eliseu Moura (PP), foi acusado por vereadores de manter uma ambulância – doada pelo governo estadual – em uma de suas fazendas. Segundo eles, essa ambulância só atendia os eleitores de Moura. Esse critério eleitoral também foi relatado por moradores do povoado Inês, nas margens do rio Itapecuru. O prefeito queria expulsar das terras moradores que não o apoiavam – mantendo ali eleitores fiéis.

A história dos dois prefeitos ilustra outro aspecto da ocupação do território brasileiro por políticos: a sua face pública. Não se trata de um processo de conquista de terras apenas privado (e eventualmente legítimo). No caso de São Gonçalo dos Campos o prefeito estava utilizando diretamente os serviços municipais para benefício de sua propriedade. No caso de Pirapemas, a ambulância ficava na fazenda do prefeito.

Essa história da mistura entre público e privado na política brasileira não traz apenas histórias exóticas e isoladas. É também uma história da grilagem – um tema decisivo para se entender a formação do território brasileiro. Milhões de hectares de terras foram e são confiscados por empresas e por fazendeiros, como se fossem terra de ninguém. Não são: boa parte pertence à União. Outra parte está localizada em áreas de proteção ambiental (públicas ou privadas).

O CASO TEMER

Não se trata apenas de denúncias localizadas contra este ou aquele prefeito de cidadezinhas distantes. Nada menos que o vice-presidente da República, Michel Temer (PMDB), viu-se envolvido num caso desses, em Alto Paraíso de Goiás, na região da Chapada dos Veadeiros – a 230 quilômetros de Brasília. Os gestores da maior RPPN (Reserva Particular do Patrimônio Natural) do Cerrado, em Campo Alegre, reagiram contra o vizinho célebre.

Ele foi acusado de tentar abocanhar 2,5 mil hectares da reserva, de 7 mil hectares. Segundo o presidente da Associação Ecológica Alto Paraíso (que administra a RPPN), Alyrio Lima Cova,[31] Temer tinha apenas 40 hectares de posse. Depois a alterou para 746 hectares. Mais tarde, para 2,5 mil hectares. E, por fim, tentou dobrar a área – com os 2,5 mil hectares da reserva – por meio de uma ação de usucapião.

Na reserva, segundo Lima Cova (percussionista conhecido no exterior como Nivedano), o presidente do PMDB destruiu árvores de mata ciliar, provocando o assoreamento de nascentes e uma voçoroca – buracos gerados a partir da erosão. Ele também teria aberto uma estrada para a fazenda sem autorização, como constatou um funcionário do Ibama.

O caso dormiu na Justiça por muitos anos, mas em 2009 foi parar nas mãos do ministro Joaquim Barbosa, do STF. Em 2009, o ministro cobrou a Procuradoria-Geral da República por lentidão excessiva no inquérito sobre o (então) deputado. A demora da PF poderia levar à prescrição do caso. Barbosa chegou a ameaçar o Ibama por "crime de desobediência"[32] diante da demora em fornecer informações.

Temer disse que não participou da construção da estrada. Em entrevista à *Folha do Meio Ambiente*, em 2001, ele afirmou que tinha desistido da ação de usucapião. E que pretendia vender as terras, que só lhe estavam causando problemas. "Estou disposto até a transformar toda essa área em RPPN, uma vez que não tenho o menor interesse em sua exploração", declarou.

De fato, a posse deixou de aparecer na sua lista de bens ao TSE em 2006. Em 1998, presidente da Câmara dos Deputados, ele declarou "direitos possessórios" de metade da área, de aproximadamente 500 hectares. O valor declarado foi de R$ 48.578,09. Em 2002, esse item se repetiu em sua declaração eleitoral. Mas a essa altura ele tinha comprado de Luiz Antônio Schincariol a outra metade, por R$ 10 mil.

TERRAS DE QUEM?

Andemos agora um pouco pelo Amapá, onde outro cacique do PMDB tem domicílio eleitoral: o presidente do Senado, o maranhense José Sarney. O Amapá é um Estado razoavelmente protegido, com 73% de seu território ocupado por reservas ambientais e indígenas. Boa parte das terras pertence à União – embora, em um de seus exercícios como presidente da República, em 2009, José Alencar tenha assinado transferência de parte delas para a esfera estadual.

Alguns políticos são tão desembaraçados em suas declarações que o primeiro suplente de Sarney, Salomão Alcolumbre (também do PMDB), registrou no TSE a "posse de três terras devolutas" no Amapá. Os dados da Justiça Eleitoral – das eleições de 2006 – mostram os valores das propriedades: R$ 236,44, R$ 832,77 e R$ 1.387,96.

Falecido em 2011, Salomão deixou um herdeiro político: Salomão Alcolumbre Junior. Ele é suplente do senador Gilvam Borges (PMDB-AP). Sua declaração também traz um item significativo: a propriedade de "terras pertencentes ao Incra", na margem esquerda do rio Pacuí.

O leitor entendeu que as terras são do Incra e da União? Sim, é isso mesmo – segundo eles mesmos informaram à Justiça Eleitoral.

Vale registrar que as terras do Incra são invendáveis. São transferíveis pelo órgão responsável pela reforma agrária apenas para assentados – trabalhadores rurais, com poucas posses. Não é o caso de Salomãozinho,[33] dono de um patrimônio de mais de R$ 2 milhões.

Mas sigamos pelo Amapá. Em 2004 foi iniciada uma CPI das Terras Públicas na Assembleia Legislativa. A *Folha do Amapá* revelou que os deputados Eider Pena (PDT) e Jorge Amanajás (PSDB) possuíam irregularmente terras da União. Pena presidia a Associação dos Sojeiros do Amapá. Amanajás, a própria Assembleia. A área de 8 mil hectares era utilizada para a plantação de soja.

O TSE não registrou nenhum bem rural no nome de Pena, eleito sucessivamente entre 1998 e 2010. Amanajás foi candidato a governador em 2010. Perdeu. Sua declaração registra 2.378 hectares em Macapá. Antes de 2002 ele não possuía bens rurais.

O relatório entregue pela Superintendência Regional do Incra no Amapá citava também o deputado federal Gervásio Oliveira (PMDB) entre os beneficiários de grilagem de terras da União.[34] Segundo o jornal, as terras de Pena e Amanajás foram compradas de posseiros e produtores que tentavam se regularizar no Incra.

O presidente da Assembleia alegou estar "ocupando pacificamente terras devolutas", o que, segundo a Comissão Pastoral da Terra, nem existia tecnicamente no Amapá.

TERRAS DEVOLUTAS

Ocorre que as terras devolutas são também áreas públicas. No Pontal do Paranapanema, região de conflitos fundiários em São Paulo, o Tribunal de Justiça considerou, em 2010, que 4,2 mil hectares da família de Agripino Lima (PTB) são mesmo terras devolutas, como alegavam os trabalhadores sem-terra. Como prefeito de Presidente Prudente, ele barrou em 2002, com máquinas e caminhões, uma marcha de militantes comandados por José Rainha Junior.[35]

A frágil fronteira entre o público e o privado não parava por aí: caminhões e máquinas utilizados eram da prefeitura prudentina. E olhem que, em 1998, ainda no PFL, Agripino Lima registrara a posse de 20 tratores e dezenas de outras máquinas – além de quase 20 mil bois.

Os sem-terra acusavam o político de manter na fazenda uma milícia com 70 homens armados. A decisão do TJ paulista foi em última instância.

Fechemos os parênteses paulistas para voltar ao Amapá. O relatório do Incra também citava um juiz e um procurador aposentado – vizinhos do deputado Gervásio Oliveira, advogado e ex-secretário de Estado de Obras. Cada um deles ocuparia 2,5 mil hectares. Vale ler o resumo feito pela *Folha do Amapá*:

> A conclusão do relatório é que pessoas influentes da sociedade amapaense, com mandatos legislativos, empresários e servidores públicos estão comprando ou ocupando terras públicas da União no estado sem que seja respeitada a legislação em vigor.

Em Roraima, os conflitos relativos à região da Raposa Serra do Sol também envolveram diretamente terras da União. Os arrozeiros foram liderados por um político, Paulo César Quartiero (DEM) – eleito deputado federal em 2010. Para protegerem "suas" propriedades, atacaram indígenas, ambientalistas e até a Polícia Federal. Veremos o caso com detalhes no capítulo "Ameaçados".

A GRILAGEM COMO REGRA

Segundo o professor Ariovaldo Umbelino de Oliveira, especialista em Geografia Agrária da Universidade de São Paulo, a formação da propriedade de terra no Brasil não se fez pela compra, "mas sim pela grilagem da terra pública".

Ele fala das sesmarias ao localizar historicamente a origem da prática. Conforme a legislação portuguesa, a posse de terra era crime – e assim continuou durante o período colonial. "Era ilegal ocupar a terra através da posse, mas acabou se tornando algo recorrente no Brasil", diz Umbelino.[36] "Toda a ação das elites rurais sempre foi na contramão da lei."

A palavra "grilagem" tem uma origem curiosa. É que, para envelhecer documentos, os fraudadores os colocavam dentro de uma caixa (ou gaveta) com grilos. A ação do inseto faz os papéis parecerem mais velhos do que são.

Umbelino diz que a maior parte das grilagens é feita por funcionários corruptos do Incra, a quem ele chama de "banda podre do Incra".

Em seu curso na pós-graduação em Geografia Humana na USP, no segundo semestre de 2011, o professor contou que eles permitem os proprietários ocupar terras do Incra, "principalmente na Amazônia Legal".

Segundo o pesquisador, as Medidas Provisórias 422 e 458, do governo Lula, legalizaram a grilagem na região. O Supremo Tribunal Federal avalia a ação de inconstitucionalidade das medidas.

Umbelino diz que o Estado brasileiro, ao longo das várias legislações sobre posse de terras, "abriu mão de controlar seu próprio território": "Ele entregou o controle dos registros para as famílias. E ninguém consegue saber quem é proprietário de quê. O sistema cadastral correu separado do Estado. O cadastro do Incra não é garantia de que informações são legais – e verdadeiras."

O professor diz que isso aconteceu "porque as elites brasileiras sempre usaram novas leis para legitimar as burlas feitas anteriormente" – a exemplo das Medidas Provisórias do governo Lula.

Em 1931, por exemplo, um decreto-lei dispensou a apresentação de documentos de compra e venda para a constituição da propriedade privada. Os títulos das terras passaram a ser validados a partir de transcrições. "Quem legaliza a primeira grande grilagem de terras do Brasil é Getúlio Vargas", diz Umbelino.

SARNEY – TAMBÉM UM RURALISTA

O sociólogo José de Souza Martins cita nesse contexto de ilegalidades um dos políticos mais poderosos dos últimos cinquenta anos: presidente do Senado, presidente da República (1985-1990), membro da Academia Brasileira de Letras, o octogenário José Sarney.

Vejamos como Martins define o senador: "Um típico representante do clientelismo maranhense, ele mesmo envolvido em sério conflito com posseiros, no vale do Pindaré, em terras que lhe chegaram às mãos por meio de documentos de propriedade de validade discutível."[37]

Professor emérito da Universidade de São Paulo, Martins assinala que o envolvimento de Sarney na aquisição de terras da Fazenda Maguary, em Santa Luzia, foi investigada por uma comissão de inquérito do Senado – antes ainda de sua candidatura à vice-presidência na chapa de Tancredo Neves.

Segundo o ex-deputado Julião Amin (PDT-MA), eram 4.283 hectares de terra em Santa Luzia. A investigação ocorreu na CPI do Sistema Fundiário, instalada em 1979. "Muitas pessoas ligadas a Sarney passaram a ser beneficiadas com terras públicas", afirmou Amin em 2010.[38]

Dois livros detalham a política de terras de Sarney, como governador do Maranhão, durante os anos de chumbo: *Honoráveis bandidos*, de Palmério Dória, e *Grilagem: corrupção e violência em terras do Carajás*, de Victor Asselin. Dória diz nesse livro, definido como "um retrato do Brasil na era Sarney", que, como governador, ele foi inventor da reforma agrária ao contrário, a que "expulsa gente e cria latifúndios".

O jornalista conta que 1 milhão de maranhenses migraram por conta da Lei de Terras, uma lei "colonizadora" enviada em 1969 por Sarney à Assembleia Legislativa. Segundo organizações como a Caritas e sindicatos, mais de 1,5 milhão de hectares de terras teria ido parar nas mãos de latifundiários e donos de serrarias.

O senador é chamado no livro de "dono do mar" (as terras não seriam suficientes, ironiza o autor), por conta da posse de 38% da ilha de Curupu, no município de Raposa. As 15 praias de Curupu seriam da família. Foi a essa ilha que Sarney chegou, em agosto de 2011, em um helicóptero da PM maranhense.

Mas a propriedade não aparece em suas declarações à Justiça Eleitoral – e sim nas da governadora Roseana Sarney. Ela registrou um imóvel de R$ 619 mil em Curupu (a famosa mansão na ilha) e 25% da "fazenda", no valor de R$ 150 mil. Essa cifra se repete sem alterações no TSE desde 1998.

"ESCOLA DE GRILAGEM"

Em 1982, o padre Victor Asselin escreveu um livro específico sobre grilagem, com foco no grilo Pindaré, na região de Imperatriz. Ele conta que a criação por Sarney da Delegacia de Terras, em 1968, visava "disciplinar a ocupação e titular as áreas, transferindo o domínio público para o domínio privado".[39] "Com esse acontecimento, estourou de verdade a problemática da grilagem", afirma.

Um dos fundadores da Comissão Pastoral da Terra, Asselin enumera alguns políticos da época que teriam sido beneficiados por registros falsificados: senador Osires Teixeira (Arena), vice-governador de

Goiás nos anos 1960, falecido em 1993; Sebastião Peixoto da Silveira, ex-prefeito de Itapaci (GO); e Orlando Zancaner (Arena), senador paulista entre 1971 e 1976 – falecido em 1995. Cada um deles, segundo o autor, foi beneficiado com 66 mil hectares de terra na região.

Antes de atuar no Maranhão, Peixoto da Silveira grilou terras em Goiás. Ele é mencionado em estudo de caso da historiadora Jacinta de Fátima Souza Rolim, na Universidade Federal de Goiás, como membro de uma "sociedade para grilagem de terras" no norte goiano, nos anos 1960.[40]

A grilagem ocorria a partir de áreas de terras devolutas. Corretor de imóveis, Silveira chegou a ir para Belém pesquisar documentos de sesmarias, utilizados na grilagem. O chefe do grupo, o grileiro João Inácio, também andou pelo Maranhão. Somente em três localidades, conta Victor Asselin, ele grilou quase 1,8 milhão de hectares.

Um dos instrumentos utilizados pelos goianos na venda de terras griladas eram mapas falsos. Poucas imagens poderiam ser melhores para ilustrar a construção desse território paralelo que mapas falsos.

Victor Asselin afirma que as grilagens no Maranhão e em Goiás tiveram sua origem numa "escola" paranaense de grilagem, desenvolvida durante a ocupação do oeste do Paraná, por iniciativa do governo estadual. O governador, à época, era Moisés Lupion. Ele dá nome ao município de Lupionópolis (PR) e é avô do deputado federal Abelardo Lupion (PMDB), um dos expoentes da bancada ruralista em Brasília.

Do Paraná saiu também Cecílio do Rego Almeida, o fundador da CR Almeida, historicamente um dos grandes grileiros do Brasil. Hoje falecido, ele se vangloriava (segundo Eric Nepomuceno, em seu livro sobre o massacre de Eldorado dos Carajás) de ser irmão de um ex-senador da República, Henrique Rego Almeida. Cecílio chegou a "possuir" uma área de 4,7 milhões de hectares em Altamira. Uma fraude.

TERRAS DE PREFEITOS

A farra da grilagem aparece em diversas histórias de gestores municipais – com a larga capilaridade peculiar às prefeituras. O Maranhão volta a aparecer com frequência como cenário.

Em Barreirinhas (MA), o prefeito Miltinho Dias (PT) chegou a ser cassado por distribuição de terrenos para eleitores.[41] Há ação penal contra ele e mais dois ex-prefeitos por grilagem. Segundo a Corregedoria de Justiça (TJ-MA), Dias teria aforado mais de mil áreas públicas e negociado com desembargadores, juízes, parlamentares estaduais e federais.[42]

O promotor José Márcio Maia Alves ajuizou 840 Ações Civis Públicas contra pessoas que negociaram terras públicas no município. Uma delas é contra Dias, por improbidade administrativa. Ele também sofre ação penal por crime de responsabilidade. Os ex-prefeitos José de Jesus Rodrigues de Sousa e José de Ribamar de Castro Ramos também foram denunciados.

"Parte das terras aforadas pela prefeitura era ocupada por famílias locais", narra o jornalista maranhense Itevaldo Júnior. "Os trabalhadores foram expropriados para que as áreas fossem entregues aos desembargadores, juízes e parlamentares beneficiados com a fraude."

Segundo O Estado do Maranhão, Dias foi cassado sob a acusação de comprar votos de eleitores e doar mais de trezentos terrenos (rurais e urbanos) a moradores para garantir sua reeleição.

Em Barra do Corda (MA), o prefeito Nenzim foi preso, acusado de desviar R$ 50 milhões. Ele é pai do deputado estadual Rigo Teles (PV). Em outro processo, o Ministério Público Estadual acusa a prefeitura (em sua gestão) de comprar de Teles, sem licitação, parte de uma gleba de terras. A compra das terras, que levam o nome de Tamarindo, não motivou nem um procedimento que justificasse a inexigibilidade de licitação.[43]

LÓGICA DA IMPUNIDADE

Em nenhum desses casos há notícia de punidos pela Justiça. O máximo que aconteceu foi com o piauiense Eliseu Moura, o prefeito de Pirapemas (MA) acusado de manter uma ambulância em sua fazenda – mas por outros motivos.

Moura foi deputado federal entre 1995 e 2004 e membro da Comissão de Agricultura. Em 2008 ele registrou cinco fazendas na Justiça Eleitoral, porém só especificou a área de uma delas, de 1.270 hectares.[44]

O prefeito chegou a ser cassado pela Câmara de Pirapemas, em 2010, mas voltou ao cargo. Ele e sua ex-mulher (a ex-prefeita Carmina Moura) colecionam acusações. O Tribunal de Contas da União condenou Carmina por fraudes no Programa Nacional de Alimentação Escolar. Os dois foram condenados por desvio de recursos do Ministério do Planejamento para melhorias habitacionais.

Moura foi ainda acusado de ter filhos com duas adolescentes – e por isso investigado pela CPI da Pedofilia na Assembleia do Maranhão, que pediu seu indiciamento. Enquadrado na Lei da Ficha Limpa, ele não pode se reeleger. Uma opção seria sua atual mulher, Maristela Duarte.

As histórias de grilagem e de impunidade se repetem pelo país – em combinação com as demais distorções da política brasileira. A reeleição de políticos flagrados pela Justiça mostra o quanto o eleitor ainda ignora essa mistura de estações. Ou a ela é indiferente.

Em Rondônia, um alvo frequente de denúncias é o deputado Neodi Oliveira (PSDC), ex-presidente da Assembleia Legislativa. Ele foi acusado pelo governador Ivo Cassol de exigir o pagamento de R$ 20 mil mensais.[45] Um levantamento do Portal Transparência Brasil mostra também que ele teria financiado grilagens dentro de reservas extrativistas da região de Ariquemes.[46] Oliveira foi reeleito em 2010.

Vale observar que estados como Rondônia, Amapá e (em boa parte) Maranhão fazem parte da Amazônia Legal. As histórias de grilagem estão inseridas em um mesmo contexto do que chamamos de Marcha para o Oeste.

Essa busca por novos territórios, no fim das contas, é uma busca por capital. O termo não significa apenas dinheiro – mas este é o tema da segunda parte do livro.

O DINHEIRO

O DINHEIRO

Quanto valem as terras?

As declarações de bens dos políticos mostram apenas o mínimo que eles possuem. No caso da quantidade de terras, vimos na primeira parte do livro que é inevitável concluir que ela é bem maior que a declarada. Mas também os valores em reais devem ultrapassar várias vezes os números expostos.

Um dos principais motivos para isso está numa brecha permitida pela Justiça Eleitoral – e pelo Fisco: os políticos podem declarar seus bens pelos valores históricos (de quando adquiriram o imóvel), sem correção monetária.

Isso significa que a maior parte dos bens adquiridos antes do Plano Real entra numa terra de ninguém, tamanhas as dificuldades para identificar, em meio às mudanças de moeda, qual seria o valor de fato de cada propriedade.

Para complicar, há também bens adquiridos desde 1994 que se revelam subdimensionados, com preços menores que os de mercado. Outras propriedades podem estar superdimensionadas, é bem verdade, mas o primeiro caso parece ser mais frequente.

Começamos a lista de propriedades rurais de políticos a "preço de banana" com aqueles bens registrados por menos de R$ 500. São apenas alguns exemplos. Mais de 90 propriedades foram declaradas em 2008 e 2010 por menos que R$ 1.000. Boa parte, nem isso:

\multicolumn{9}{c}{TERRAS DECLARADAS POR MENOS DE R$ 500}
UF	POLÍTICO	CARGO	SIGLA	PROPRIEDADE	ÁREA(ha)	VALOR(R$)	R$/ha
GO	Jardel Sebba	deputado estadual	PSDB	anexa Faz. Santana - Catalão	31,03	0,13	0,004
SP	Chico Rodrigues	prefeito - Piraju	PP	chácara	3,35	4,44	1,330
GO	Paulão da Cunha	prefeito - Chap. do Céu	PMDB	Faz. S. Amélia - Chapadão do Céu	20,32	4,80	0,236
BA	Marival	prefeito - Nova Canaã	PMDB	rancho Alegre - Rio do Vigário	2,00	15,16	7,580
SC	Waldir Walker	prefeito - S. Bernardino	DEM	terra rural em São Bernardino	5,95	122,00	20,500
MT	Jayme Campos	senador	DEM	terra em N. S. do Livramento	40,00	155,26	3,880
PI	Marcelo Castro	deputado federal	PMDB	gleba Sobradinho - João Costa	15,00	160,00	10,667
PI	Lindomar	prefeito - Lagoa do Sítio	PTB	terras em Valença do Piauí	239,90	184,15	0,770
BA	Jackson Rezende	prefeito - Itapé	PP	terra nua	40,80	267,02	6,540
SC	Vilibaldo Schmid	prefeito - Campos Novos	PMDB	terreno rural - adq. em 1984	21,10	395,54	18,750
MT	Murilo Domingos	prefeito - Várzea Grande	PR	50% área rural	47,08	440,17	9,350
PI	Amaro Melo	prefeito - Batalha	PTB	área em Batalha - adq. em 1993	77,00	474,43	6,16

Notem que a terra informada pelo prefeito de Batalha, o último item da lista, foi adquirida em 1993, logo antes do Plano Real.

Ao leitor incrédulo insistimos que esses valores estão registrados na Justiça Eleitoral. O anexo do deputado goiano, no valor de R$ 0,13, pode ser consultado pela internet. Não se trata de erro de digitação: são 13 centavos mesmo, menos que o preço de um chiclete. Ou de uma bala.

Embora esses valores chamem a atenção por serem ínfimos, em alguns casos a relação entre o valor em real e a quantidade de hectares não chega a ser tão baixa: há centenas de pequenas e médias propriedades, entre os políticos, nessa faixa de R$ 10 ou R$ 20 o hectare.

PREÇO DE BANANA

Cabe, portanto, detalhar uma situação ainda mais flagrantemente "preço de banana". A seguir, algumas propriedades com uma relação R$/hectare baixíssima, abaixo de R$ 5 cada hectare. Não são nem muito baratas, como diz o título do quadro, mas muitíssimo baratas:

Quanto valem as terras?

		TERRAS MUITO BARATAS					
UF	POLÍTICO	CARGO	SIGLA	PROPRIEDADE	ÁREA(ha)	VALOR(R$)	R$/ha
PI	Lindomar	prefeito - Lagoa do Sítio	PTB	terras em Valença do Piauí	1.243,77	975,23	0,780
PI	Zé Maia	prefeito - Vera Mendes	PP	terras em Itainópolis	1.121,11	1.500,00	1,340
CE	Sérgio Aguiar	deputado estadual	PSB	gleba em Camocim	234,00	428,61	1,830
GO	Ronaldo Caiado	deputado federal	DEM	Fazenda Escalada - Mara Rosa	484,00	1.173,60	2,420
BA	Roberto Britto	deputado federal	PP	imóvel em Lafayete Coutinho	1.105,00	2.706,49	2,450
MT	Zeca Viana	deputado estadual	PDT	Fazenda Alvorada	1.226,63	3.548,14	2,890
GO	Zé Gomes	prefeito - Itumbiara	PP	faz.adq. em 1991 - Balsas (MA)	2.127,72	7.502,80	3,530
CE	Eunício de Oliveira	senador	PMDB	Faz. São Luiz - Alexânia (GO)	250,60	3.981,15	3,680
PI	Zé Lima	Santa Luz	PSB	gleba Tinguis, em Santa Luz	680,00	2.656,04	3,910
GO	Iso Moreira	deputado estadual	PSDB	loteamento de terras - Mambaí	419,36	2.000,00	4,770
PA	Josué Bengston	deputado federal	PTB	área agrícola - S. Luzia do Pará	1.500,00	6.939,71	4,630
GO	Zé Gomes	Itumbiara	PP	Faz. Mangaba - Balsas (MA)	1.460,88	7.088,57	4,850

Ao todo identificamos pelo menos 46 propriedades de políticos cujo valor do hectare é inferior a R$ 5. Menos que um saco de arroz de cinco quilos. E essa relação não inclui aquelas terras sobre as quais o político não informou o tamanho.

Vale destacar a fazenda que o prefeito de Itumbiara (GO), Zé Gomes, possui no município de Balsas, no Maranhão. Ela tem mais de 2 mil hectares, mas foi adquirida por R$ 7,5 mil – uma média de R$ 3,5 por hectare. Pouco mais que o preço de uma lata de cerveja.

Como se pode observar, não estamos enumerando apenas pequenas propriedades. A lista que segue traz mais casos de grandes propriedades declaradas ao TSE por valores muito baixos:

		TERRAS GRANDES E BARATAS					
UF	POLÍTICO	CARGO	SIGLA	PROPRIEDADE	ÁREA (ha)	VALOR (R$)	R$/ha
AC	Hilário Melo	prefeito - Jordão	PT	área às margens do rio Tarauacá	17.731,00	642,87	0,036
SC	Jango Herbst	prefeito - Mafra	PMDB	terreno rural em Barracas	13.464,57	61.763,58	4,590
MT	Jayme Campos	senador	DEM	Fazenda Santa Amália	11.060,50	193,81	0,017
MT	Jayme Campos	senador	DEM	sem especificação	5.554,00	16.111,55	2,900
MT	Carlos Bezerra	deputado federal	PMDB	área de terra em Paranatinga	4.600,00	2.775,88	0,600
MT	Jayme Campos	senador	DEM	sem especificação	4.217,00	12.223,12	2,900
MT	Murilo Domingos	prefeito - Várzea Grande	PR	50% área rural em Diamantina	3.911,40	3.712,24	0,950
GO	Ronaldo Caiado	deputado federal	DEM	Fazenda Lago Bonito, em Crixás	2.909,62	10.562,90	3,630
MT	Moacir Giacomelli	prefeito - Vera	PR	área de terras em Vera	2.420,00	32.045,45	13,240
SC	Casildo Maldaner	senador	PMDB	terra em S. Félix do Xingu (PA)	2.050,00	9.115,55	4,450
MG	Juraci Freire	prefeito - Porteirinha	PP	faz. adq. em 2007 - Gameleira	2.014,43	45.000,00	22,34
MA	Aluízio Duarte	prefeito - Lagoa do Mato	PMDB	terra povoado Saco do Paulo	1.951,00	20.000,00	10,25

No caso dos latifúndios, os nomes dos políticos vão se tornando mais conhecidos: a lista traz dois senadores (um deles eleito como suplente), Jayme Campos (DEM-MT) e Casildo Maldaner (PMDB-SC), e um deputado federal, Carlos Bezerra (PMDB-MT).

Entre os prefeitos há 25 propriedades nessa situação: mais de mil hectares cada e uma relação R$/hectare menor que R$ 20. O mesmo ocorre com 17 propriedades de parlamentares. O governador catarinense Raimundo Colombo (PMDB) declarou 1,5 mil hectares por R$ 23 mil.

É claro que há variações regionais. Uma terra em Jordão (AC) seguramente é mais barata que no coração do Paraná ou de São Paulo. Mas onde achar quase 18 mil hectares por pouco mais que um salário mínimo? (Em 2008, o prefeito acreano Hilário Melo chegou a atualizar no TSE o tamanho de seu latifúndio, mas ele permaneceu registrado com o valor histórico.)

VALORES ALTOS

Entramos agora no caso inverso. Latifúndios ou não, outras propriedades de políticos possuem uma relação R$/hectare altíssima. São fazendas onde cada centímetro quadrado tem seu valor.

Identificamos pelo menos 196 propriedades com valor maior que R$ 1 milhão. Quase a metade não teve a área especificada pelos candidatos.[47]

Segue uma lista daquelas com hectare mais valioso:

				TERRAS VALIOSAS			
UF	POLÍTICO	CARGO	SIGLA	PROPRIEDADE	VALOR (R$)	ÁREA (ha)	R$/ha
MG	Ivair Nogueira	deputado estadual	PMDB	área Talmadia Bandeirinhas	1.300.000,00	12,58	103.338,63
PR	José Sehn	prefeito - Serr. Iguaçu	PMDB	área rural Colônia B. Constant	4.846.200,00	117,37	41.289,94
SP	João B. de Andrade	prefeito - Pitangueiras	PSDB	Fazenda Santa Rita	1.614.689,25	41,14	39.248,64
PR	Susumo Itimura	prefeito - Uraí	PSDB	Fazenda Fazendinha	7.946.000,00	296,30	26.817,41
SC	Ênio Zuchinali	prefeito - Morro Grande	PMDB	terreno com plantio	6.000.000,00	284,00	21.126,76
PR	Deodato Matias	prefeito - Arapuã	PMDB	terra	1.350.000,00	65,34	20.661,16
RS	Armindão Heinle	prefeito - Bom Progresso	PP	terras de cultura	3.500.000,00	177,00	19.774,01
MG	Irtinho Reis	prefeito - Natércia	DEM	gleba de terras bairro Fortes	1.038.000,00	62,81	16.526,03
SP	Betinho Martins	prefeito - Pedranópolis	PSDB	imóvel rural	1.500.000,00	92,38	16.237,28
MG	Mundinho Penaforte	prefeito - Itanhomi	PDT	imóvel no Córrego do Macuco	1.000.000,00	67,61	14.790,71

SP	Leonardo Melo	prefeito - Magda	PTB	Fazenda Macaúbas	2.000.000,00	157,30	12.714,56
GO	Bento Vicente	prefeito - Córrego do Ouro	PMDB	Fazenda Córrego da Prata	1.020.000,00	82,28	12.396,69
SP	José Pedro de Barros	prefeito - Guareí	PMDB	Fazenda São Pedro	3.906.000,00	315,10	12.396,06
MG	Dona Dalva Queiroz	prefeita - Carneirinho	PMDB	Fazenda Taboca	1.280.000,00	109,00	11.743,12
MT	Reinaldo Azambuja	deputado federal	PSDB	Fazenda Taquarussu	11.700.350,00	1.041,00	11.239,53
MG	Valdir Ferreira	prefeito - Araporã	PMDB	Fazenda Araporã	1.072.000,00	96,10	11.155,05
SP	Gilberto de Grande	prefeito - Floreal	DEM	imóvel rural	1.500.000,00	142,00	10.563,38
MG	Vilson Pereira	prefeito - Campo do Meio	PSDB	Fazenda Boa Vista	2.038.700,00	203,87	10.000,00
MT	Maurício de Sá	prefeito - Alto Taquari	DEM	Fazenda João Pedro	2.000.000,00	200,00	10.000,00

O prefeito de Iraí, Susumo Itimura (PSDB), tem mais cinco sítios ou fazendas no valor de mais de R$ 10 mil o hectare. José Pedro de Barros, outras sete propriedades no interior de São Paulo. Uma das propriedades de Itimura, a Fazenda Santa Rafaela, em Santa Mariana (PR), vale mais de R$ 16 milhões, por R$ 20 mil cada hectare.

O deputado Ivair Nogueira (PMDB-MG) é um engenheiro de Betim, ex-prefeito do município e deputado estadual há vários mandatos. Esses 13 hectares apareceram somente na declaração de 2010 – e representam mais de 20% de seu patrimônio, de R$ 5,2 milhões. Em 2010, a família de Nogueira foi feita refém em sua mansão na cidade, durante um assalto.

MONTANHA-RUSSA

Um caso bastante peculiar ajuda a ilustrar este capítulo: o do cearense João Muniz Sobrinho, o Jonas Muniz (PSDB). O prefeito de Cruz – um município de 22 mil habitantes, quase no Piauí – é um dos maiores políticos latifundiários do país.

A seguir estão apenas alguns exemplos dos 61 bens rurais que ele informou à Justiça Eleitoral. Seu caso chama a atenção porque Jonas foi absolutamente transparente (ao contrário da maioria) ao contar em que ano adquiriu cada fazenda:

| \multicolumn{7}{c|}{O CASO JONAS MUNIZ *} |
PROPRIEDADE	COMPRA	MUNICÍPIO	UF	VALOR (R$)	ÁREA (ha)	R$/ha
Fazenda Minas Gerais	2006	Bom Jesus das Selvas	MA	6.000.000,00	-	-
Fazenda Minas Gerais II	-	Santa Luzia	MA	3.500.000,00	2.593,23	1.349,670
Fazenda Aliança	-	Bom Jesus das Selvas	MA	1.190.000,00	581,55	2.046,260

Fazenda Beira Rio	1998	Bom Jardim	MA	99.450,00	2.210,00	45,000
Fazenda Vale da Rosa	1988	Açailândia	MA	20.000,00	954,00	20,960
Fazenda Santa Nazaré	2005	Acaraú	CE	20.000,00	1.045,00	19,140
Fazenda Changrila	1997	Bom Jardim	MA	19.369,00	1.055,00	18,360
Fazenda Santa Isabel I, II e III	1995	Açailândia	MA	18.369,00	2.384,00	7,710
Fazenda Santa Ines	1990	Bom Jardim	MA	18.369,00	3.055,00	6,010
Fazenda N.S. Aparecida	1998	Açailândia	MA	12.246,00	954,41	12,830
Fazenda Bom Jardim	2003	Bom Jardim	MA	10.000,00	407,00	24,570
Fazenda Rio Verde	1980	Açailândia	MA	7.959,90	2.921,00	2,730
Fazenda Santa Quitéria	1972	Senador Sá	CE	3.885,65	2.500,00	1,550
Fazenda Timbauba	1981	Acaraú	CE	2.774,94	2.500,00	1,100
Fazenda Baixa das Abelhas	1970	Bela Cruz	CE	2.774,94	2.500,00	1,100
Fazenda São Fernandes	1961	Bela Cruz	CE	2.774,94	270,00	10,280

* Prefeito de Cruz (CE).

Notem que há propriedades adquiridas há poucos anos (2006) e com valores altos – seja pelo valor absoluto, seja o valor por hectare. Em outros casos de fazendas (nenhuma delas em Cruz, onde Jonas é prefeito) compradas nos anos 1960 a 1980, os números são bastante baixos – e se repete o valor de R$ 2.774,94.

Finalmente, há fazendas adquiridas após o Plano Real (1995, 1997, 1998, 2003, 2005) com valores igualmente baixos – ainda que não tanto como aqueles comprados nas décadas anteriores, mas com uma relação R$/hectare até 250 vezes menor.

O caso é tão emblemático da variação dos bens rurais entre políticos que podemos falar num padrão às avessas, um "padrão Jonas Muniz", uma espécie de montanha-russa dos valores declarados.

Afinal, diante desse padrão (ou da falta dele), podemos nos perguntar: quanto valem, de fato, 2,5 mil hectares? Três mil reais, como sugerem as primeiras listas? Ou R$ 6 milhões? O eleitor – eventualmente sem dinheiro para comprar um único hectare – tem o direito de ficar no mínimo intrigado.

O CASO CAMILO COLA

A palavra *intriga* ajuda a entender também o caso do capixaba Camilo Cola (PMDB). Ele é o deputado mais idoso da Câmara (é de 1923) – e um dos mais ricos. O dono do Grupo Itapemirim (conhecido pela empresa de transporte rodoviário) foi eleito suplente em 2010, mas logo assumiu o cargo.

O valor de seus bens rurais é questionado na Justiça por sua própria filha, Ana Maria Cola. Em uma ação que tramita em Cachoeiro de Itapemirim, ela reclama da divisão dos bens de Ignez Cola, a mãe. Ela só ficou com 25% – os outros 75%, com o irmão Camilinho.

Vários deles são propriedades rurais. Cola é filho de lavradores italianos. Entre esses bens estão a Fazenda Água Preta, com 228 alqueires, a Fazenda Pindobas IV, com 528 alqueires. A primeira foi avaliada no inventário por R$ 105 mil; a segunda, por R$ 615 mil.[48]

A Pindobas IV, na região serrana do Espírito Santo, aparece no TSE (na declaração de 2006, mas não em 2010) por R$ 1,4 milhão – e ainda assim a herdeira Ana Maria a considera subavaliada.

Entre 2006 e 2010, o patrimônio de Camilo Cola, junto à Justiça Eleitoral, baixou 166 vezes: de R$ 259 milhões para apenas R$ 1,56 milhão. É que o patrimônio foi transferido para Camilinho. A Ana Maria foi oferecida uma propriedade rural. Mas ela alega que, dessa vez, o valor de R$ 50 milhões está superestimado.

Em março de 2011, os bens do Grupo Itapemirim foram congelados. Como Cola é deputado, o processo subiu para o STF. Veremos no capítulo "Famílias e clãs" como as disputas familiares ajudam a contar as histórias de propriedades dos políticos.

Camilo Cola também será mencionado no capítulo "Escravizados": em outubro de 2011 a Polícia Federal retirou trabalhadores em regime escravo de fazenda do Grupo Itapemirim.[49]

Exemplos de prosperidade

Fazendas numerosas, muitas delas luxuosas – e extensas. Ostentação. Multiplicação das atividades rurais – e do domínio territorial. Gado, muito gado – de todos os tipos –, nem sempre presente nas declarações. Mais do que os carros luxuosos, que o dinheiro no bolso, que as empresas, que os bens urbanos, é a lista de bens rurais que ilustra melhor o estilo exibicionista de nossos políticos.

A ostentação de bens é acompanhada de um certo instinto de preservação dos bens. Nem sempre muito republicano. E de uma incrível capacidade para aumentar esse patrimônio.

Em apenas dois anos, o ex-deputado federal Eliseu Moura[50] (PP) teve seu patrimônio multiplicado por nove: de R$ 960 mil, em 2006, para R$ 9 milhões, em 2008, quando foi eleito prefeito de Pirapemas (MA). Entre 2006 e 2008, ele adquiriu 3,5 mil cabeças de gado, no valor de R$ 1,75 milhão.

No mesmo período de dois anos, o dentista paranaense Romeu Reolon (PMDB) teve o patrimônio multiplicado de R$ 422 mil para R$ 3,65 milhões. A variação motivou uma investigação pelo TRE de

Rondônia – ele é prefeito de Alto Paraíso. Novamente a mágica estava nas terras (rurais e urbanas), que saltaram de R$ 125 mil para R$ 2,5 milhões, e na posse de gado. O vice de Reolon teve o mesmo problema com a Justiça Eleitoral.

Moura e Reolon estão longe de terem sido os únicos homens públicos a enriquecer em pouco tempo – e com patrimônio diretamente ligado a bens rurais. O patrimônio do prefeito de Pirapora (MG), Warmillon Fonseca (DEM), saltou de R$ 204 mil, em 2000, para R$ 38 milhões, em 2004. Em 2008, baixou para R$ 31,4 milhões – quando somente uma fazenda sua foi declarada por R$ 22 milhões. É uma das mais valiosas entre os políticos brasileiros.

Em meio a uma centena de ações movidas contra Fonseca, a Justiça decidiu investigar seus bens. Ele chegou a indicar uma fazenda em Catolândia, no interior da Bahia, para o pagamento de uma dívida. Segundo o TSE, a Fazenda Tropical existe. E duas vezes. Uma vale R$ 1,6 milhão. A outra, R$ 3,2 milhões. Uma delas seria em Catolândia. A outra, na vizinha Desidério.[51] Mas a Justiça não encontrou o imóvel.

Os exemplos pelo país dessa montanha-russa patrimonial são inúmeros. Um deles vimos no capítulo "Pará: onde vale tudo": o paraense Jader Barbalho. Como seria cansativo descrever todas as histórias, vamos detalhar outros dois casos de visibilidade nacional. São eles o mineiro Newton Cardoso e o alagoano Renan Calheiros.

A evolução patrimonial desses senhores está relacionada à posse – cada vez mais numerosa – de fazendas. Ou a um peculiar talento para ganhar dinheiro com gado.

NEWTON CARDOSO

Em dezembro de 2001 a revista *Veja* publicou um perfil do vice-governador mineiro, Newton Cardoso (PMDB): "O vice de 150 milhões de reais". Outra chamada informava que o patrimônio dele tinha sido multiplicado por trinta ao longo de sua carreira política: filho de um alfaiate e de uma costureira, ele foi prefeito de Contagem (três vezes), deputado federal e governador.

A *Veja* fez uma projeção dos valores a partir da atualização dos bens do político. Cardoso calculou ter "uns 70 milhões". A revista informou que ele possuía 52 fazendas, distribuídas em 145 mil hectares. Anos mais tarde, porém, em 2009, sua ex-mulher, a ex-deputada Maria Lúcia Cardoso (PMDB), o acusou – na própria *Veja* – de ter empresas em paraísos fiscais e de possuir um patrimônio de R$ 2,5 bilhões – com 100 fazendas.[52]

Cardoso negou os números da deputada. Mas para mais. "Tenho 145 fazendas", informou. "A *Veja*, para escandalizar, escondeu meu patrimônio".

Não é possível saber pelo TSE a extensão das propriedades do político – em 2010 ele foi eleito novamente deputado federal. É que elas não estão especificadas na Justiça Eleitoral, mas sim embutidas nos itens relativos às empresas que ele declarou. O total dos bens aparece com o valor histórico, defasado: R$ 77 milhões.

Esse total é uma caixa-preta. Mesmo assim, seis vezes maior que os R$ 12,7 milhões declarados em 2006, quando disputou – e perdeu – uma vaga no Senado. Desse total, R$ 62 milhões são da Bratil Empreendimentos e Participações – empresa em relação à qual há pouquíssimas informações. Outra empresa-chave, a Rio Rancho Agropecuária, foi declarada por R$ 3,4 milhões.

A Rio Rancho e a Frutimag informam em seus sites a extensão de terras utilizadas em algumas culturas: como 250 hectares de parreirais na Bahia ou 216 hectares de café em Minas. Mas o número mais expressivo é o de 40 mil hectares no Vale do Jequitinhonha: essa é a área ocupada, em Grão Mogol, por uma floresta com 55 milhões de pinus e eucalipto.

RENAN CALHEIROS

José Renan Vasconcelos Calheiros surgiu politicamente em Alagoas como comunista. Mas quando integrou, na Constituinte, a Subcomissão dos Negros, Populares, Indígenas e Minorias, já tinha deixado seu partido de origem, o PCdoB. Quase 15 anos depois, várias vezes deputado, todo-poderoso do PMDB, ele ainda tinha um patrimônio tímido: em 2002, ele declarou dois carros, um apartamento e duas casas.

Calheiros agora era senador. Ainda não era um proprietário rural. Em 2007, com a presidência do Senado em seu currículo, registrou, junto com o irmão Olavo, a posse da Fazenda Boa Vista. Alvo de acusações de enriquecimento ilícito, ele disse na época que, a partir de 2003, decidiu investir no imóvel rural, herdado do pai.

O pai Olavo Calheiros, ex-prefeito da pequena Murici, vendia gado para abate. Deixou dois legados para os dez filhos: a propriedade e a política. O filho Renan vendeu, então, a luxuosa casa que tinha em Brasília para transformar a fazenda em "investimento produtivo".

Em 2006, ele estava no meio de seu mandato, no Senado, portanto não há detalhes no TSE, pois ele foi obrigado a declarar somente no início do mandato, em 2002. Mas a fazenda aparece na declaração do irmão, o deputado Olavo Calheiros Filho (PMDB). Olavo declarou quatro propriedades rurais. A maior delas, a Boa Vista, com 500 hectares – no valor de R$ 205 mil. Em 2007, 400 famílias de trabalhadores sem-terra ocuparam a área em Murici.

Em 2010, ao TSE, novamente nada de terras na declaração de Renan. É que o senador se tornara empresário: ele registrou por R$ 702,5 mil a posse da Sociedade Agropecuária Alagoas Ltda. O mesmo valor foi informado em nome da mulher, Maria Verônica Rodrigues Calheiros. Renan entrava para o grupo seleto dos políticos com mais de R$ 1 milhão em bens rurais.

Costumeiramente atenta a números, a *Folha de S.Paulo* informou em 2007 que a Fazenda Boa Vista tinha 1.300 hectares. Mas o irmão Olavo a declarou, em 2006, por 500 hectares. O mesmo jornal publicou[53] que, conforme documentos e entrevistas de dois ex-proprietários de terras, um primo de Calheiros era testa de ferro do senador na Fazenda Alagoas.

Esse primo era Idelfonso Tito Uchôa. Mas a família do senador é grande. Em 2005, segundo o Ministério Público Federal, outro primo – Dimário Calheiros – acusara o político de utilizá-lo, igualmente como laranja, em mais duas fazendas.

TERRA OCUPADA

Quando os sem-terra ocuparam a Fazenda Boa Vista, a Comissão Pastoral da Terra informou que a terra dos Calheiros fora fruto de grilagem – com o apoio de cartórios da região. A ocupação foi organizada por três movimentos sociais: o MST (Movimento dos Trabalhadores

Rurais Sem-Terra), o MLST (Movimento de Libertação dos Sem-Terra) e o MTL (Movimento Terra, Trabalho e Liberdade).

O prefeito de Murici era Renan Calheiros Filho. Ele foi reeleito em 2008, mas deixou o cargo para disputar a Câmara dos Deputados. Compõe hoje a "bancada dos Calheiros" no Congresso.

Na época da ocupação, Renan Calheiros respondia a processo no Senado por quebra de decoro parlamentar. Ele teria pago despesas pessoais (como a pensão de uma filha que teve com a jornalista Mônica Veloso) com verba de uma empreiteira. O plenário o absolveu.

O coordenador da Comissão Pastoral da Terra em Alagoas, Carlos Lima, disse que o objetivo da ocupação era mostrar "as ações criminosas, a grilagem de terras, a miséria, a injustiça e o abuso de poder causado pelas oligarquias do Estado".

A escolha de Murici teria ocorrido "porque ganhou fama de ter o gado mais produtivo do país, o gado do senador Renan Calheiros, que tem uma produtividade recorde de 60%".[54]

GADO PRODUTIVO

De fato, a venda de gado foi o argumento utilizado para comprovar a origem dos recursos para a pensão da filha. Ele apresentou 64 recibos relativos à venda de 1,7 mil cabeças de gado, que teriam rendido, em quatro anos, R$ 1,9 milhão. Alagoas estava classificada como área de risco para a febre aftosa – o que baixava o preço do boi e diminuía a produção na região.

O proprietário da empresa Carnal, João Teixeira dos Santos, disse à revista *Veja* que nunca comprara gado do senador. E que sua empresa estava desativada. Mas um recibo atestava a venda de R$ 127 mil à Carnal. No endereço de outra empresa (a GF da Silva Costa) os repórteres constataram que ali morava uma família – que afirmou nunca ter ouvido falar da GF ou de seu dono.

"Os recibos parecem ter sido produzidos em série, num arquivo de computador", escreveu o repórter Otávio Cabral.[55] "Desconheço esse negócio e esse recibo", declarou o dono de um supermercado, José Marcolino Neto, que teria comprado do senador 45 cabeças de gado. "Estão querendo sujar o nosso nome".

Em janeiro de 2008, a *Folha* informou que o gado da fazenda de Olavo Calheiros teria sido utilizado pelo irmão Remi Calheiros (PMDB), ex-prefeito de Murici, para pagar uma dívida da prefeitura. Tudo isso segundo o Ministério Público de Alagoas. A dívida era de cerca de R$ 130 mil. O caso motivou a abertura de uma ação civil pública contra Remi Calheiros.[56]

Um laudo da Polícia Federal, de 2007, apontou ausência de recibos que comprovassem despesas nas fazendas de Renan Calheiros. Segue um trecho da reportagem assinada por Silvio Navarro, Fernanda Krakovics e Andrea Michael: "A ausência de registros de despesas de custeio, sob o aspecto da disponibilidade de recursos como justificativa patrimonial, implica resultado fictício da atividade rural, que se reflete na evolução patrimonial."[57]

Até o presidente da União Democrática Ruralista (UDR), Luiz Antonio Nabhan Garcia, ironizou o desempenho de Calheiros. "Ele é um mágico. Por que será que o boi do Renan é diferente? No Brasil, hoje, há prejuízo na pecuária de corte", afirmou.

Em maio de 2007, o então senador Wellington Salgado (PMDB-MG) defendia Calheiros no plenário. Diante de uma de denúncia de que o colega tinha apresentado dois recibos com um mesmo número de cheque, Salgado disse que tinha sido um erro de digitação. E exibiu as cópias dos cheques e recibos: "Ele me apresentou os dois cheques e os dois recibos. Estão aqui. Mas essa prova não vai ser mostrada no jornal. O que querem que a gente faça? Isso? [Nesse momento o senador Salgado simplesmente rasgou as cópias]. É isso que temos que fazer com as provas?"[58]

LAVAGEM DE DINHEIRO

Em entrevista à Agência Estado,[59] em 2007, o juiz federal Odilon de Oliveira declarou que lavar dinheiro com gado e fazendas é "facílimo". À frente da Vara Especializada de Combate ao Crime Organizado em Campo Grande, ele disse que no Mato Grosso do Sul é comum o uso de imóveis rurais para explicar a origem de recursos financeiros ilegais.

A reportagem lembra que até o publicitário Marcos Valério, um dos chefes do mensalão, utilizou a compra de gado para justificar os saques polpudos – em dinheiro vivo – de suas contas correntes. Depois ele mudaria a versão – para a de empréstimos bancários. Renan Calheiros e Joaquim Roriz (com a história da utilização de R$ 2,2 milhões para a compra de uma bezerra) são outros exemplos mencionados no texto.

"O proprietário declara que tem tanto de gado ou tanto de produto, faz a inscrição no órgão competente, obtém o talonário de notas fiscais, compra vacinas, simula a venda e paga o imposto", explicou Oliveira. Ele disse que não se trata de falsidade material, mas ideológica – já que é possível obter boa parte da documentação junto às próprias repartições públicas.

O juiz utiliza expressões como "vaca de papel" e "soja de papel" para se referir a esses documentos. Em 2007, 365 mil hectares de fazendas tinham sido sequestrados pela Justiça a partir de processos relativos à lavagem de dinheiro.

OUTRAS ATIVIDADES

Ao longo do livro vemos que impunidade tende a ser a regra entre políticos. Mas há exceções. Uma delas, em Dourados (MS), onde, em setembro de 2011, foram presos o prefeito Ari Artuzi e sua mulher (PDT), o vice-prefeito e 9 entre 12 vereadores do município de 139 mil habitantes. Artuzi foi apontado pela Polícia Federal como chefe de uma quadrilha que arrecadava R$ 500 mil por mês.

Solto, foi viver numa chácara. Ao TSE ele declarou um sítio, de 20 hectares. Um jornal local disse que, segundo amigos, ele estaria vendendo queijo, diante das dificuldades financeiras. É que seus bens (e de mais 45 pessoas) foram sequestrados pela Justiça. Quais os bens? "Entre imóveis, dinheiro e animais, principalmente gado, foram apreendidos R$ 34 milhões, dos quais apenas R$ 854,37 eram depositados numa conta do ex-prefeito."[60]

Os traficantes de drogas também se utilizam do recurso da lavagem de dinheiro com bens rurais. Um dos principais acusados pela Polícia Federal de comandar a atividade no país, Leonardo Dias Mendonça, utilizava a compra de terras e gado para lavar o dinheiro.[61] "Em cinco depósitos recebidos de (Fernandinho) Beira-Mar, ele teria repassado cerca de R$ 72 mil para adquirir gado", escreveu Alessandro Silva em reportagem da *Folha*.

Entre os investigados de ligação com a quadrilha de Mendonça estava o então deputado federal Pinheiro Landim (PMDB-CE) – além de dois desembargadores do Tribunal Regional Federal (da 1ª Região) e um ministro do Superior Tribunal de Justiça, por venda de *habeas corpus* para traficantes.

A PERGUNTA DO PREFEITO

O prefeito de Ipuaçu (SC), Denilso Casal (PSDB), foi investigado em 2011 pela Receita Estadual de Santa Catarina por sonegação de R$ 10 milhões, na Cooperativa Porcurê e na empresa Casal Comércio de Suínos.[62] À Justiça Eleitoral, Denilso Casal declarou um patrimônio de R$ 2,2 milhões – dos quais R$ 1,4 milhão vem da posse de 7 mil suínos. Entre os políticos criadores de caprinos, ovinos ou suínos, foi o único a registrar no TSE uma quantidade tão grande. Mas, em 2008, ele não declarou a Casal Ltda.

O Ministério Público suspeita que ele utilizava o tempo da prefeitura para comandar a Porcurê. De uma mesa da cooperativa, ele administrava a cidade e o frigorífico. O promotor Fabiano Baldissarelli encaminhou à Câmara um processo por crime de responsabilidade. Entrevistado pela rádio Rede Princesa, Casal respondeu às acusações com uma pergunta: "Qual prefeito não tem outra atividade?"

No rumo do agronegócio

Usinas, frigoríficos, indústrias de alimentos, armazéns, mineradoras, moinhos, madeireiras, serrarias, granjas, mais fazendas. Os políticos brasileiros eleitos declaram como empresas uma vasta gama de atividades agropecuárias. São centenas de pessoas jurídicas, cem delas com valor acima de R$ 1 milhão cada. A soma de todas elas ultrapassa os R$ 650 milhões – isto com valores defasados.

Vale deixar bem clara a relação com os capítulos anteriores. Algumas fazendas estão registradas na Justiça Eleitoral como empresas. Outras não. Neste caso, o político declara uma companhia. Essa companhia tem "n" fazendas, mas pelos dados do TSE não sabemos quantas. Nem o tamanho.

Em ambas as situações (fazendas-empresa e fazendas embutidas em grupos empresariais) essas terras não têm a área especificada no TSE. Um exemplo são as 145 fazendas do deputado mineiro Newton Cardoso (PMDB), com 185 mil hectares. Outro, os 275 mil hectares do

Mato Grosso ocupados por empresas do senador Blairo Maggi (PR) e do prefeito de Lucas do Rio Verde, Marino Franz (PPS).

Vejamos quais as maiores empresas de políticos que foi possível identificar, pelos dados da Justiça Eleitoral e por pesquisa, como bens ligados à atividade rural:

		AS 25 MAIORES EMPRESAS			
UF	POLÍTICO	CARGO	SIGLA	BEM DECLARADO	VALOR (R$)
AL	João Lyra	deputado federal	PTB	Usina Laginha Agroindustrial Ltda.	213.219.588,00
PI	João Claudino	suplente - Senado	PRTB	ações Frigotil - Frigorífico de Timom	71.699.752,57
MS	Antonio Russo Netto	suplente - Senado	PL	cotas Independência Alimentos Ltda.	47.900.000,00
MG	Joaquim Reis	prefeito - Pompéu	PPS	Micapel - Mineração Capão das Pedras Ltda.	20.000.000,00
SP	Arnaldo Enomoto	pref. - Pereira Barreto	PSDB	Destilaria Pioneiros S/A	18.320.339,97
AL	João Lyra	deputado federal	PTB	Sapel - Sociedade Agrícola e Pecuária	14.987.952,00
CE	Roberto Pessoa	prefeito - Maracanaú	PR	Nutrisa – Nutrimento	11.127.446,06
AL	Teotônio Vilela Filho	governador	PSDB	ações Usinas Reunidas Seresta S/A	10.925.351,00
TO	Osires Damaso	deputado estadual	DEM	quotas Cooperativa de Credito Rural - Credpar	9.125.000,00
MT	Marino Franz	pref. - Lucas do R.Verde	PPS	Fiagril Participações S/A	8.167.498,00
PA	Flexa Ribeiro	senador	PSDB	Engeblan/Agrimer	7.731.567,80
CE	Eunício de Oliveira	senador	PMDB	Santa Mônica Agropecuária e Serviços Ltda.	6.723.188,21
MT	José Ap.dos Santos	suplente - Senado	PDT	50% capital União Avícola Agroindustrial Ltda.	5.405.729,00
SP	J. Batista de Andrade	prefeito - Pitangueiras	PSDB	Usina Cerradão Ltda. - Frutal, MG	5.055.491,06
CE	Anibal F. Gomes	deputado federal	PMDB	Serviços Agrop. Transportes e Empreend. Ltda.	4.520.040,00
RO	Assis Gurgacz	suplente - Senado	PDT	Rondônia Com. e Extração de Minérios Ltda.	4.336.800,00
MT	Blairo Maggi	senador	PR	André Maggi Internacional Inc., Ilhas Virgens	4.024.593,19
MG	José Hironilton Lopes	prefeito - Matutina	PTB	Indústria e Comércio de Rações Lactominas Ltda.	4.000.000,00
PR	Edmar Arruda	deputado federal	PSC	Brazcana Agroindustrial S/A	3.738.000,00
MT	Julio Campos	deputado federal	DEM	90% Empreendimentos Santa Laura	3.645.641,00
SE	Zé Franco	deputado estadual	PDT	Agropastoril Manoel do Prado Franco Ltda.	3.594.165,00
MT	Blairo Maggi	senador	PR	16,67% Empresa Agrícola e Pecuária Morro Azul	3.521.000,00
SP	J. Batista de Andrade	prefeito - Pitangueiras	PSDB	Pitangueiras Açúcar e Álcool Ltda.	3.499.300,00
PR	Abelardo Lupion	deputado federal	DEM	Pecuária Seletiva Beka Ltda.	3.473.000,00
MG	Newton Cardoso	deputado federal	PMDB	Rio Rancho Agropecuária S/A	3.359.285,56

A lista desse pedaço de país nas mãos dos políticos – agora em versão S/A – revela-se sempre e insaciavelmente maior. A começar dos bens do deputado mais rico do Brasil, o usineiro alagoano João Lyra (PTB).

Em 2010, o deputado declarou por R$ 213 milhões a Usina Laginha Agroindustrial S/A, de açúcar e álcool, carro-chefe da empresa. Uma perícia feita em 2008 pelo escritório Jharbas Barsanti – a pedido do próprio grupo – trouxe vários detalhes sobre os imóveis rurais da companhia. Eles estão divididos em cinco unidades: Laginha, Guaxuma, Uruba (as três em Alagoas), Triálcool e Vale do Paranaíba (ambas em Minas Gerais).

Somente a usina Laginha tem 16 imóveis próprios, numa área total de 16.539,39 hectares. Com a Guaxuma temos mais 18.962,31 hectares, em mais 24 imóveis próprios. Outros 14 imóveis da Uruba somam 7.679,68 hectares. A Triálcool tem 6.700,34 hectares em 24 imóveis. Finalmente, a Vale do Paranaíba possui mais 3.225,95 hectares.

Isso tudo soma 53.108 hectares – que também não estão na camada inicial de 2 milhões de hectares exposta no capítulo "Donos do Brasil", conforme as informações do TSE. É pouco? Pois a usina ainda arrenda mais 65.770 hectares.

Esses 118.878 hectares utilizados pelo grupo João Lyra foram avaliados pelo escritório de advocacia em R$ 710 milhões. Contando os demais bens, a perícia constatou que a empresa (no estado mais pobre do país) vale R$ 1,32 bilhão.

FRANGOGATE

Politicamente, nem todos os imóveis precisam ser valiosos para serem significativos. Basta pensar em um bem declarado pelo deputado federal Paulo Maluf (PP-SP) – ex-prefeito, ex-governador, ex-candidato à presidência da República. Trata-se da Via Capital Empreendimentos Ltda., nova denominação da Obelisco Agropecuária e Empreendimentos Ltda. O bem aparece em nome de sua esposa, Silvia, por R$ 221 mil.

Por muito pouco, em 2010, Maluf escapou de ser impedido de assumir o cargo de deputado reeleito. Motivo? Em 1996 e 1997, a prefeitura paulistana contratou as empresas Obelisco e Ad'Oro (registrada em nome da filha) para fornecimento de frango, destinado à merenda escolar. O Ministério Público avaliou que houve superfaturamento na compra de 1,4 tonelada. Para os promotores, houve fraude, que favorecia (dizem eles) os familiares do prefeito.

A decisão de primeira instância foi ao encontro da avaliação do Ministério Público. Engenheiro formado pela USP, pouco familiarizado com aves, Maluf e os demais réus foram condenados a ressarcir os cofres municipais. O deputado ficou por um tempo enquadrado na Lei da Ficha Limpa – e teria seus direitos políticos suspensos por cinco anos.

No fim de 2010, porém, o desembargador Nogueira Diefenthäler, do Tribunal de Justiça de São Paulo, considerou que não houve prejuízo ao erário público. Alegou que somente em um mês do período analisado as compras excediam os valores de mercado. E reformou a sentença. Os desembargadores Barreto Fonseca e Constança Gonzaga concordaram com Diefenthäler. Moacir Peres e Coimbra Schmidt foram votos vencidos. Dessa Maluf escapou.[63]

INDICADOR DE PROSPERIDADE

A relação dos políticos brasileiros com as empresas agropecuárias é eclética. Entre um e outro informe entregue ao TSE acontece muita coisa. Bens vêm e vão – e às vezes a gente se perde em meio a tanta prosperidade.

É interessante notar que, na lista das 25 maiores empresas de políticos, apenas sete proprietários são prefeitos. São três senadores (Blairo Maggi aparece duas vezes na lista), quatro suplentes, sete deputados federais, dois estaduais e um governador. Não analisamos aqui os vices. Seis desses políticos já foram governadores.

Homens públicos de todas as regiões do país obtêm sucesso com a atividade empresarial. Em áreas diversas: pecuária (o paranaense Abelardo Lupion, o piauiense João Claudino), usinas (o paulista João Batista de Andrade, os alagoanos João Lyra e Teotônio Vilela Filho) e até a destilaria (o paulista Arnaldo Enomoto).

Nem todos são exaustivos na listagem de bens. Certamente esse não é o caso do senador Eunício de Oliveira (PMDB-CE). É bem verdade que esse político – conhecido por transitar facilmente por governos diversos – não especificou por área, em 2010, as terras que possui. Mas suas listas costumam ser enormes.

Dono de um patrimônio de R$ 37 milhões, ele declarou a empresa Santa Mônica Agropecuária e Serviços (criadora de suínos no Ceará) por R$ 6,7 milhões. Ele não precisou o espaço ocupado pelos animais, mas contou que possui também pelo menos 73 propriedades rurais em Goiás, que somam R$ 5,1 milhões.

Ministro das Comunicações durante o governo Lula, Eunício assumiu em 2011 um cargo importante no Senado: a presidência da Comissão de Constituição e Justiça. Formado em Direito ele não é. Mas em 2006 foi relator da Medida Provisória 285, que permitiu a agricultores do Nordeste renegociar suas dívidas. A Lei 11.322 foi batizada como Lei Eunício Oliveira.

A relação entre parlamentares e grandes empresas do agronegócio será vista no capítulo sobre doações de campanha. Mas o que acontece quando um grande empresário do agronegócio alcança um alto cargo executivo, como o de governador? Especialmente em um estado que gire em torno das atividades agrícolas, como o Mato Grosso?

O REI DA SOJA

O título de "rei da soja" acompanha o paranaense Blairo Maggi. O senador (PR-MT) se tornou o protótipo do político-empresário. Seu perfil na Wikipedia tem versões em alemão, espanhol, holandês, inglês e italiano. A trajetória desse engenheiro agrônomo de São Miguel do Iguaçu tornou-se internacional a partir da exportação de soja. É responsável por 5% da produção brasileira. Só perde para o primo Eraí Maggi Scheffer.

Eraí é dono do Grupo Bom Futuro. Blairo, do grupo André Maggi — nome do fundador, pai de Blairo. Pode-se dizer que a dupla tem importância mundial: o Brasil é o segundo maior exportador anual de soja, podendo em breve ultrapassar os Estados Unidos. O setor faturou R$ 43,5 bilhões com exportações (70% para a China) na safra 2010/2011 — contando as 49 milhões de toneladas de grãos, óleo e farelo.

Governador por duas vezes, Maggi tem uma biografia ambientalmente controversa. Ganhou o Prêmio Motosserra de Ouro, em 2006, oferecido aos brasileiros que mais contribuem para a destruição da floresta amazônica. Depois, falou até em premiar fazendeiros que não desmatassem e esboçou medidas contra a expansão da pecuária. "Nessa nova etapa da minha vida, quero provar que produção e preservação não são excludentes. Esverdeei de verdade."[64]

Em 2003, porém, ele fez a seguinte declaração ao *The New York Times*: "Para mim, um aumento de 40% no desflorestamento não significa nada, não sinto a mínima culpa pelo que estamos fazendo aqui. Estamos falando de uma área maior que a Europa que mal foi tocada ainda, portanto não há nada com o que se preocupar."[65]

A mudança de discurso não foi casual. Assim como não são casuais os perfis do senador em holandês e em alemão. Foi de bancos da Holanda (onde o grupo tem uma subsidiária) e da Alemanha que ele recebeu alguns dos empréstimos mais polpudos: entre eles o Rabobank, maior banco agrícola holandês.

Em 2004, a organização CorpWatch (um observatório de corporações com sede na Califórnia) contabilizava um total de US$ 230 milhões de empréstimos ao grupo Maggi – incluídos no total os brasileiros Bradesco e Itaú.

Outra fonte de empréstimos era o IFC, o International Finance Corporation, um braço do Banco Mundial. "A controvérsia em relação aos empréstimos do IFC e dos bancos privados ao Grupo Maggi ressaltou o potencial de dano ambiental das companhias do agronegócio", escreveu a ativista antigrãos Sasha Lilley.[66]

Sasha questionou o conflito de interesses por Maggi ter sido, na época, governador do estado. Ela questiona a construção da BR-163 ("parte de uma ação público-privada envolvendo o governo federal, Maggi e as gigantes do agronegócio Cargill, Bunge, ADM e outras") e cita uma frase dele que sintetiza a extensão desse conflito: "Como governador, meu objetivo-chave é triplicar a produção agrícola no Mato Grosso em dez anos."

Em dezembro de 2010, Maggi reconheceu ter cometido crime ambiental em uma de suas fazendas, em Rondonópolis – onde ele possui (como pessoa física) 1,5 mil hectares. Ele assinou um termo de ajustamento de conduta com a Secretaria Estadual de Meio Ambiente para compensar os efeitos da degradação ambiental. O custo, R$ 5 mil por hectare destruído.[67]

As fazendas em nome de Blairo Maggi, conforme o TSE, somavam 2.438 hectares em 2010. Isso sem contar suas empresas. No mesmo ano, ou mais precisamente na safra 2009/2010, o grupo André Maggi plantava grãos (soja, milho e algodão) numa área quase cem vezes maior: 203 mil hectares. As informações estão no próprio site do grupo. Com a seguinte divisão: 135 mil hectares para soja, 54 mil hectares para milho e 14 mil hectares para algodão.

O grupo do primo Eraí, o Bom futuro, plantou nesse período 240 mil hectares de soja, 70 mil hectares de milho e 70 mil hectares de algodão. É Eraí Maggi, portanto, o atual "rei da soja", com 380 mil hectares.

Somando os 203 mil hectares de Blairo com os 380 mil de Eraí chegamos à extraordinária soma de 583 mil hectares sob a posse direta da família, no Mato Grosso. Dois mil hectares a mais que a área total do Distrito Federal – onde o vice-rei da soja tem seu gabinete.

ABAIXO DA TERRA

Ao lado do Mato Grosso está Rondônia, terra adotada pela família paranaense Gurgacz. A principal atividade rural desse grupo de políticos é a mineração. O senador paranaense Acir Gurgacz (PDT-RO) possui duas empresas no setor: uma, específica para granitos; a outra é dividida com a esposa, a Rondônia Comércio e Extração de Minérios.

Essa empresa aparece também nas declarações de seu primeiro suplente (o pai Assis Gurgacz) e do vice-governador do estado (o tio Airton Gurgacz). Juntos, os três pedetistas possuem uma participação de R$ 5,9 milhões na companhia.

A lista das maiores empresas de mineração nas mãos de políticos eleitos mostra que Acir e Assis ocupam lugar de destaque:

UF	**POLÍTICO**	**CARGO**	**SIGLA**	**BEM DECLARADO**	**VALOR (R$)**
MG	Joaquim Reis	prefeito - Pompéu	PPS	Micapel - Mineração Capão das Pedras Ltda.	20.000.000,00
				Brasil Pedras Indústria e Comércio Ltda.	1.000.000,00
RO	Assis Gurgacz	suplente - Senado	PDT	Rondônia Com. e Extração de Minérios Ltda.	4.336.800,00
			PDT	Concessionária Águas de Juara Ltda.	972.000,00
RO	Acir Gurgacz	senador	PDT	capital Rondônia Com. Extração (c/cônjuge)	1.481.400,00
				ações Gramazon Granitos da Amazônia S/A	1.028.159,20
BA	Eliel Santana	suplente - Senado	PSC	cotas Pedreira Rio Branco, Feira de Santana	1.222.000,00
CE	Bebeto Delfino	prefeito - Jaguaruana	PMDB	Mineração Santana	500.000,00
PE	Gonzaga Patriota	deputado federal	PSB	Pernambuco Granitos Ind. Com. Export. Ltda.	425.000,00
GO	Eurípedes do Carmo	prefeito - B. V. de Goiás	PSC	Calcilândia Mineração Mineração Morro Escuro Calcário Uruaçu	320.000,00
GO	L. Carlos do Carmo	deputado estadual	PMDB	quota Mineração Morro Escuro Ltda.	320.000,00
GO	José Antonio Vitti	deputado estadual	PRTB	quotas capital Goias Filler Mineração	300.000,00
GO	L. Carlos do Carmo	deputado estadual	PMDB	quota Calcário Uruaçu Ltda.	200.000,00

O senador declara em outro item o direito de exploração de minérios "em uma área de 10 mil hectares". Ele adquiriu esse direito em 1998, da empresa Metalmig, por duas parcelas de R$ 15 mil e uma de R$ 20 mil. Desde esse ano (com o real já como moeda, portanto) Acir repete esse valor de R$ 50 mil ao TSE.

Mas a liderança folgada dessa lista específica de políticos está com um político mineiro: o prefeito de Pompéu, Joaquim Reis (PPS). Sua família começou a explorar a primeira jazida no município em 1988. "Escavando com as mãos", reza a lenda. E hoje é uma das maiores exportadoras brasileiras de ardósia.

Reis informou ao TSE que possui R$ 20 milhões da empresa, a Micapel. A Mineração Capão das Pedras Ltda. informa em seu site que já recebeu autorização para a prospecção de mais 500 mil hectares. (Não há aqui um erro de digitação: não se trata de 5 mil ou 50 mil hectares, mas 500 mil.)

Outro político tentado a estender seus domínios territoriais para a litosfera é o empresário paulista Airton Garcia Ferreira. Dono de um patrimônio de R$ 123 milhões, ele foi, em 2008, o candidato mais rico de todo o Brasil – entre todos os aspirantes a prefeito. Garcia declarou em 2008 a posse de uma área de 29 mil alqueires – mais de 70 mil hectares.

Ex-vice-prefeito de São Carlos (SP), ele vem tentando obsessivamente se eleger prefeito ou deputado federal. De tanto desmatar fazendas, assorear rios e fatiar lotes (conforme investigações feitas pelo Ministério Público), Garcia se tornou um ficha suja: foi condenado por loteamento irregular. Ele tem na mineração uma de suas atividades principais: em busca de mais riquezas, alterna o interior paulista com o município de Xambioá (TO).

Também os políticos-empresários participam da Corrida para o Oeste.

Os reis do gado

O rebanho declarado por políticos brasileiros eleitos em 2008 e 2010 é de cerca de 500 mil cabeças. Mas esse número está longe de refletir a realidade: o gado é um dos itens mais distorcidos nas declarações entregues à Justiça Eleitoral. Por um lado, seu número é subestimado – muitos políticos simplesmente não declaram os bichos. Em outras situações, políticos invocam gado-fantasma para lavar dinheiro.

Vejamos o primeiro caso. Entre os prefeitos eleitos em 2008, tomando somente aqueles com propriedades de terra, 218 se declararam pecuaristas ou agropecuaristas. Mas 67 deles (quase um terço do total) não declararam uma única cabeça de gado. A área ocupada pelas terras desses 67 prefeitos – "pecuaristas sem gado" – é de cerca de 20 mil hectares.

De fato, alguns políticos mostram-se distraídos em relação a esse tipo de bem. O deputado federal maranhense Hélio Santos declarou, em 2008, na campanha para vereador em Açailândia, possuir R$ 1,2 milhão em bens. Em 2010, baixou para R$ 88 mil – num movimento inverso ao da maioria dos políticos. Mas em nenhum dos casos Santos informou possuir gado, embora se apresente como pecuarista e seja representante da categoria no município.

A senadora Kátia Abreu (DEM-TO) fala por pecuaristas e agricultores de todo o país. Em 2006, em entrevista à revista *Época*,[68] ela se referiu a 3 mil cabeças de gado em suas fazendas. O problema é que esse rebanho não constava na lista entregue, naquele ano, ao TSE. Em 2009, Kátia foi agraciada com o título de Miss Desmatamento, oferecido pelo Greenpeace[69] – diante de sua defesa intransigente, no Congresso e na Confederação de Agricultura e Pecuária (CNA), dos interesses dos "produtores".[70]

Em 2007, a deputada federal Bel Mesquita (PSDB) também fez referência à posse de milhares de cabeças de gado em seu município, Parauapebas (PA). "Deputada, esse rebanho não está em sua declaração", informei.[71] Ela me agradeceu e disse que faria a correção. Na eleição seguinte, quando disputou a prefeitura, lá estavam declarados 3.542 bovinos, no valor de R$ 2,5 milhões. Em 2010, os bois sumiram novamente de seu patrimônio.

Entre os prefeitos vale registrar o caso de Waltinho do Ouro (PSB), à frente do município de Rio Maria, no Pará. Ele declarou uma fortuna de R$ 13,4 milhões – a segunda maior entre os eleitos em 2008, em seu estado. Ele só era menos rico que o prefeito de São Félix do Xingu.[72] Waltinho informou ser "pecuarista", mas, à Justiça Eleitoral, não informou nenhuma rês. Em 2011 ele foi eleito, por uma revista local, o "melhor pecuarista" do município.

Às vezes não somente o gado dos pecuaristas some, mas também a terra. Outros 31 prefeitos declararam-se pecuaristas, mas não registraram nenhuma terra na Justiça Eleitoral. Outros 17 prefeitos definiram-se como produtores agropecuários – igualmente sem terra. Apenas alguns destes "pecuaristas sem terra" informaram ao TSE a posse de gado.

Quatro deputados estaduais e um deputado federal também são "pecuaristas sem terra". São eles o deputado federal Marcio Bittar (PSDB-AC) e os deputados estaduais Lorival Amorim (PMN-RO), Maurício Tavares (PTB-AL), Dudu Holanda (PMN-AL), Airton Rondina (PP-MT). Apenas Bittar, Rondina e Holanda declararam cabeças de gado entre seus bens.

Claro que não são somente os que se declaram pecuaristas que possuem gado. Há proprietários de terra e gado com profissões diversas. Como saber se esses proprietários de terra omitiram a posse de gado? Muito difícil, evidentemente. Mas alguns deles, nas descrições de suas propriedades, relataram milhares de hectares de terras em "pastagens", igualmente sem que alguma rês tenha sido registrada.

QUASE 500 MIL CABEÇAS

Assim, temos de levar em conta essas inúmeras lacunas ao analisar o levantamento com base na Justiça Eleitoral que aponta quase 500 mil cabeças de gado nas mãos de cerca de 6 mil políticos eleitos em 2006 (27 senadores), 2008 (mais de 5 mil prefeitos) e 2010 (54 senadores e 513 deputados estaduais e federais). Não contamos aqui os vice-prefeitos e vereadores.

Desse total, cerca de um terço está nas mãos de apenas 15 políticos. Eles declararam 163 mil cabeças de gado. Enquanto a população brasileira quase empata com o número de reses bovinas, seguindo, portanto, a proporção de uma rês por brasileiro, cada um desses políticos tem, em média, mais de 10 mil cabeças de gado.

Entre os políticos brasileiros eleitos recentemente, estes são os "reis do gado":

\multicolumn{6}{c	}{OS MAIORES REBANHOS}
POLÍTICO	SIGLA	CARGO	UF	TOTAL	VALOR (R$)
Nilo Coelho	PP	prefeito - Guanambi	BA	21.853	10.926.500,00
Humberto Coutinho	PDT	prefeito - Caxias	MA	21.508	12.000.000,00
Cleide Coutinho	PSB	deputado estadual	MA	19.737	11.644.830,00
Wanderley Farias	PR	prefeito - Barra do Garças	MT	13.631	8.860.150,00
Íris de Araújo	PMDB	deputada federal	GO	11.994	8.400.000,00
Íris Rezende	PMDB	prefeito - Goiânia	GO	11.994	8.400.000,00
Gilvan Barros	PSDB	deputado estadual	AL	9.100	6.220.000,00
Salomão Alcolumbre Jr.	PMDB	suplente - Senado	AP	8.348	364.400,00
Ildemar Gonçalves	PSDB	prefeito - Açailândia	MA	8.142	2.442.600,00
Robert Bringel	DEM	prefeito - Santa Inês	MA	8.121	4.000.000,00
Zé do Rui	PTB	prefeito - Marianópolis	TO	6.589	3.294.500,00
Joaquim Roriz	PFL	Senado	DF	6.227	2.850.050,00
Adelson Oliveira	PMDB	prefeito - Iaçu	BA	5.489	2.860.000,00
Percival Muniz	PPS	deputado estadual	MT	5.286	2.750.000,00
Nestor Duarte	PDT	suplente - Senado	BA	5.031	2.500.000,00

A lista tem três ex-governadores: Nilo Coelho (BA), Íris Rezende (GO) e Joaquim Roriz (DF) – este último o único, entre esses 15 políticos, eleito em 2006. Somente esses 15 políticos possuem 163 mil cabeças. Duas mulheres (Cleide Coutinho e Íris de Araújo) somam 33 mil reses.

Vimos no capítulo "Um Brasil muito particular" que Salomão Alcolumbre Jr. declarou terras "do Incra" à Justiça Eleitoral. Seu rebanho no Amapá é composto por búfalos. A quantidade (8.438) equivale a quase 5% do rebanho bubalino do Amapá, com 200 mil cabeças[73] – o estado é o segundo maior produtor do país, atrás da Ilha de Marajó, no Pará.

O ex-governador Íris Rezende (PMDB) e sua mulher, Íris de Araújo (PMDB), declararam as mesmas 11.994 cabeças. Rezende foi ministro da Agricultura durante quatro anos do governo Sarney (1986-1990) – quando o presidente chegou a mandar a Polícia Federal confiscar bois no pasto. Era o Plano Cruzado: uma tentativa de conter a inflação pelo congelamento de preços. Mas os pecuaristas escondiam o gado, aguardando aumento. A solução encontrada para retomar o abastecimento foi policial – e ineficaz, pois os preços dispararam em seguida.

Dono de 24 mil hectares de terras, Rezende deixou a prefeitura de Goiânia em 2010 para tentar voltar ao governo estadual. Não conseguiu. Perdeu a disputa do governo para Marconi Perillo (PSDB). Os dois políticos já foram alvo de investigações de alguma forma ligadas ao mundo agrário.

Rezende foi mencionado pelo procurador-geral Antonio Fernando de Souza, em 2006, no relatório final da CPI dos Correios. O Banco Rural foi investigado por ocultar operações bancárias suspeitas. Em outubro de 2004, a conta bancária do político movimentou R$ 3,88 milhões – embora ele registrasse uma renda mensal de R$ 10 mil.[74]

Em 1998, como ministro da Justiça do governo FHC, Rezende permitiu que a Aracruz Celulose continuasse explorando 11 mil hectares de terras indígenas no Espírito Santo.

O governador Perillo é investigado no Supremo Tribunal Federal sob a suspeita de ter recebido propina de frigoríficos – no valor de R$ 2 milhões – no primeiro período em que governou o estado (1999-2006).[75]

ESCLARECIMENTOS NECESSÁRIOS

Todas essas somas se referem a dois tipos de declarações: um grupo reúne cabeças especificadas como bovinas e (ou) bubalinas. Os políticos eleitos em 2006 (um terço dos senadores), 2008 (somente prefeitos) e 2010 relataram explicitamente ao TSE a posse de 303 mil animais bovinos.[76]

Outro grupo reúne as reses definidas pelos políticos de modo genérico: como "gado", "rebanho" e outros itens parecidos. Mas com provável utilização das palavras como sinônimas de "gado bovino". Conforme as declarações entregues ao TSE, há pelo menos 170 mil animais nesse grupo.[77]

Há vários motivos para inferir que a maior parte desse segundo grupo seja mesmo rebanho bovino:

1) o gado bovino é, com folga, maioria no Brasil;
2) os caprinos, ovinos e suínos costumam ser especificados à parte (quando são declarados); equinos e asininos raramente aparecem acompanhados da palavra "gado";
3) os valores declarados são compatíveis com os valores de gado bovino (mais caros);
4) outras referências nas declarações (gado "de cria", "de leite", entre outras) são típicas, ainda que não exclusivas, de rebanho bovino;
5) a localização: fora do Nordeste (caprinos e ovinos) e do Sul (suínos), poucos políticos declaram outros tipos de gado.[78]

Essas explicações são chatas, mas necessárias. Vimos no caso das terras (hectares, alqueires paulistas, alqueires do Norte, tarefas) que os políticos apresentam à Justiça Eleitoral um emaranhado de informações. É muito fácil se perder na pesquisa – e no caso do gado a confusão aumenta.

Os políticos (ou seus contadores) não ajudam muito. Levei muito tempo para entender o que alguns queriam dizer, em alguns itens, com o nome "reis". Cogitei a existência de algum gado especial, uma referência a alguma eventual realeza de certas raças... Até que perguntei ao meu pai, criado em fazenda. Ele pensou um pouco e concluiu: "Rês". Rês? Sim: é que os contadores utilizam a palavra "reis" como um plural alternativo de "reses".

Gramática e metodologia à parte, trata-se de muito gado. O rebanho de 163 mil cabeças representa 35% do total informado pelos políticos, 473 mil reses. Esses prefeitos, deputados estaduais e federais, senadores (e seus suplentes) e governadores declararam R$ 294 milhões em gado.

MAIS PECUARISTAS

E há ainda mais gado na mão dos políticos. Assim como no caso das terras, uma quantidade expressiva de cabeças (mas não mensurável) está embutida em suas empresas – sem, portanto, especificação na Justiça Eleitoral. Vários desses políticos ganham dinheiro de forma mais elaborada, não apenas vendendo as cabeças para abate.

Estes são os políticos com as empresas mais valiosas, entre aquelas diretamente relacionadas à atividade pecuária:

\multicolumn{6}{	c	}{GADO S/A}
UF	POLÍTICO	CARGO	SIGLA	TOTAL(HA)	VALOR (R$)
MS	Antonio Russo Netto	suplente - Senado	PL	5.500.000 cotas Independência Alimentos Ltda.	47.900.000,00
MT	José Ap. dos Santos	suplente - Senado	PDT	50% capital União Avícola Agroindustrial Ltda.	5.405.729,00
PR	Abelardo Lupion	deputado federal	DEM	Pecuária Seletiva Beka Ltda.	3.473.000,00
MT	Jayme Campos	senador	DEM	Fritanser Frigorífico Tangará da Serra Ltda.	2.316.491,00
PR	Jonas Guimarães	deputado estadual	PMDB	quotas Avenorte - Avícola Cianorte Ltda.	2.200.000,00
BA	Fernanda Pessoa	deputado estadual	PR	Suiane Suínos e Aves do Nordeste S/A	950.000,00
SC	Jandir Bellini	prefeito - Itajaí	PP	Frigovale Norte Agropecuária Ltda.	693.880,50
RS	Waldir Dilkin	prefeito - Est. Velha	PSDB	Curtume Berghan Ltda.	628.666,00
GO	Rubens Rios	prefeito - Aragoiânia	PMDB	máquinas e equipamentos para curtume	600.000,00

Notem que nenhum desses dez nomes está na primeira lista de "reis do gado". A lista traz políticos mais poderosos que aqueles: um senador, três suplentes,[79] três deputados e, entre os últimos, apenas três prefeitos. Segue, portanto, a tendência observada na lista das maiores empresas de políticos, exposta no capítulo "No rumo do agronegócio": a de que esses políticos empresários tendem a ter cargos mais altos.

A lista de empresas ligadas diretamente à pecuária tem mais de sessenta nomes de políticos. Há vários laticínios, frigoríficos, alguns açougues. Mas nenhum frigorífico que se compare ao do piauiense João Claudino Fernandes (PRTB-PI). Localizado em Timon (MA), perto de Teresina, o Frigotil é o maior fornecedor de carne para o estado do Piauí – domicílio eleitoral do político, um dos mais ricos do país.

O frigorífico Independência, no Mato Grosso do Sul, já foi páreo. Em 2009, porém, entrou em recuperação judicial – deixando uma longa fila de credores. Em outubro de 2010, poucos dias após as eleições (Russo Netto foi eleito em 2006, pelo PL, na suplência da senadora Marisa Serrano), a empresa fechou suas portas. Em junho de 2011, com a ida da titular para o Tribunal de Contas do Estado, Netto assumiu uma vaga no Senado.

BOI NA LINHA

Em outros capítulos já vimos a história de enriquecimentos de políticos em algum momento associados à venda de gado – nem sempre comprovada. Algum dinheiro precisa ser justificado? Aparece alguma venda providencial de gado. Políticos de peso como os senadores Jader Barbalho (PMDB-PA) e Renan Calheiros (PMDB-AL) encabeçam essa lista.

Um político ruralista que chegou a ser cassado foi o ex-senador Joaquim Roriz (PMDB), um dos 27 senadores eleitos em 2006. Ele foi governador do Distrito Federal, com um estilo marcadamente populista. E aparece em 12º lugar na lista dos "reis do gado", no início deste capítulo.

Durante a campanha de 2010 para o governo do DF, Roriz se esqueceu de declarar 6.717 cabeças de gado – que ficam em sua principal fazenda, em Goiás. Elas valem R$ 4,13 milhões, a maior parte de seu patrimônio de R$ 5,24 milhões. Diante do esquecimento, sua lista de bens na Justiça Eleitoral encolhia para R$ 1,1 milhão.[80] Com a divulgação de sua pequena distração, Roriz retificou a declaração.

O curioso é que a declaração de sua mulher, Weslian Roriz (PSC), candidata em 2010 ao governo do DF, trazia os dados completos – com as tais 6.717 reses. O levantamento para este livro, no caso de Roriz, levou em conta os 6.227 bois declarados na época de sua eleição para o Senado. Apesar da grande quantidade de bois (ele é um dos maiores produtores de leite da região), a fazenda de Roriz foi declarada em 2010 por apenas R$ 100 mil.

Roriz renunciou em 2007 ao cargo. Ele fora flagrado em um grampo onde combinava a divisão de R$ 2,2 milhões com um ex-presidente do Banco Regional de Brasília (BRB). Os dois marcaram como local da partilha o escritório de Nenê Constantino, dono da Gol. Para explicar a transação, o então senador não se encabulou: disse que o dinheiro era para comprar uma bezerra.

EFEITO AMBIENTAL

Se a ocupação do território brasileiro por políticos tem na pecuária um de seus principais vetores, o mesmo se pode dizer da ocupação das fronteiras agrícolas: boa parte das 205 milhões de cabeças de gado bovino no país está nos estados que compõem a Amazônia Legal.

Desse total, 40 milhões estão na região Norte. Como já vimos na primeira parte do livro, as terras de políticos brasileiros seguem essa lógica, de rumar para o Oeste e para o Norte.

O desmatamento do Cerrado e da Amazônia, segundo cientistas e organizações ambientalistas, tem na pecuária um de seus principais vilões. Dados do Ministério do Meio Ambiente mostram que 70 milhões de bovinos pastam em áreas que, um dia, já foram floresta amazônica. O IBGE estima entre 60 milhões e 70 milhões de hectares de pastagens na região.[81]

Esse estilo extensivo – e predador – é menos determinante na roda da economia nacional do que se imagina: em 2010,[82] em queda percentual, a pecuária representava 6,6% do PIB brasileiro.

O país tem mais bois que seres humanos: são 203 milhões ao todo. Para ambientalistas, trata-se de um desastre: o gado bovino está longe de ser definido como ambientalmente correto. Pior do que os gases expelidos pelos animais (corresponsáveis pelo efeito estufa, diante do alto índice de emissão de metano) é a ocupação progressiva do território brasileiro pelo gado – movida a desmatamento.

No Amapá, por exemplo, os búfalos de Alcolumbre Jr. vivem em áreas alagáveis. A baixa oferta de alimentos para eles traz várias consequências ambientais, como erosão e assoreamento dos rios.

Por outro lado, a expansão dos grãos (soja, milho) no cerrado está também ligada à necessidade de alimentação dos próprios animais, e não dos seres humanos.

Mas é mesmo o desmatamento causado pelo gado bovino o efeito mais visível: como vimos ao falar do Pará e como veremos nos três capítulos sobre meio ambiente ("Madeira abaixo", "Amazônia despedaçada" e "O arco do desmatamento"), as histórias de políticos pecuaristas participam de modo indissociável dessa destruição.

A POLÍTICA

A POLÍTICA

Movimento suprapartidário

O PMDB e o PSDB são os partidos brasileiros que abrigam mais políticos com terra. Os tucanos lideram o *ranking* entre os prefeitos: possuem mais de 21% do total de 1,16 milhão de hectares declarados pelos políticos eleitos em 2008 para o Executivo. Mas é seguido de perto pelo PMDB, com 20% das terras.

Entre parlamentares eleitos em 2010 (deputados estaduais, federais e senadores), são os do PMDB que possuem mais de 21% do total de hectares: 95 mil em relação ao total de 451 mil.

As duas tabelas a seguir mostram algumas tendências gerais. Entre os prefeitos, nada menos que dois terços do total de terras declaradas[83] estão concentrados em políticos de quatro partidos: PMDB, PSDB, PR e PP.

HECTARES, POR PARTIDO				
	PREFEITOS		PARLAMENTARES*	
PMDB	231.891,68	19,98%	95.201,58	21,1%
PSDB	246.638,75	21,25%	42.774,43	9,48%
PR	151.987,79	13,09%	69.571,78	15,42%
PP	145.121,60	12,50%	22.003,24	4,88%

DEM	81.252,98	7,00%	84.450,07	18,71%
PDT	64.070,09	5,52%	45.702,32	10,13%
PTB	70.888,29	6,11%	22.097,20	4,9%
PT	60.659,99	5,23%	7.548,87	1,67%
PPS	46.806,68	4,03%	5.423,53	1,2%
PSB	16.313,70	1,41%	18.879,55	4,18%
TOTAL	1.160.422,88		451.269,69	

* *Senadores, deputados federais e estaduais.*

Notem que esses quatro partidos (PMDB, PSDB, PR e PP) não são, nessa sequência, os maiores do país. A ausência mais evidente é a do PT – que ocupa posições mais intermediárias nesse *ranking*. Outra é a do DEM – fraco no *ranking* das prefeituras, mas forte no caso dos parlamentares estaduais e federais.

No caso dos deputados e senadores, igualmente quatro partidos somam dois terços do total de hectares declarados pelos políticos: PMDB, PR, DEM e PSDB. Aqui o PSDB pode ser trocado pelo PDT, com quantidade similar.

Ou seja: além da entrada do DEM e do PDT nesse grupo seleto, temos, no caso dos parlamentares, a manutenção de um trio de partidos que concentram os políticos brasileiros com terra: PMDB, PSDB e PR.

ECOS DE 1964

A presença do PMDB e do PSDB no topo da lista nos permite pensar em um contraponto com os partidos formados a partir da Arena, a sigla oficial do regime militar (1964-1985). Enquanto o PSDB foi formado a partir do PMDB (e MDB), o PR, o PP e o DEM descendem da Arena.

Vale observar que o medo da reforma agrária foi um dos deflagradores do golpe militar, em 1964 – que criou, no ano seguinte, o sistema bipartidário, com Arena e MDB. Em uma comparação simples, porém, temos os políticos "filhos do MDB" ainda mais prósperos que os "filhos da Arena", no que se refere às propriedades rurais.

Os partidos que se formaram no fim do regime militar ocupam uma posição intermediária. No caso do PT, um partido essencialmente urbano no começo, existiu uma formação inicial contrária à concentração de terras. Veremos que já há sinais de distensão nessa política.

No caso do PDT e do PTB, tratam-se de partidos menores, com menos representantes nas prefeituras e parlamentos. A comparação melhor pode ser feita com o PR e o PP, pelo lado conservador, e com o PSB, por outro. O PSB é apenas o décimo da lista. PR, PP, PDT e PTB, em contrapartida, têm políticos com muita terra – proporcionalmente ao tamanho dos partidos.

De um modo geral temos uma relação "democratizada" dos partidos com a propriedade fundiária. Até o antigo Partido Comunista (hoje PPS) está na lista dos dez primeiros. O PT entra com muito menos peso em relação ao seu poder político, mas entra. O PDT, fundado por Leonel Brizola, tem mais políticos com terra que o atual PTB. Ambos descendem do antigo PTB, mas o PDT teve uma origem à esquerda.

As contradições brotam de cada detalhe. Tomemos o caso do PSB. O Partido Socialista Brasileiro foi fundado pelo falecido Miguel Arraes, ex-governador de Pernambuco. Ligado às lutas das Ligas Camponesas, Arraes foi um dos primeiros políticos cassados pelo golpe de 1964.

Pois bem: o partido – hoje controlado pelo sobrinho Eduardo Campos – tem direito a três vagas na Comissão de Agricultura da Câmara. Em 2011, porém, por conta de acordos partidários, elas estavam ocupadas por um deputado do PP e por dois políticos do DEM – ou PFL, um dos primeiros filhos da Arena.

Exceções à regra são apenas o PCdoB e o PSOL – mesmo o PV tem lá seus proprietários. Com uma ressalva importante para o PCdoB, uma dissidência do Partido Comunista.

Esse é o partido do deputado federal Aldo Rebelo (SP), relator do Código Florestal e aliado dos ruralistas. Em 2006, o PCdoB teve um pecuarista em seus quadros, o ex-senador Leomar Quintanilha. Dono de 3.600 hectares e 1.453 reses, ele chegou a ser candidato ao governo do Tocantins. Como se fosse um comunista.

LATIFUNDIÁRIOS DO PMDB

O maior partido do país é também aquele que tem os políticos com mais hectares, conforme as declarações entregues ao TSE. Somando os dados de 2008 (prefeitos) com os de 2010 (deputados e senadores), o PMDB tem 327 mil de um total de 1,6 milhão de hectares.

Para esta análise não estamos contando os 400 mil hectares declarados nas últimas eleições por governadores, vice-prefeitos e suplentes de senadores.

Além disso, algumas das propriedades mais extensas pertencem às pessoas jurídicas. Vimos no capítulo "Donos do Brasil" que somente uma empresa do deputado federal Newton Cardoso possui 40 mil hectares de pinus e eucaliptos. Qual seria o total? Em 2001, a revista *Veja* falava em 145 mil hectares.

Somando os dados detectáveis a partir da base de dados do TSE com as possíveis terras do ex-governador mineiro, os políticos eleitos pelo PMDB em 2008 e 2010 possuem uma área equivalente à do Distrito Federal.

Entre os 25 políticos eleitos com mais terras, seis são do PMDB: o casal Íris Rezende (que será retomado no capítulo sobre famílias e clãs) e quatro prefeitos. Dois destes são paranaenses, um de Santa Catarina e outro do Mato Grosso.

POLÍTICO	CARGO	UF	TERRAS FORA (ha)	TERRAS – UF (ha)	VALOR (R$)
Íris Rezende	prefeito - Goiânia	GO	11.338,90	12.574,47	4.186.012,59
Íris de Araújo	deputada federal	GO	11.339,56	10.130,38	3.722.975,61
Claídes Masutti	prefeita - Campos de Júlio	MT	16,67	9.827,63	3.012.292,00
Sinval Silva	prefeito - Tibagi	PR	15.500,00	867,98	1.111.846,25
Eros Araújo	prefeito - Telêmaco Borba	PR	9.998,40	1,29	10.409,56
Jango Herbst	prefeito - Mafra	SC	0,00	18.914,24	3.463.695,79

Nem todos os políticos listados são milionários: o "doutor" Eros Araújo, de Telêmaco Borba, declarou quase 10 mil hectares (por apenas R$ 10 mil), mas seus bens não somam R$ 1 milhão. No caso dos demais o patrimônio é bem maior: R$ 2,7 milhões (Sinval), R$ 6 milhões (dona Íris), R$ 10 milhões (Jango), R$ 14 milhões (Íris) e R$ 30 milhões (Claídes).

Quatro desses políticos mostram a forte tendência de compra de terras em outros estados. Esses seis políticos possuem, sozinhos, 100 mil hectares – 48 mil deles em outras Unidades da Federação.

Entre 192 prefeitos com mais de mil hectares cada, 42 são do PMDB. O prefeito de Guareí (SP) declarou mais de R$ 27 milhões em terras rurais, mas especificou apenas 2.260 hectares e 33 alqueires. Mais de R$ 1 mil por hectare, portanto. É a lógica oposta ao do paranaense Eros Araújo, com suas terras no Mato Grosso por quase R$ 1 cada hectare.

Dez prefeitos do PMDB possuem terras no valor de mais de R$ 1 milhão cada, mas não registraram no TSE o tamanho das propriedades. Vejamos alguns deles:

PREFEITO	MUNICÍPIO	UF	DESCRIÇÃO	VALOR (R$)
Brandão Rezende	Tupiratins	TO	fazendas BR	20.000.000,00
Geraldo Pires - Sabiá	Sabinópolis	MG	sete propriedades rurais	10.000.000,00
Lirio Lautenschlager	Nova Mutum	MT	Fazenda Cabeceira	4.180.000,00
Adênio Siqueira	Bom Jesus da Penha	MG	Fazenda Britos	3.000.000,00
José Maria Penna	Curelo	MG	fazenda	2.000.000,00

Notem que o valor dessas propriedades é bem maior que aquele declarado pelo casal Íris Rezende e pelos prefeitos da outra lista. Quantos hectares possuem esses cinco prefeitos do PMDB? Não se sabe.

Uma rápida enumeração dos caciques do PMDB basta para mostrar a relação deles com a propriedade de terras.

O vice-presidente do país Michel Temer, presidente do partido, possui propriedade em Goiás – alvo de polêmica em Alto Paraíso.[84] Renan Calheiros e Jader Barbalho, ambos ex-presidentes do Senado, já tiveram suas histórias de enriquecimento (associadas a bens rurais) contadas nos capítulos anteriores. O mesmo vale para José Sarney, único membro do partido que ocupou a presidência da República.

A imagem de sucessivos presidentes da República (Fernando Henrique Cardoso, Luiz Inácio Lula da Silva e Dilma Rousseff) como reféns políticos do poderio do PMDB é recorrente. Fica a pergunta: essa condição expressa também a dependência em relação a esses proprietários de terra?

Nenhum deputado do partido votou contra as alterações no Código Florestal, na votação de 2011. Em 2012, apenas quatro (entre 74) vetaram as mudanças.

TUCANOS COM TERRA

O principal partido de oposição a Dilma Rousseff, o PSDB, está do lado oposto ao PMDB e ao PT na cena política brasileira de 2012. Mas está longe de representar outra correlação de forças, no que se refere à propriedade de terras brasileiras.

Estes são os tucanos com mais terras declaradas:

POLÍTICO	CARGO	UF	TERRAS FORA (HA)	TERRAS – UF (HA)	VALOR (R$)
Adair Henriques	pref. - B. J. de Goiás	GO	52.500,00	1.429,40	6.886.625,74
Jonas Muniz	pref. - Cruz	CE	36.803,49	11.711,28	12.451.021,63
Nelson Cintra	pref.- P. Murtinho	MS	0,00	22.365,50	4.592.304,31
João B. de Andrade	pref. - Pitangueiras	SP	10.043,28	2.368,00	15.803.475,12
Elias Farah Neto	pref. - Candói	PR	11.390,13	821,12	1.564.526,96
Sidney Rosa	deputado estadual	PA	0,00	11.599,10	1.906.704,96
Antério Mânica	pref. - Unaí	MG	1.987,86	8.436,69	3.120.100,64

Trata-se de um tucanato que pouco aparece na imprensa. Quase todos são prefeitos. Apenas um é paulista, o prefeito de Pitangueiras. Já vimos no capítulo "Quanto valem as terras" o curioso caso de Jonas Muniz, o prefeito cearense. Ele tem tanto terras a preço de banana como terras com valor alto.

Muniz e o goiano Adair Henriques possuem, sozinhos, quase 90 mil hectares fora de seus estados. Henriques, o primeiro da lista dos latifundiários (sem contar os políticos empresários), tem terras no Mato Grosso. Muniz, no Maranhão. Sempre a tendência de possuírem terras mais ao Oeste.

Ao contrário do PMDB, os caciques mais conhecidos do PSDB não são marcados pela propriedade de terra. O ex-presidente FHC até motivou uma polêmica durante seu mandato, com uma fazenda – em nome dos filhos – ocupada pelo MST. Mas candidatos e ex-candidatos à presidência, como José Serra, Geraldo Alckmin e Aécio Neves não têm nas atividades rurais suas principais marcas.

Os dados mostram, por outro lado, a capilaridade municipal do tucanato – ligada aos proprietários de terra.

Os dois últimos da lista anterior, o deputado estadual Sidney Rosa (PA) e o prefeito de Unaí (MG), Antério Mânica, aparecerão nos capítulos sobre trabalho escravo e camponeses mortos.

A lista dos proprietários de gado também mostra um lado pouco "urbano" do PSDB. O deputado federal Reinaldo Azambuja (MS) declarou por R$ 4 milhões a propriedade de 1,3 mil cabeças de gado. O deputado estadual Gilvan Barros (AL), 9,1 mil cabeças, por R$ 6,2 milhões.

OS FILHOS DA ARENA

Em decadência eleitoral, o DEM consegue ser ultrapassado por outros filhos da Arena na quantidade de terras de seus políticos. Tanto políticos do PP como os do PR têm, na soma, mais hectares que os representantes do antigo PFL.

SIGLA	POLÍTICO	CARGO	UF	TERRAS FORA (ha)	TERRAS – UF (ha)	VALOR (R$)
DEM	Jayme Campos	senador	MT	0,00	32.105,38	3.900.365,34
PR	Fernando Gorgen	pref. - Querência	MT	320,00	31.558,73	3.119.814,52
PP	Nilo Coelho	pref. - Guanambi	BA	0,00	24.978,60	7.601.700,01
PR	Togo Soares	pref. - Uarini	AM	0,00	23.689,00	6.619,95
PR	Baltazar Rodrigues	pref. - Arapoema	TO	7.535,38	12.998,35	4.142.313,07
PR	Sandro Mabel	deputado federal	GO	1.124,73	14.458,50	1.562.409,53
PP	Juraci Freire	pref. - Porteirinha	MG	0,00	15.171,71	1.470.739,80
DEM	Roland Trentini	pref. - A. Garças	MT	0,00	12.200,72	5.748.478,60
PP	Zé Gomes	pref. - Itumbiara	GO	10.142,87	967,66	502.030,38

O senador mato-grossense Jayme Campos (DEM), por outro lado, lidera esse grupo assumidamente conservador – quase empatado com o prefeito de Querência, Fernando Gorgen (PR), também do Mato Grosso. Juntos, eles têm quase 64 mil hectares. Campos começou sua carreira apoiando, pela Arena, o irmão Julio Campos. Depois foi para o PDS e DEM.

Uma ausência nessa lista é a do deputado federal Abelardo Lupion (DEM), um dos líderes ruralistas no Congresso. Mas ele aparece na lista das empresas agropecuárias mais valiosas, com a Pecuária Seletiva Beka Ltda.

Outra figura conhecida no grupo é a de Nilo Coelho (PP), ex-governador baiano, ex-senador pela Arena. Eleito prefeito de Guanambi em 2008, ele deixou o cargo para tentar ser vice-governador, pelo PSDB. Ele tem quase 25 mil hectares em 45 fazendas. É também conhecido como "Nilo Boi" – ele declarou 21.853 cabeças de gado bovino e é um dos campeões, entre os políticos, em número de reses.

Em 2007, o MST ocupou uma das fazendas de Nilo Boi, a Itaúna.

A lista de terras dos políticos do DEM, PP e PR certamente cresce se levarmos em conta as propriedades que não foram detalhadas na Justiça Eleitoral. Três propriedades do malufista Salim Curiati (PP), deputado estadual em São Paulo há vários mandatos, somam

R$ 8,4 milhões, em Avaré, Itapevi e São Paulo – mas ele não contou aos eleitores o tamanho delas.

O mesmo acontece com o deputado federal Beto Mansur, também do PP. Ele possui um bem rural em Bonópolis (GO) no valor de R$ 2,76 milhões. Igualmente ficamos sem saber sua dimensão. Sabemos apenas que mantém ali quase 10 mil cabeças de gado – que valem outros R$ 6 milhões. E que foi por causa dela que o nome de Mansur chegou a constar, como veremos no capítulo "Escravizados", na lista suja do trabalho escravo.

A lista traz ainda políticos locais, desconhecidos, mas com enormes latifúndios. Com 23 mil hectares no Amazonas, o prefeito Togo Soares (PR) é um madeireiro em Uairini – um dos cinco municípios brasileiros que tiveram diminuição no Índice de Desenvolvimento Humano Municipal (IDH-M), entre 1991 e 2000. O mineiro Juraci Freire (PP), prefeito de Porteirinha, possui mais de 15 mil hectares e aparecerá novamente no capítulo "Ameaçados".

No caso desses partidos não há (populismo eleitoral à parte) maiores contradições entre a prática dos proprietários – de concentração de terras – e o discurso dos políticos. Quem se filia a essas siglas não o faz exatamente para defender a reforma agrária.

ESQUERDA LATIFUNDIÁRIA

A palavra "esquerda", aqui, é quase uma licença poética. Este item é sobre partidos que, no início dos anos 1980, estavam à esquerda no espectro político – ou que deles se originaram. São, principalmente, os outros filhos do MDB, ao lado de PMDB e PSDB. Ou partidos de fato novos na época, como o PT.

Essas siglas também abrigam latifundiários. Seguem alguns dos políticos desses partidos com propriedades mais do que extensas:

SIGLA	POLÍTICO	CARGO	UF	TERRAS FORA (ha)	TERRAS – UF (ha)	VALOR (R$)
PPS	Marino Franz	pref. - Lucas do R. V.	MT	0,00	23.109,29	3.573.130,87
PT	Hilário Melo	pref. - Jordão	AC	0,00	17.842,00	42.942,87
PPS	Izair Teixeira	pref. - Buritama	SP	0,00	16.488,68	595.408,52
PDT	Humberto Coutinho	pref. - Caxias	MA	47,04	14.016,23	1.466.084,52
PSB	Cleide Coutinho	deputado estadual	MA	32,40	13.828,23	10.345.497,17
PDT	Acir Marcos Gurgacz	senador	RO	0,00	10.719,33	292.109,33

Humberto e Cleide são casados. Ele foi eleito pelo PDT, ela pelo PSB. Vale lembrar que os levantamentos deste livro tratam das siglas dos políticos na época das eleições.[85] Ou seja, não estamos levando em conta o troca-troca partidário – que mudaria os números a cada dia, tornando o trabalho irrealizável.

Não coloquei na lista o deputado estadual Manoel Nunes Ribeiro Filho (PTB-MA) – ele tem 9.136 hectares – para não ficar excessivamente estranho. PTB, de esquerda? Claro que não, pelo que se vê no partido comandado por Roberto Jefferson. Mas o PTB também é da mesma leva de partidos que surgiram do MDB, embora, sem perfil de esquerda desde sua fundação, pareça mais com siglas como PR e PP.

Após a abertura partidária de 1979, o esquerdista Leonel Brizola disputou a sigla PTB com Ivete Vargas, sobrinha-neta de Getúlio Vargas. Foi Vargas quem fundou o partido original, em 1945. O presidente João Goulart, deposto pelos militares, também era do PTB – mas, em 1965, os militares extinguiram todos os partidos, criando o MDB e a Arena. Em 1980, Brizola perdeu a disputa com Ivete e fundou o PDT, que hoje abriga ruralistas como Acir Gurgacz e Humberto Coutinho.

Não há como deixar de assinalar que o PT ainda está fora da curva no quesito propriedade de terras. O prefeito acreano Hilário Melo, com seus 18 mil hectares (tamanho de Aruba), é uma exceção. Entre os principais caciques partidários petistas a posse de bens rurais significativos é uma raridade. Apenas alguns têm seu pezinho no campo – como o ex-tesoureiro Delúbio Soares, que gosta de comemorar aniversários em seu sítio.

Nada de tão extraordinário, já que o PT surgiu principalmente como partido urbano – ainda que com o apoio de movimentos sociais do campo. Somente com a era Lula o PT começou a conquistar votos nos chamados "grotões" – expressão consagrada nesse período para se referir a um pedaço do Brasil com face ainda rural.

As contradições ainda estão presentes. Tanto que o partido se dividiu, na primeira votação do Código Florestal, em 2011. Nem todos seguiram a orientação inicial de referendar o projeto que favorece os ruralistas. Em 2012, depois que o texto voltou do Senado, com nova relatoria, houve orientação da cúpula para votar contra. Mesmo assim, o deputado Vander Loubet (MS), dono de quatro chácaras no Pantanal, votou com os ruralistas.

Os maiores proprietários petistas de terras costumam sair de outros partidos. É o caso do senador Delcídio do Amaral (MS). Em 2010 ele não informou a extensão de suas terras nem a quantidade de gado. Mas em 2006, candidato ao governo estadual, ele registrou a posse de 4.147 hectares. Amaral já foi do PSDB. Seu trânsito no PT ilustra a distensão do partido em relação a representantes de outras forças econômicas – para além dos "trabalhadores" iniciais.

Outro caso singular é o do PPS. O antigo Partido Comunista foi implodido no início dos anos 1990 pelo deputado federal Roberto Freire, perdendo seu perfil original. O PPS aparece em primeiro e terceiro lugares na lista da "esquerda latifundiária", com Marino Franz e Izair Teixeira.

Caso o levantamento fosse relativo a anos anteriores subiria muito de posição. É que o partido abrigou em seus quadros ninguém menos que o senador Blairo Maggi (PR-MT), o antigo "rei da soja" – hoje vice-rei. Maggi e Marino Franz, o prefeito de Lucas do Rio Verde, possuem juntos mais de 200 mil hectares no Mato Grosso.

O deputado estadual Percival Muniz (PPS-MT) tem uma área de R$ 2,11 milhões em São Félix do Xingu, no Pará – aquele município retratado no capítulo "Pará: onde vale tudo". Mas ele não informou o tamanho das terras.

O Partido Socialista Brasileiro também subiria mais na lista geral por hectares caso a deputada estadual Luciane Bezerra (MT) especificasse à Justiça Eleitoral a área de suas propriedades.

Em seu site ela informa, logo nas primeiras linhas, que defende na Assembleia "a bandeira do agronegócio, pecuária e setor madeireiro". Ela declarou ao TSE duas fazendas: uma de R$ 6,8 milhões e outra de R$ 6,5 milhões. As duas estão entre as mais caras de todo o país. O mesmo vale para o marido Oscar Bezerra (PSB), ex-prefeito de Juara. As fazendas dele valem R$ 6,8 e R$ 9,5 milhões.

Quantos hectares têm esses "socialistas"? Não sabemos.

Em ação: a bancada ruralista

"Bancada ruralista ganha força no Congresso"."Deputados ruralistas vaiam a morte de casal de líderes amazônicos". "Bancada ruralista se articula em defesa dos latifúndios improdutivos". "Ruralistas vencem governo na votação do Código Florestal"."Bancada ruralista vence embate com ambientalistas"."Principais líderes ruralistas são eleitos". "Ruralistas criticam favelização do campo"."Deputado ruralista diz que reagiria a tiros à invasão de terras".

Esses são apenas alguns dos títulos publicados, nos últimos anos, referentes à bancada ruralista. Ou seria melhor escrever Bancada Ruralista? Algumas notícias trazem conteúdo ameaçador: um deputado que faz apologia do crime; parlamentares indiferentes à morte de dois líderes ambientalistas, em 2011, no Pará. Outras notícias mitificam o grupo – que nessas descrições sempre "ganha força" e vence seguidos embates contra o governo ou defensores da reforma agrária.

Uma reportagem do *Valor Econômico* dizia, em março de 2010, que a bancada ruralista que tomava posse tinha 266 deputados e senadores. E que 59% de seus integrantes estavam nos partidos da base aliada do governo Lula. O levantamento foi feito pela ONG Inesc (Instituto de Estudos Socioeconômicos).

Mas esses levantamentos na linha "sim ou não" não mostram a dimensão exata do fenômeno – não necessariamente relacionado à posse de terras pelos parlamentares. Discordo (neste raro ponto) do professor Ariovaldo Umbelino de Oliveira, da USP,[86] uma das principais referências brasileiras em Geografia Agrária. Ele considera o poder da bancada ruralista superestimado. Penso o contrário: que ele é subestimado.

Este capítulo está longe de esgotar o tema, de importância central para se entender a política brasileira. Por sua amplitude, essa bancada não deixa de ser o tema de todo este livro-reportagem. Foi, aliás, o motivo inicial do levantamento, feito em 2006, da montanha de dados presente na base do TSE – que se estendeu para prefeitos, deputados estaduais e governadores.

Tratarei aqui de alguns dos expoentes mais ativos dessa bancada e da lógica de seu funcionamento no Congresso. Desde já adianto que a vejo como algo muito mais difuso do que se supõe. Em outras palavras: entre o "sim" e o "não" há também os "simpatizantes". E que a imagem apenas do confronto não reflete todos os mecanismos – cordiais, inclusive – utilizados pelos defensores do modelo agrário brasileiro.

A COMISSÃO DE AGRICULTURA

Para entender como agem os ruralistas é preciso entender o funcionamento das comissões no Congresso. De um modo geral – e não só na questão agrária – as decisões do plenário são tomadas de antemão. Seja por articulações político-partidárias ou pela discussão anterior nessas comissões temáticas. Uma das mais disputadas é a Comissão de Constituição e Justiça, a CCJ. Outras, de forte apelo midiático, são as CPIs.

A Comissão de Agricultura é um ponto de encontro dos grandes proprietários de terra. Abriga também os ambientalistas e defensores da reforma agrária – estes, minoritários.

É preciso deixar claro que a grande imprensa não acompanha minimamente – como não acompanha boa parte do que é mais interessante em Brasília – a dinâmica interna da Comissão. Ali não somente comparecem os deputados (e eles são assíduos), mas lobistas de todo o país.

Em 2006 e 2007, por exemplo, os deputados que representam os proprietários de terra temiam especialmente os quilombolas. Ou a concessão de direitos de posse aos descendentes dos quilombos. Eles convocavam sistematicamente líderes de fazendeiros para contestar o que consideravam uma "entrega" de boa parte do país àqueles povos.

Essas lideranças faziam discursos quase apavorados, traçando um destino sombrio caso mais terras pelo país (como no Espírito Santo) fossem reconhecidas como quilombolas. O tom era apocalíptico.

A primeira lição: a bancada ruralista é paranoica. Ciosa de quem tem muito a perder (um pedaço do território), credita um poder enorme aos indígenas e camponeses. A qualquer momento estes podem virar o jogo, na visão desses parlamentares. O discurso típico é o de defesa do direito "sagrado" à propriedade. São sempre invocados os direitos adquiridos, "ancestrais", uma relação aparentemente eterna dos proprietários com a terra no Brasil. Como se possuíssem esses bens há milhões de anos.

Em discurso indignado, numa dessas audiências públicas em 2007, o deputado Carlos Santana (PT-RJ) criticava a ofensiva dos ruralistas sobre as terras quilombolas. Negro, ele disse que na Câmara nem vinte deputados se assumiam como negros. E que, por isso, era muito difícil aprovar qualquer lei relativa aos direitos dos afrodescendentes. Em contrapartida, o poder estaria, em sua opinião, com os ruralistas: "O parlamento reflete a hipocrisia da sociedade brasileira. Nesta Casa quem manda é a terra. Em qualquer votação tem de negociar com o setor da terra."

ELES TRABALHAM

Quem acha que em Brasília os deputados não trabalham está enganado. Trabalham – e muito. Em Brasília, de terça a quinta-feira – na segunda e na sexta-feira, a maioria atua nas bases eleitorais. Chegam cedo à Câmara e vão até a madrugada em discussões, votações, jantares e conchavos. Não há desinformados e inocentes diante da Esplanada dos Ministérios. Eles trabalham sistematicamente para garantir os privilégios adquiridos durante séculos (ou décadas) de história.

Esses deputados "ruralistas propriamente ditos" não agem sozinhos. Salvo poucas exceções, há um grande silêncio em Brasília em relação às suas táticas — nem sempre agressivas. Os ruralistas mais famosos são apenas a ponta evidente de um processo mais amplo. Esse processo, exposto nos diversos capítulos deste livro, relaciona-se às bases eleitorais e às costuras partidárias. Os deputados ruralistas criam nichos de atuação que são respeitados pelos demais.

A composição da Comissão de Agricultura ilustra bem essa dinâmica — entre a cordialidade e a cumplicidade. Quem diria que o Partido Socialista Brasileiro, do falecido governador pernambucano Miguel Arraes, cederia todas as suas vagas na comissão para políticos do PP e do DEM?

Fundador do partido, Arraes foi um dos primeiros políticos cassados pelo regime militar, em 1964. O governador estava historicamente vinculado às Ligas Camponesas, representadas no Congresso pelo deputado Francisco Julião. Para se ter uma ideia da importância das Ligas, basta assinalar que elas eram nos anos 1950 e 1960 o equivalente do MST — um dos maiores movimentos sociais contemporâneos.

Pois as cinco vagas do PSB na Comissão de Agricultura (duas de suplentes) estavam destinadas, em julho de 2011, a políticos do PP e do DEM. Isso por conta das negociações partidárias. O mesmo acontecia com as duas vagas (uma suplência) do bloco PV e PPS. E com uma das cinco vagas do PSDB. A vaga do PSB na Comissão de Meio Ambiente também ficou com o DEM.

Notem que pouco importa, nessas negociações, a divisão dos partidos entre governo e oposição. A política real não coincide com suas expressões mais teatrais — e midiáticas.

Com tudo isso, o DEM, partido que vem encolhendo sucessivamente nas últimas eleições, tinha nesse instante tantos parlamentares na Comissão (sete) como o PMDB e o PT, os dois maiores partidos da casa. E ainda emplacava o presidente, deputado Julio Cesar (PI). O PP, diante dessa "omissão" de partidos de esquerda, obteve cinco representantes. E de quebra beliscou a presidência da Comissão da Amazônia, Integração Nacional e Desenvolvimento Regional — de ligação direta com a questão agrária.

Por esse estranho "toma lá, dá cá" entre os líderes partidários, o PSB ficou com a presidência da Comissão de Turismo e Desporto. E o PV, teria cedido sua vaga para ficar com a presidência da Comissão de Meio Ambiente? Não: contentou-se em presidir a de Defesa do Consumidor.

Isso significa que parte do poder dos ruralistas no Congresso deve-se a lideranças como Eduardo Campos (que controla o PSB), sobrinho de Miguel Arraes, ou José Luiz Penna (que controla o PV). Os ruralistas são também especialistas em conquistar espaço político.

BANCADA "COM TERRA"

Em julho de 2011, entre os quarenta representantes da Comissão de Agricultura da Câmara, mais da metade tinha alguma propriedade de terra. São eles:

DEPUTADO	UF	PATRIMÔNIO (R$)	SIGLA	HECTARES	VALOR (R$)	OUTRAS TERRAS (R$)*
Ronaldo Caiado	GO	5.950.666,62	DEM	5.869,99	1.760.417,47	0,00
Josué Bengtson	PA	1.170.155,78	PTB	3.850,00	67.633,54	138.500,00
Reinaldo Azambuja	MS	31.907.723,00	PSDB	2.504,00	24.796.509,00	0,00
Luis Carlos Heinze	RS	1.841.261,75	PP	1.543,04	1.286.749,50	0,00
Jairo Ataíde (suplente)	MG	5.997.778,00	DEM	516,48	162.500,00	450.000,00
Zé Silva	MG	730.477,88	PDT	323,40	148.637,88	0,00
Lira Maia (presidente)	PA	1.233.716,93	DEM	313,91	10.529,32	80.000,00
Dilceu Sperafico	PR	7.680.293,03	PP	126,37	919.690,24	1.159.997,55
Abelardo Lupion	PR	5.898.464,13	DEM	91,42	444.205,81	0,00
Beto Faro	PA	223.500,00	PT	57,00	42.000,00	131.000,00
Edson Pimenta	BA	1.022.924,45	PCdoB	33,00	32.000,00	126.500,00
Dionilso Marcon	RS	373.389,36	PT	12,10	60.500,00	0,00
Nelson Padovani	PR	7.970.860,81	PSC	0,00	1.683.728,84	3.720.344,17
Celso Maldaner (2º vice)	SC	2.863.731,92	PMDB	2861,15	66.294,94	6.939,72
Moacir Micheletto	PR	1.238.423,84	PMDB	0,00	54.381,78	0,00
Arthur Lira	AL	2.086.666,56	PP	0,00	0,00	1.382.156,00
Domingos Sávio	MG	3.168.605,62	PSDB	0,00	0,00	1.800.000,00
Vitor Penido (suplente)	MG	4.349.978,14	DEM	0,00	0,00	642.871,64
Vander Loubet	MS	595.823,29	PT	0,00	0,00	350.000,00
Paulo Piau	MG	430.181,15	PMDB	0,00	0,00	221.000,00
Assis do Couto	PR	202.064,86	PT	0,00	0,00	131.000,00
Moreira Mendes	RO	1.505.778,39	PPS	0,00	0,00	104.333,44
José Nunes (3º vice)	BA	4.893.779,12	DEM	0,00	0,00	104.276,74
Leandro Vilela	GO	460.650,96	PMDB	0,00	0,00	92.592,48
Arthur Maia	BA	852.160,46	PMDB	0,00	0,00	76.581,37
Helio Santos	MA	87.809,78	PSDB	0,00	0,00	66.000,00

* *Sem especificação de tamanho.*

Esses 11 últimos deputados (de Arthur Lira para baixo) não especificaram a quantidade e o tamanho das terras que possuem, somente o valor delas. Notem que Domingos Sávio (PSDB) e Arthur Lira (PP) só têm patrimônio menor, em fazendas, que o sul-mato-grossense Reinaldo Azambuja (PSDB).

Pode-se pensar que os deputados com terras pouco valiosas não representam os interesses do agronegócio. Não é bem assim. Adiantemos, para isso, o tema de outro capítulo: os financiamentos de campanha.

O rondonense Moreira Mendes (PPS) obteve R$ 1,1 milhão em doações eleitorais em 2010. Desse total, R$ 445 mil saíram da agroindústria.[87] O mineiro Paulo Piau (PMDB), relator da segunda versão do Código Florestal, conseguiu ainda mais verbas para chegar à Câmara: R$ 1,25 milhão dos R$ 2,3 milhões gastos em sua campanha tiveram como origem empresas do agronegócio.

Apenas alguns deputados dessa lista não representam os interesses dos grandes proprietários, conforme o histórico deles em votações importantes. Os quatro petistas pertencem a esse subgrupo.

BANCADA "SEM TERRA"

Segue agora a lista dos membros da Comissão de Agricultura que não declararam, em 2010, propriedades de terra:

DEPUTADO	UF	PATRIMÔNIO (R$)	SIGLA
Nilton Capixaba	RO	0,00	PTB
Paulo César Quartiero	RR	8.010.000,00	DEM
Carlos Magno	RO	250.000,00	PP
Francisco Araújo	RR	305.000,00	PSL
Davi Alves	MA	35,00	PR
Heleno Silva	SE	285.000,00	PRB
Jesus Rodrigues	PI	2.177.311,19	PT
Josias Gomes	BA	20.821,69	PT
Pedro Chaves	GO	724.750,03	PMDB
Alceu Moreira	RS	701.653,52	PMDB
Luiz Nishimori	PR	0,00	PSDB
Bohn Gass	RS	333.548,20	PT
Odacir Zonta	SC	564.476,74	PP

Essa lista está longe de excluir parlamentares ruralistas. O catarinense Odacir Zonta (PP-SC) é um dos líderes da bancada. Outro egresso da Arena, está entre aqueles parlamentares com perfil afável – nada de cara feia, confronto. Pelo contrário. Mas é um ferrenho defensor dos produtores.

Em 2009, ele e Luis Carlos Heinze (PP-RS) criticavam os Ministérios da Saúde e do Meio Ambiente por proibirem 13 agrotóxicos. A preocupação deles era com "produtividade" e "custos de produção".

No fim de 2011, Zonta estava de saída para o PSD, o partido criado por Gilberto Kassab. A sigla "de centro", segundo o prefeito paulistano, nasceu com muitos ex-deputados do DEM e do PP – e com perfil ruralista. Um dos novos membros era o deputado Irajá Abreu, filho da senadora Kátia Abreu.

A lista de "ruralistas sem terra" abriga políticos menos conhecidos. Pedro Chaves (PMDB) faz parte da "bancada goiana do agronegócio". O mesmo vale para o tucano Luiz Nishimori no Paraná, Carlos Magno (PP) e Nilton Capixaba (PTB) em Rondônia. "O agronegócio é hoje a principal locomotiva da economia brasileira", afirmou Magno, em um evento em Ouro Preto do Oeste. Técnico em agronomia, ele declarou possuir R$ 250 mil, mas somente em dinheiro.

Seu colega Nilton Balbino, o Capixaba, não registrou, em 2010, um único tostão à Justiça Eleitoral. Ao contrário de 2002 e 2006, quando ele tinha 99,5% da Empresa Cafeeira Espírito Santo, em Cacoal. O motivo pode estar numa notícia de 2008. Sua ex-mulher, Lucimar Balbino, registrou um boletim de ocorrência em Cacoal por agressão.

Ela e a filha foram a uma fazenda do casal, pois descobriram que ele estava vendendo gado. Constataram que o gado estava sendo embarcado. Ao ser questionado, Balbino irritou-se. Disse que ninguém tinha nada com isso. Em seguida, segundo Lucimar, ela foi agredida e ameaçada de morte. A filha interveio – e teria sido igualmente agredida.[88]

Apesar dessa movimentação de bois, Nilton Capixaba não registrou nenhuma cabeça de gado nas três últimas eleições. Em 1998, porém, ele havia declarado 1.147 bovinos.

Outro exemplo de ruralista, digamos, mais agressivo é o do líder arrozeiro Paulo Cesar Quartiero (DEM-RR). Eleito após a derrota no caso da reserva indígena Raposa Serra do Sol, ele não declarou nenhum bem rural. Dono de um patrimônio de R$ 8 milhões, ele disse na época que, com a homologação das terras indígenas, se tornou um "sem terra".

Vamos falar mais de Quartiero – e da violência dos arrozeiros em Roraima – no capítulo "Ameaçados".

NO SENADO, OSTENTAÇÃO

Uma análise da Comissão de Agricultura e Reforma Agrária poderia ser redundante em relação ao capítulo "Donos do Brasil". Vimos que a média de hectares por senador – dentro ou fora da comissão – beira os mil hectares. Entre os políticos brasileiros, eles são os maiores proprietários de terra. Perto do Senado, a Câmara é quase um acampamento de despossuídos.

Mas a concentração de bens rurais entre os membros da Comissão é ainda maior. No início de 2012, ela tinha 16 membros. Juntos, esses senadores possuem mais de 55 mil hectares – em média, quase 3,5 mil hectares cada um. Ou R$ 77 milhões em empresas ligadas ao agronegócio.

Não por acaso, seis desses senadores são do Centro-Oeste: o vice-presidente da Comissão, Waldemir Moka (PMDB-MS); Delcídio do Amaral (PT-MS); Antonio Russo (PR-MS); Cyro Miranda (PSDB-GO); Rodrigo Rollemberg (PSB-DF) e Jayme Campos (DEM-MT).

Na lista do Senado até o petista é latifundiário: Delcídio do Amaral tem 4.147 hectares em Corumbá (MS). Jayme Campos possui 32 mil hectares no Mato Grosso.

Cyro Miranda, que assumiu no lugar do governador Marconi Perillo, é dono de uma empresa de agronegócio declarada por quase R$ 1 milhão. No capítulo "Os reis do gado" já vimos que Antonio Russo (suplente de Marisa Serrano) era o dono do frigorífico Independente, uma empresa de R$ 48 milhões – que quebrou.

Outros três senadores da Comissão de Agricultura são da região Norte. O presidente da comissão, Acir Gurgacz (PDT-RO), dono de mineradora, tem quase 11 mil hectares; Ivo Cassol (PP-RO) é dono de uma hidrelétrica que vale mais de R$ 20 milhões; Flexa Ribeiro (PSDB-PA) possui uma empresa de engenharia e agropecuária declarada por R$ 7,7 milhões.

Os únicos representantes do Nordeste eram o pecuarista Benedito de Lira (PP-AL) e Lauro Antonio (PR-SE). Do Sudeste, dois mineiros: Zezé Perrella (PDT) e o cafeicultor Clésio Andrade (PR). Andrade preside a Confederação Nacional dos Transportes. A lista é completada por Ana Amélia (PP-RS), Sérgio Souza (PMDB-PR) e Casildo Maldaner (PMDB-SC) – este último dono de quase 6 mil hectares na Bahia.

Feito o balanço, nota-se que a inclusão do nome Reforma Agrária na Comissão de Agricultura do Senado é apenas para camponês ver. A predominância de defensores do agronegócio é tão grande que ruralistas de peso como Blairo Maggi (PR), Valdir Raupp (PMDB) e Álvaro Dias (PMDB) contentam-se com a suplência. Kátia Abreu (DEM), nem isso.[89]

DOIS NOMES E UMA LÓGICA

Os 40 parlamentares (com ou sem propriedades de terra) que compõem a Comissão de Agricultura da Câmara possuem, juntos, um patrimônio de R$ 111 milhões. Mais de R$ 2,5 milhões, em média. Desse total, R$ 51 milhões referem-se a propriedades rurais. Os números são tímidos perto daqueles do Senado, mas mesmo assim significativos.

Ao poder econômico desses parlamentares se soma a capacidade de articulação política. Dentro e fora do Congresso. Nesse sentido, dois casos merecem ser detalhados: o de Ronaldo Caiado e o de Abelardo Lupion. Ambos eleitos pelo DEM.

Abelardo Lupion não é apenas o dono da Pecuária Seletiva Beka Ltda. – empresa que ele declarou por R$ 3,47 milhões. Um dos maiores líderes ruralistas do Congresso, ele traz no sobrenome uma história muito específica de relação entre políticos e propriedades rurais.

Moisés Lupion, seu avô, foi governador do Paraná, logo após o fim do Estado Novo. Era seu hábito distribuir terras. Não para quem quisesse, mas para fazendeiros amigos – como os irmãos Ricardo, Urbano e Geremi Lunardeli. A distribuição ocorria sem a necessidade de "pequenos detalhes", como títulos. E não levava em conta a presença de posseiros nas regiões.

Em 1947, os Lunardelli chegaram a Porecatu, no Vale do Paranapanema. Eles tinham sido agraciados com 17 mil alqueires. Não chegaram sozinhos, mas com uma milícia de pistoleiros. O governo estadual deu apoio, com a PM, para a retirada das 1,5 mil famílias. O resultado ficou conhecido como a Revolta do Quebra Milho – ou a Guerra de Porecatu.

Os posseiros reagiram, com o apoio do Partido Comunista.[90] O conflito durou até 1951. Jagunços e policiais eram conhecidos como os "quebradores de milho". As terras distribuídas por Lupion eram devolutas. Os Lunardelli substituíram as culturas locais (arroz, milho, feijão, abóbora) por canaviais. O conflito deixou pelo menos 11 mortos.

O neto Abelardo Lupion, portanto, não representa somente a si mesmo – ou os demais pecuaristas, ou seus financiadores de campanha. É uma história mais longa que desemboca na atuação diária na Câmara: a de um certo modo de apropriação do território. Não à toa, Lupion fundou, em 1987, a unidade paranaense da UDR (União Democrática Ruralista).

A mesma lógica vale para o médico Ronaldo Caiado. Ele está muito longe de representar apenas seus 5,9 mil hectares e 1,1 mil alqueires. Nos anos 1980, ele liderou nacionalmente a UDR, organização radical de proprietários de terra que atuou com truculência durante a Assembleia Nacional Constituinte, em 1988 – com direito a ameaças em pleno Congresso.

Ele é representativo de um progressivo movimento, nos últimos anos, de conformação do Congresso às demandas ruralistas. Em 1988, ele era um deputado Constituinte. Foi como líder da UDR que se candidatou à presidência da República em 1989. Conseguia ser chamado de "radical" numa campanha em que se opunham políticos como Brizola e Lula (ambos com discurso bem à esquerda) a Paulo Maluf e Fernando Collor.

Hoje quase ninguém mais trata Caiado como um radical – embora suas demandas sejam idênticas. Nem a Lupion como neto de um governador que distribuía terras devolutas. Parlamentares petistas e tucanos passaram a respeitá-los como iguais – o que não ocorria nos tempos conflituosos da Constituinte. Perdeu-se a memória.

A DISTENSÃO DA ESQUERDA

Somente compreendendo melhor esse processo de distensão, de assimilação, é que podemos entender por que o mais recente expoente da Bancada Ruralista, vilão da vez de ambientalistas e camponeses, ganha há anos seus votos de uma sigla como o Partido Comunista do Brasil (PCdoB). Seu nome, Aldo Rebelo.

Antes dele o deputado Roberto Freire tinha implodido as certezas do antigo Partidão, o PCB, nos anos 1990. Isso só não foi motivo de mais questionamentos no Brasil porque vivíamos o auge do neoliberalismo. Esse PPS já abrigou (e, em menor escala, ainda abriga) políticos megalatifundiários no Centro-Oeste, como os ex-governadores Blairo Maggi (PR-MT) e Ivo Cassol (PP-RO), hoje senadores.

Mas estamos falando do PCdoB – a dissidência radical do Partidão. O partido que, mesmo diante da queda do Muro de Berlim, seguia tendo o regime da Albânia como referência política.

Aldo Rebelo invoca motivos nacionalistas para justificar sua relatoria famosa do Código Florestal – ao arrepio dos ambientalistas e camponeses, conjugada com os interesses da bancada ruralista. Alega que a preservação do ambiente proposta pelas organizações ambientalistas atende a interesses internacionais.

Qualquer semelhança com o discurso (paranoico) dos ruralistas na Comissão de Agricultura, exposto no início do capítulo, não é mera coincidência. Existe um inimigo em comum nesse discurso: os estrangeiros. A Bancada Ruralista – agora amplificada, anabolizada – só pode ser explicada nos anos 2010 a partir dessa aliança entre os antigos latifundiários e os parlamentares de origem urbana – e comunista – como Aldo Rebelo.

Ariovaldo Umbelino de Oliveira considera as terras de estrangeiros uma cortina de fumaça. O professor de Geografia Agrária da USP informa que elas somam, hoje, cerca de 4 milhões de hectares no Brasil – ou seja, mais ou menos o que foi possível levantar, neste livro, somente em relação a terras diretamente na mão de políticos eleitos (o que exclui a terra das empresas que financiam campanhas, rede de apoiadores dos políticos etc.).

Essa cortina de fumaça, segundo o pesquisador, esconde a real história da concentração de terras no Brasil – que passa pela grilagem, pela pistolagem e por mãos bem brasileiras.

Seguiremos vendo ao longo do livro que a Bancada Ruralista pode ser considerada, assim, uma instituição – com letras maiúsculas. Por outro lado, ela reflete algo ainda maior: um Congresso Ruralista. Ambos reflexos de uma sociedade ainda patrimonialista, clientelista. E violenta.

A hora da votação

Três episódios da história brasileira recente mostram como os interesses dos camponeses – e dos ambientalistas – foram atropelados pela articulação de políticos proprietários de terra: as votações da Assembleia Nacional Constituinte, em 1987 e 1988; a Comissão Parlamentar Mista de Inquérito (CPMI) da Terra, encerrada em 2005; e as decisões na Câmara sobre o novo Código Florestal Brasileiro, em 2011 e 2012.

Todos os casos demonstram a capacidade de organização da bancada ruralista em momentos-chave. E ilustram como as votações importantes são marcadas por conflitos de interesse. Ou seja: quando os parlamentares votam com interesse particular direto no tema – e, portanto, para muitos, simplesmente deveriam ser impedidos de votar.

O raciocínio é simples: se o deputado tem uma concessão de rádio, não deve decidir sobre questões relativas ao tema. Um banqueiro não deve votar em temas do mercado financeiro. E assim por diante. Não se trata de uma novidade jurídica, ou de algo que não seja previsto em outros países – ou em outras instâncias. No Brasil, ao menos na questão agrária (e ambiental), não se fala mais nisso.

Escolhemos as três votações pela representatividade e pelo impacto que tiveram. Nos dois primeiros casos houve momentos dramáticos, com uma definição ainda clara entre o que era direita (em defesa dos proprietários) e esquerda (em defesa dos camponeses). No caso do Código Florestal a coisa ficou mais confusa, com a aliança entre ruralistas e o relator, um deputado comunista.

Nos três casos, os proprietários venceram.

CONSTITUINTE: ARMAS E TRUCULÊNCIA

Voltemos para 1987. A atual Constituição estava sendo gestada. Não por acaso, a questão agrária foi o tema mais polêmico da Assembleia Nacional Constituinte. Estava em jogo a realização ou não de uma reforma agrária de fato. A tensão esteve presente – e não somente em Brasília. Não faltaram cenas de violência, acusações de suborno, até a história misteriosa de um deputado que sumiu.

A história dos debates e votações está contada com detalhes em *Buraco negro: a reforma agrária na Constituinte*, de José Gomes da Silva.[91] É um livro fundamental. Pai do ex-ministro José Graziano da Silva, o criador do Fome Zero,[92] Gomes da Silva foi um dos personagens mais atuantes em defesa da reforma agrária na segunda metade do século XX. Ele teve acesso a lugares onde só os parlamentares estavam. E viu muita coisa.

Durante as votações, milhares de donos de terra lotavam os hotéis de luxo de Brasília. A maior liderança ruralista era o jovem médico goiano Ronaldo Caiado (hoje deputado pelo DEM-GO), fundador da UDR. A União Democrática Ruralista tinha sido criada em 1985, diante da mobilização por reforma agrária no início do governo Sarney. Era acusada de organizar milícias – com a compra de armas pelos proprietários de terra para evitar ocupações de sem-terra. Oficialmente, tinha fins pacíficos.

As galerias da Câmara ficavam divididas entre membros da UDR e trabalhadores filiados à Confederação Nacional dos Trabalhadores da Agricultura, a Contag. Estes chamavam os primeiros de "assassinos". Aqueles chamavam os camponeses de "vagabundos".

Uma das reuniões da Comissão de Ordem Econômica, que tratava da questão agrária, acabou em pancadaria – que o *Correio Braziliense* definiu como o "*telecatch* constitucional".[93] Tudo em pleno Congresso Nacional. Raquel Capiberibe (PMDB-AP) e Santinho Furtado

(PMDB-PR) denunciaram ameaças de morte. Valter Pereira (PMDB-RS), uma tentativa de suborno. Das galerias a UDR atirava objetos nos deputados progressistas.

A tensão era tamanha que, ao abrir uma das reuniões, o presidente da comissão, Edison Lobão (PFL-MA), sentiu necessidade de invocar um item do Regimento Interno que garantia a qualquer pessoa assistir às sessões, das galerias, "desde que esteja desarmada e guarde silêncio". Apesar disso, foram apreendidas ali cinquenta armas. Em agosto, um membro da UDR ameaçou um funcionário do Congresso com um revólver.

Em maio de 1987, o deputado Benedicto Monteiro (PMDB-PA) simplesmente desapareceu. Até hoje não se sabe o que aconteceu. A oposição foi buscá-lo de jatinho para votar. Sequestrado? Ameaçado? Comprado? Foram muitas as versões – nada conclusivas – na época. O fato é que sua ausência permitiu a Lobão – futuramente ministro das Minas e Energia de Lula e de Dilma – derrubar um relatório feito pelo pernambucano Oswaldo Lima Filho (PMDB).

No dia 3 de dezembro, conta Gomes da Silva, o deputado José Lourenço (PFL-BA) fez gestos obscenos para as galerias – e "reiterou depois, já calmo, que se tivesse um '38' teria atirado contra os populares que o vaiaram". O líder do PDS, Amaral Neto, atirou bananas para os sindicalistas. O relator Lima Filho interpretou como ameaça de Caiado uma frase que dizia: "Seus filhos perderão".

Dez anos depois da promulgação da Constituição, em 1998, Lourenço declarava ao TSE a propriedade de 19 mil hectares. Ronaldo Caiado foi candidato à presidência da República em 1989, mas Collor, com perfil parecido, levou a melhor. Em 2010, reeleito deputado pela quarta vez, Caiado registrou a posse de 7 mil hectares em Goiás.

Antes de uma votação importante, o mineiro Virgílio Guimarães (PT) argumentou que, "tratando-se de causa própria ou de assunto que tenha interesse individual, deverá o deputado dar-se por impedido". Ele se baseava no regimento da Câmara. A pernambucana Cristina Tavares (PMDB) disse que na Subcomissão de Tecnologia e Comunicação esse princípio tinha sido respeitado. "E", apontou ela, "temos aqui vários latifundiários e grileiros".

Mas tanto Lobão como outros presidentes de comissão ignoravam solenemente o regimento. Em uma das sessões presididas pelo ruralista Saldanha Derzi (PMDB-MS), o deputado paulista Gastone Righi (PTB) perguntou a Roberto Cardoso Alves (PTB), líder do Centrão, o bloco majoritário que deu o tom à Constituição: "O Derzi está presidindo pelo número de anos ou pelo número de bois que possui?"

Gomes da Silva expressou com desgosto o resultado final em Brasília. Especialista respeitado, com trânsito entre diversas correntes (foi um dos redatores do Estatuto da Terra, em 1964; presidiu o Incra em 1984; secretário de Agricultura do governo Franco Montoro; e membro do Governo Paralelo de Lula), o autor de *Buraco negro* resumiu o acontecimento da seguinte forma: "Estava sepultada a reforma agrária no Brasil."

Um dos motivos centrais foi a conquista, pelos ruralistas, da expressão "propriedade produtiva" no texto final. A partir daí, raciocinava o autor em 1989, mesmo propriedades depredadoras ou com trabalho escravo não poderiam ser facilmente desapropriadas.

Gomes da Silva disse ainda que a Constituição não diminuiu o "terrível fosso" que separa os sem-terra de seus algozes. E que ela impediu que a questão agrária pudesse ser resolvida de maneira pacífica no país.

OS REMANESCENTES DE 1988
(Cargos pelos quais foram eleitos em 2010)

Senadores	Suplentes (Senado)	Deputados federais	Governadores
Aécio Neves (PSDB-MG)	Joaquim Francisco (PSB-PE)	Arnaldo Faria de Sá (PTB-SP)	Geraldo Alckmin (PSDB-SP)
Álvaro Dias (PSDB-PR)	Osvaldo Sobrinho (PTB-MT)	Arolde de Oliveira (DEM-RJ)	Siqueira Campos (PSDB-TO)
Edison Lobão (DEM-MA)	Raimundo Lira (PDMB-PE)	Asdrubal Bentes (PMDB-PA)	Teotônio Vilela Filho (PSDB-AL)
Francisco Dornelles (PP-RJ)		Átila Lira (PSB-PI)	
Lídice da Mata (PSB-BA)		Bonifácio Andrada (PSDB-MG)	
Lucia Vânia (PSDB-GO)		Gonzaga Patriota (PSB-PE)	
Luiz Henrique (PMDB-SC)		Henrique Eduardo Alves (PMDB-RN)	
Mozarildo Cavalcanti (PTB-RR)		Hugo Napoleão (DEM-PI)	
Paulo Paim (PT-RS)		Humberto Souto (PPS)	
Renan Calheiros (PMDB-AL)		Inocêncio Oliveira (PR-PE)	
		Julio Campos (DEM-MT)	
		Jutahy Júnior (PSDB-BA)	
		Lael Varella (DEM-MG)	
		Mario de Oliveira (PSC-MG)	
		Mendes Thame (PSDB-SP)	
		Paes Landim (PTB-PI)	
		Rose de Freitas (PMDB-ES)	
		Sarney Filho (PV-MA)	
		Sérgio Brito (PSC-BA)	
		Simão Sessim (PP-RJ)	

O deputado federal Ronaldo Caiado (DEM-GO) não tinha cargo eletivo na época, embora estivesse à frente da disputa ruralista.

CPI DA TERRA: O ESCÁRNIO

A Comissão Parlamentar Mista de Inquérito (CPMI) da Terra investigou durante dois anos vários temas expostos neste livro: grilagem, violência no campo, trabalho escravo etc.

O requerimento para sua criação falava em amplo diagnóstico da estrutura fundiária brasileira. Em relação aos movimentos sociais, referia-se às ocupações de terra assinalando que elas eram feitas "por vezes com violência". Em relação aos movimentos de proprietários de terra, se dizia o mesmo, mas com um complemento significativo: "segundo se divulga".

O relatório paralelo do senador João Alfredo (PSOL-CE) avalia que existiram duas CPIs: a dos ruralistas, que visava atingir os movimentos de trabalhadores rurais (especialmente o MST), e o que ele chamou de "nossa CPI" – referindo-se aos parlamentares de esquerda que tentaram fazer o tal diagnóstico e levantar as causas da violência no campo.

Nove estados foram visitados pelos parlamentares dos dois grupos. O Pará, duas vezes. As 43 audiências públicas ouviram 125 pessoas. Os documentos analisados somaram 75 mil páginas. A CPMI quebrou o sigilo bancário, fiscal e telefônico de 21 pessoas.

Mas, no dia 29 de novembro de 2005, uma votação pôs por terra esse trabalho. É que os parlamentares ruralistas se uniram em torno de um relatório paralelo – que viria a se tornar o oficial. Os ruralistas ausentaram-se da maior parte dos trabalhos da Comissão Mista. Mas apareceram para rejeitar o trabalho de João Alfredo.

Sob a presidência do senador Álvaro Dias (PSDB-PR) e relatoria do deputado Abelardo Lupion (PFL-PR), eles classificaram as ocupações de terra como "atividade terrorista" e "crime hediondo".

Diante do golpe, a senadora Ana Júlia (PT-PA) rasgou em plenário o relatório aprovado. Era um eco tardio, em pleno governo Lula, das tensões da Constituinte, 16 anos antes. A alteração de última hora deixava claro o escárnio em relação à possibilidade de investigações sérias sobre a questão agrária.

O relator João Alfredo publicou em livro um resumo do relatório de 780 páginas.[94] A principal conclusão a que ele chegou é que a concentração fundiária está na raiz da violência no campo. Foram descritas a pistolagem e a formação de milícias pelos proprietários de terra.

O livro informa que, entre 1995 e 2005, as organizações de ruralistas receberam R$ 1,052 bilhão dos cofres públicos, por convênios ou contribuição compulsória. Em 2007, segundo o relatório paralelo, os dados do Incra indicavam que 1,6% dos proprietários com imóveis acima de mil hectares detinham 47% da área cadastrada pelo órgão no país. Na outra ponta estavam 3 milhões de famílias – sem terra – de trabalhadores rurais.

No posfácio do livro, a professora Regina Bruno, da Universidade Federal Rural do Rio de Janeiro, pergunta: "Mas, afinal de contas, quais as razões de tanto poder e apego dos grandes proprietários de terra?"

A resposta dela é longa. Mas vale destacar um trecho em que ela diz que há uma "infinidade de pessoas, grupos e categorias sociais de proprietários de terra", por uma espécie de casamento entre a renda fundiária e o lucro:

> São os banqueiros-proprietários de terra, os empresários-proprietários de terra; os homens do agronegócio-proprietários de terrra; os donos dos meios de comunicação-proprietários de terra; os comerciantes-proprietários. E, mesmo os não proprietários, em seu modo de ser, são grandes proprietários por "apoio aos meus", como costumam declarar na mídia.

Este livro completa o raciocínio da professora ao adicionar a essa lista os políticos-proprietários de terra.

CÓDIGO FLORESTAL: PUNIDOS DECIDEM

Deputados e senadores multados pelo Ibama participaram diretamente das decisões sobre mudanças no Código Florestal Brasileiro. A votação da nova lei foi um dos principais temas do Congresso em 2011 e 2012. Em abril de 2012, os deputados aprovaram a nova lei, com apenas alguns vetos da presidente Dilma Rousseff. Mas a lei reformulada logo foi batizada de "Código Ruralista".

Uma das alterações refere-se à porcentagem de reserva obrigatória, a área que os proprietários não podem desmatar. Na Amazônia Legal essa porcentagem era de 80%, sem exceções. Passou a ser até de 50%, se o estado tiver 65% de área preservada, e se houver lei estadual autorizando. Outro ponto polêmico refere-se às margens de rios. Antes havia restrição de 30 metros em cada margem. Mas ela foi alterada para apenas 15 metros, para rios com até 30 metros de largura (no caso de rios maiores não houve definição).

Entre as alterações do Código mais lamentadas por ambientalistas estava a anistia a multas aplicadas pelo Ibama até julho de 2008. Com uma restrição apenas: "desde que haja reflorestamento". A medida foi considerada um prêmio para quem desrespeitou a lei.

Pois bem: os parlamentares listados em seguida não foram somente multados. Tiveram obras embargadas – pela acusação de crime ambiental.[95] Uma das acusações recorrentes contra os políticos, a de danos a Áreas de Proteção Permanente, também é amenizada pelo novo Código, que prevê regras mais flexíveis para a manutenção de APP (Área de Proteção Permanente).

Esta história foi mostrada em reportagem do *Correio Braziliense*, de 20 de abril de 2011. Somamos a cada caso outras informações sobre os parlamentares, como os dados da Justiça Eleitoral:

– *Ivo Cassol*. O senador (PP-RO)[96] é o recordista de multas do Ibama. Nada menos que R$ 1,6 milhão. Duas autuações são relativas ao período em que foi governador. Outras duas referem-se a desmatamento em suas terras: um de 160 hectares, outro de 352 hectares. Tudo dentro da Amazônia Legal. O político especificou à Justiça Eleitoral, em 2010, a posse de R$ 98 mil em terras, em Santa Luzia D'Oeste. Declaração anterior mostra que esse valor se refere a 3.786 hectares. Dono de um patrimônio de R$ 30 milhões (R$ 25 milhões em hidrelétricas), ele diz que os crimes foram cometidos em propriedades vizinhas.
– *Jayme Campos*. O senador (DEM-MT) teve três áreas embargadas pelo Ibama. O motivo: desmatamento de APP e realização de atividade degradadora sem licença ambiental. Outro milionário (dono, em 2006, de R$ 14 milhões), Campos declarou ao TSE mais de 20 propriedades rurais, que somam mais de 32 mil hectares. Essa área é relativa a R$ 3,9 milhões em terras. Não sabemos a extensão de áreas no valor de mais R$ 2,9 milhões. Um de seus frigoríficos é avaliado em R$ 2,3 milhões.
– *João Ribeiro*. Perto dos colegas anteriores, o senador (PR-TO) não tem quase nada: "apenas" R$ 2 milhões de patrimônio e 808 hectares, no valor de R$ 163 mil. Mas a maior parte dessas terras (761 hectares) fica em Xinguara e em Conceição do Araguaia, no Pará – onde ele foi acusado de trabalho escravo. Este caso será detalhado no capítulo "Escravizados". Curiosamente, a área embargada pelo Ibama fica no Tocantins, onde ele declarou apenas algumas chácaras.
– *Irajá Abreu*. O deputado (DEM-TO) é filho da senadora Kátia Abreu (eleita pelo PFL-TO). Teve duas áreas embargadas: uma por desmatamento de reservas legais; outra, de APPs. Irajá é dono de terras no

valor de mais de R$ 1,3 milhão – mas não informou ao eleitor a extensão dessas propriedades. Uma das principais lideranças ruralistas, Kátia Abreu declarou em 2006 a posse de 2,5 mil hectares. Esqueceu-se de declarar o gado – 3 mil cabeças.

– *Joseli Agnolin* (PDT-TO). O deputado tem duas áreas embargadas: por destruição da biodiversidade e por projetos de loteamento sem licença ambiental. À Justiça Eleitoral ele só declarou uma gleba de terras rurais em Palmas, com apenas 9 hectares. Os demais lotes são urbanos. O próprio Agnolin disse que reparou danos provocados por construções à margem do lago do Lajeado. Em 2009, como deputado estadual, ele presidiu na Assembleia a Comissão Especial para Acompanhamento das Ações de Promoção do Desenvolvimento Sustentável às Margens da UHE-Lajeado – e reclamava por não haver nenhum empreendimento licenciado.

– *Reinaldo Azambuja* (PSDB-MS). Dono de um patrimônio de R$ 32 milhões, o deputado declarou por R$ 24 milhões áreas que somam 2,5 mil hectares em Maracaju – onde o primo Maurílio Azambuja é prefeito. Somente uma delas, de 1.041 hectares, foi declarada por R$ 10,4 milhões. Ele também registrou 1,3 mil cabeças de gado nelore e 15 mil sacas de soja. Foi multado pelo Ibama por realizar obras poluentes sem licença ambiental.

– *Roberto Dorner* (PP-MT). Eleito como suplente, o deputado foi um dos que ficaram de fora das contas da primeira parte do livro – sobre o total de hectares dos políticos eleitos. Mas ele logo assumiu o cargo, no lugar de Pedro Henry. E é um dos recordistas do Congresso: possui nada menos que 25 mil hectares – mais de 7 mil em Porto Velho. O embargo se deu por destruição de APP em área da Amazônia Legal. Dorner declarou um patrimônio de R$ 12,5 milhões.

– *Augusto Coutinho* (DEM-PE). O genro do ex-deputado José Mendonça (pai do deputado Mendonça Filho) declarou somente uma propriedade rural: um quarto de uma fazenda em Tamandaré, por R$ 290 mil. Mais um caso de desmatamento de APP, segundo o Ibama. Mendonça foi deputado Constituinte.

– *Eduardo Gomes* (PSDB-TO). Em 2010 ele não tinha ainda propriedade rural. Declarou apenas um adiantamento de R$ 70 mil para aquisição de uma área rural. Os demais lotes são urbanos. Mesmo assim, o Ibama embargou uma represa que altera o curso d'água e a fauna aquática, sem licença ambiental.

- *Iracema Portella* (PP-PI). Mulher do senador Ciro Nogueira, a deputada declarou uma gleba em um município do Maranhão, por R$ 150 mil. Exatamente nesse estado, o Ibama embargou uma área por desmatamento de APP.
- *Marcos Medrado* (PDT-BA). O deputado possui duas fazendas e uma chácara. Sem áreas definidas, conforme o TSE. Mais uma empresa de transporte de minérios. O Ibama registra embargo de duas áreas, por obras poluentes sem licença ambiental.
- *Paulo Cesar Quartiero* (DEM-RR). O líder dos arrozeiros em Roraima teve cinco áreas embargadas: por destruição de APP, extração de minério de floresta de domínio público e impedimento da recomposição de florestas. Ele diz que não utiliza mais as fazendas embargadas, pois se tornou um "sem terra". Falaremos mais do deputado no capítulo "Ameaçados".

As mudanças no Código Florestal foram aprovadas pela Câmara em maio de 2011; no Senado, em dezembro de 2011 – quando o texto voltou para a Câmara, para ser aprovado em abril de 2012. Com um detalhe: a anistia a multas, antes restrita a pequenos proprietários, foi ampliada também para os grandes.

A votação foi uma derrota do governo Dilma e mais uma demonstração de força dos ruralistas. Cabe observar, aliás, que a movimentação maior contra o Código, por governistas, ocorreu somente na votação de 2012 – depois que já estava pavimentado o caminho para os ruralistas. Praticamente se chorou sobre leite derramado. Ou para ficar bem na foto.

Todos os congressistas dessa lista de multados pelo Ibama votaram a favor das mudanças. A exceção foi Iracema Portella, na segunda votação na Câmara. Entre os demais políticos mencionados neste livro (como os da lista de latifundiários ou envolvidos com trabalho escravo), houve outra exceção na segunda votação da Câmara: a deputada Elcione Barbalho (PMDB).

No Senado, uma das poucas vozes contrárias, em 2011, foi a de Marinor Brito (PSOL-PA). "Em nome de todos os que tombaram em defesa das florestas", disse a senadora. Alguns dias depois, porém, ela teve de deixar o Congresso. É que a Justiça permitiu a posse de um senador do PMDB, o segundo mais votado no estado, que fora barrado pela Lei de Ficha Limpa – Jader Barbalho.

Famílias e clãs

Como os políticos com terra se perpetuam no poder? Um dos movimentos é simultâneo: tanto as propriedades como o poder político são transmitidos em família no Brasil. São dezenas de casos de irmãos, filhos e mulheres que herdam o capital eleitoral. Em boa parte dos casos, essa lista coincide com a de proprietários de terra.

Entre os 13 mil políticos analisados neste livro, a maior parte possui uma expressão apenas local. Na medida em que eles ganham expressão nacional, ocorre um afunilamento: alguns milhares de políticos representam os interesses de algumas centenas de famílias brasileiras.[97]

Claro que não se trata de um fator único, como veremos no capítulo sobre campanhas eleitorais. Mas o poder da bancada ruralista em Brasília passa por essa teia de poderes regionais e familiares – passa pelo coronelismo.

Os políticos se multiplicam em clãs pelas prefeituras. Muitos nem tentam voos maiores. Outros beliscam dobradinhas em nível estadual, nas Assembleias Legislativas. Outras famílias estendem seus tentáculos por Brasília: não é algo incomum perceber rostos parecidos na Câmara dos Deputados e no Senado.

Algumas famílias estão no poder há décadas. O caso mais extremo é o do deputado Bonifácio Andrada (PSDB-MG). Andrada é descendente do patriarca da independência, José Bonifácio – um aristocrata que, ao contrário de Bonifácio Andrada, defendia a divisão dos latifúndios.[98]

A história dessas famílias conta muito sobre o Brasil recente. Mas cabe aqui uma ressalva acaciana: é natural que cada um desses políticos não possa ser responsabilizado pelo que tenham feito seus pais e avôs. Não foi o senador Fernando Collor (PTB-AL), por exemplo, que matou um congressista em 1963 – mas sim seu pai, Arnon de Mello.[99]

O que pretendemos ressaltar aqui é a face histórica dessa teia de relações familiares e políticas. Não que o parentesco entre poderosos seja específico da realidade brasileira – basta mencionar os presidentes americanos George Bush (1981-1989) e George W. Bush (2001-2009) para mostrar que determinadas linhagens servem a interesses específicos (como os bélicos) em qualquer parte do mundo.

No Brasil, porém, essa rede de conexões apresenta com mais clareza sua face rural do que sua face urbana. Uma lista dos maiores "coronéis" da história política brasileira tem larga semelhança com a dos grandes proprietários de terra.

ENTRE IRMÃOS

Geddel e Lucio Vieira Lima (PMDB). Celso e Casildo Maldaner (PMDB). Jayme e Julio Campos (DEM). Somente nesta lista de irmãos enumerei dois senadores, três deputados e um ex-ministro – Geddel, várias vezes deputado federal. Juntos, os seis reúnem 65,6 mil hectares, no Mato Grosso, Pará e na Bahia. Os irmãos pertencem aos mesmos partidos e são unidos.

O pecuarista e produtor de cacau Geddel Vieira Lima foi deputado por cinco mandatos e ministro da Integração Nacional, no governo Lula. Perdeu a eleição para o governo da Bahia em 2010. Mas elegeu seu irmão mais novo, o pecuarista e produtor de cacau Lucio Vieira Lima (PMDB), para a Câmara. Eles possuem 16.906 hectares – 8 mil são do caçula, Lucio, suplente da Comissão de Agricultura.

O deputado Celso Maldaner e o senador Casildo Maldaner (PMDB) elegem-se por Santa Catarina, mas quase todas as suas terras ficam fora. As de Celso (quase 6 mil hectares), na Bahia, em Barreiras. As de Casildo (quase 3 mil hectares), no Mato Grosso e, principalmente, em São Félix do Xingu, no Pará.

O senador Jayme Campos (32 mil hectares), terceiro na lista de maiores latifundiários do país, entrou na política para apoiar o irmão, o deputado federal Julio Campos (8 mil hectares). Ambos são filhos de político, um ex-prefeito de Várzea Grande (MT). Vêm da Arena e estão no DEM. Jayme empresta seu nome a uma avenida em Barra do Garças. É pecuarista.

Alguns políticos têm problemas com irmãos que não seguiram a mesma carreira. O prefeito de Caxias (MA), Humberto Coutinho, dono de 14 mil hectares, viu no noticiário o irmão Eugênio, dono de construtora, acusado de promover desmatamento irregular "de milhares de hectares em áreas de cocais", nas margens do rio Itapecuru. Imagens do Google Earth comprovam o estrago, a 600 metros da estação de tratamento d'água da cidade. As mansões em construção são financiadas pela Caixa Econômica Federal. O prefeito é acusado de favorecer o irmão.[100]

Ainda no Maranhão temos três irmãos na política: Pedro, Manoel e Afonso. Todos do PTB. O deputado Pedro Fernandes tem quatro propriedades rurais e 400 bois. Manoel Ribeiro possui 34 "áreas de terra" em vários municípios e explora calcário numa delas. Afonso foi eleito, em 2006, suplente do senador Epitácio Cafeteira (PTB). É engenheiro civil e não possui terras ou gado – o que não o impediu de comandar, entre 2009 e 2011, a Secretaria de Estado da Agricultura, Pecuária e Pesca.

Na Bahia, o ex-governador Nilo Coelho, o Nilo Boi, é um dos políticos megalatifundiários do país – possui 25 mil hectares. Em 2011, um dos irmãos do político foi acusado de manter, em sua fazenda, 22 trabalhadores em condições análogas às de escravo. Ele é Sílvio Roberto Coelho, dono da TV Aratu, afiliada ao SBT. À auditora do Ministério do Trabalho que coordenou a ação, Inês Almeida, disse que a situação era de servidão por dívida.

Segue uma descrição do local, por Leonardo Sakamoto:[101] "Os auditores fiscais constataram que o local do banho era um tanque de água suja, que os trabalhadores dividiam com o gado – que lá ia beber. Toras de madeira eram usadas para montar as camas nos barracos de lona que serviam de alojamento."

O irmão de Nilo Boi negou ao repórter o trabalho escravo. Disse que os empregados da fazenda são registrados. Ao ser questionado mais uma vez, desligou o telefone – mas não antes de mandar a reportagem para o inferno.

DE PAIS PARA FILHOS

Dono de uma fortuna de R$ 89 milhões, Assis Gurgacz (PDT-RO) declarou-se "recepcionista" na Justiça Eleitoral. Ele é suplente de senador do filho, Acir Gurgacz (PDT), eleito em 2006. Possui empresas de transporte e de mineração. Mas apenas 257 hectares. Acir, bem mais: 10.719 hectares. Ambos representam os sulistas (no caso, paranaenses) que migraram para Rondônia.[102] Mas os voos mais altos ficaram com o filho.

Em alguns casos pai e filho são prefeitos em municípios diferentes. O empresário Adelmo Aquino (PRB) é prefeito em Alto Santo (CE), onde declarou 1.689 hectares e um rebanho de 4.543 bois. É dono de uma fortuna de R$ 11 milhões. O mais comum, em casos assim, é o filho virar vereador. Mas seu filho Chico Adelmo (PRB) foi eleito na vizinha Potiretama, ao sul do município. Não declarou nenhum bem.

Adelmo Aquino aparece em uma reportagem da *Veja*, de janeiro de 1998,[103] como dono de uma fazenda de 5.878 hectares no Rio Grande do Norte, a São Miguel. Segundo a revista, ele ofereceu um churrasco a famílias de sem-terra "antes de lhes abrir as porteiras para a invasão". O superintendente regional do Incra na época, José Maria da Rocha, contou que os proprietários na região da BR-304 (que liga os dois estados) estavam forçando as desapropriações.

O caso dos Aquinos não é o único. O filho do prefeito Antonio Levino (PTB), do gigantesco município de São Félix do Xingu (PA), o empresário Amarildo Paulino, quer ser prefeito de Xinguara, também no sudeste paraense. Levino é o prefeito mais rico do Pará, com R$ 24 milhões – R$ 19,1 milhões em terras, sem especificação da área ocupada. Em novembro de 2011 ele era o prefeito da região de Carajás que mais tinha contra si ações judiciais: 14. Quatro delas por improbidade administrativa.

Os grotões do país contêm mais histórias de política pouco republicanas. Em Barra do Corda (MA), o prefeito Manoel Mariano de Sousa atende por Nenzim. Ele é pai do deputado estadual Rigo Teles (PV). Nenzim e sua mulher foram acusados pela Polícia Federal[104] de lavar R$ 50 milhões – que teriam sido desviados da prefeitura – com mansões, carros, fazendas e vários outros bens.

O prefeito e a primeira-dama chegaram a ficar foragidos. Nenzim não declarou nenhum bem rural em 2010. Rigo, sim: R$ 1,3 milhão em terras em Barra do Corda (duas das seis áreas têm 1.388,59 hectares). Em depoimento à Polícia Federal, Nenzim preferiu ficar calado. Em outro processo, o Ministério Público Estadual o acusou de comprar de Rigo Teles, como prefeito, uma terra chamada Tamarindo, sem licitação.[105]

Outro maranhense, José Vieira (PR), é um dos políticos com mais de 10 mil hectares: possui 10.145 hectares, quase todos em Parnarama. Neles ficam três fazendas que valem R$ 4 milhões, metade de seu patrimônio. É pai da ex-deputada estadual Fátima Vieira (PP). Ela é produtora agropecuária, cotista numa empresa de cereais. Em 2011, Vieira foi acusado na Câmara de repassar verba parlamentar para uma empresa de táxi aéreo – mas ele utilizava a própria aeronave.

A eleição de 2012 para a prefeitura de Bacabal seria decidida entre três "reis do gado", conforme a imprensa local: José Vieira, Alberto Filho (PMDB) e Carlinhos Florêncio (PHS). Mas Vieira não declarou gado nenhum à Justiça Eleitoral – apenas a Agropecuária Beira Rio, por R$ 49 mil. Florêncio também não registrou a posse de gado. Somente a de fazendas, pastagens e uma ordenhadeira.

O PODER DOS PICCIANIS

Um caso de longo sucesso na carreira política acontece no Rio de Janeiro. Jorge Picciani (PMDB) foi presidente da Assembleia Legislativa do Rio entre 2003 e 2010. Não conseguiu se eleger Senador em 2010, mas segue poderoso. Seu primogênito, Leonardo (PMDB), foi eleito deputado federal – e chegou a presidir, com 27 anos, a cobiçada Comissão de Constituição e Justiça e de Cidadania da Câmara. O caçula, Rafael (PMDB), foi eleito deputado estadual. Os três são cotistas da empresa Agrobilara.

O Rio de Janeiro é um estado com poucos políticos proprietários de terra. Mas, em 1984, Picciani tornou-se pecuarista. Seu segundo filho, Felipe, preside a Associação Brasileira de Criadores de Nelore.

Em 2003, o patriarca foi acusado de trabalho escravo, numa fazenda em São Félix do Araguaia, no Mato Grosso. Mas o Ministério Público do Trabalho promoveu um acordo, um Termo de Ajustamento de Conduta (TAC) – que o deputado chama de "inocência". É que os promotores enxergam na assinatura desses TAC uma confirmação de que os fatos ocorriam e uma oportunidade de indenizar rapidamente os trabalhadores; os proprietários veem no acordo um atestado de idoneidade, já que os processos não seguem adiante.

As declarações de 2002 e 2006 registram a Fazenda Karajaz, em São Félix do Araguaia, com nada menos que 9.974 hectares. Ela valia R$ 400 mil. A ação do MP era contra uma fazenda em nome da Agrovás Agropecuária – declarada por R$ 1,66 milhão. Com quantos hectares? Não se sabe. Os fiscais contaram que havia vigilância armada para evitar fugas dos trabalhadores – endividados – e que (apesar da atividade ali ser a pecuária) eles não podiam consumir carne.

Em 2002, Jorge Picciani tinha 2.270 bois. Em 2006 e 2010 – quando a Agrobilara entrou nas declarações –, os três Piccianis não declararam a posse de gado.

FILHOS MUITO PRÓXIMOS

Nem sempre as conexões familiares são de herança política. A herança pode ser apenas financeira. Em São Paulo, o presidente da Assembleia, Barros Munhoz (PSDB), possuía uma fazenda chamada Nossa Senhora da Piedade. O valor estimado dela, mais de R$ 1 milhão. Em 2001, o deputado transferiu a propriedade para os três filhos.

Segundo a *Folha de S.Paulo*, o Ministério Público pediu à Justiça a anulação da transferência, que pretendia "burlar futuras ações judiciais e cobranças sobre seu patrimônio".[106] O deputado foi denunciado à Justiça sob a acusação de participar de um desvio de R$ 3,1 milhões da prefeitura de Itapira.

A Fazenda Nossa Senhora da Piedade foi comprada em 1995 por R$ 274 mil, mas em 2011 valia quatro vezes mais. Segundo a *Folha*, é uma propriedade de grande porte, "com lago, criação de cavalos e infraestrutura completa".

Barros Munhoz disse que transferiu a fazenda para evitar conflitos entre os herdeiros e protegê-los de futuras ações judiciais, decorrentes de sua atividade pública.

No caso da senadora Kátia Abreu (eleita pelo PFL, hoje no PSD), a herança deixada é política e econômica. Ela é chamada de "Miss Desmatamento" pelos ambientalistas – que já lhe deram simbolicamente um troféu Motosserra de Ouro. Kátia presidiu a CNA, a Confederação da Agricultura e Pecuária, entre 2008 e 2011. É uma organização guarda-chuva, que centraliza, em Brasília, os interesses de diversas outras associações.

Irajá Abreu não nasceu Abreu. Mas sim Irajá Silvestre Filho. Optou pelo sobrenome da mãe por motivos políticos. O pai de Irajá morreu em 1987 – e deixou instruções para quem fosse comandar a fazenda. Kátia não entendia nada do assunto. Mas assumiu o legado.

Muito tempo depois, em 30 de agosto de 2011, Kátia Abreu receberia em uma reunião o ministro da Agricultura, Mendes Ribeiro. Estava acompanhada de Irajá. Ambos pediam liberação de sementes transgênicas para o Tocantins.

Ela não recebeu o ministro como a senadora (por Tocantins) Kátia Abreu, e sim como presidente da CNA. Irajá Abreu, por outro lado, não estava na reunião como filho. Mas como deputado. Deu para entender?

O AMOR É LINDO

O ex-governador Joaquim Roriz, do Distrito Federal, é outro caso de quem deixa herança política e econômica.

Em 2010, ele conseguiu eleger duas filhas: na Câmara, a deputada Jaqueline Roriz (PMN), dona de R$ 2 milhões em cotas da Agropecuária Palma; na Assembleia Distrital, a deputada Liliane Roriz (PRTB), dona de R$ 3 milhões em cotas da empresa – um terço do total.

Jaqueline foi acusada pelo Ministério Público Federal de falsidade ideológica, junto com um prestador de serviços da Palma. O Supremo Tribunal Federal transformou o caso em ação penal.

Mas este tópico não é sobre filhos e filhas. É sobre mulheres – ou sobre esposas de políticos. A introdução anterior serve para pontuar que Roriz conseguiu eleger as filhas, mas não a mulher. Impedido na última hora de concorrer, em 2010, ele tentou emplacar Weslian Roriz (PSC) no governo distrital. Não conseguiu. Ela teve 34% dos votos no segundo turno.

Com trajetória a reboque do marido, Weslian está longe de ser o sonho político de consumo das feministas. É na declaração dela que aparecem as reses (6.717) que o ruralista esqueceu de registrar, em 2010, antes de ser cassado pela Lei da Ficha Limpa.

O casal Íris Rezende e Íris de Araújo (PMDB) é um caso extremo de mimetismo político. A mulher do ex-governador chama-se igualmente Íris Rezende. Há tentativas de chamá-la de Dona Íris (para desespero das citadas feministas) e de Íris de Araújo. As declarações de bens do casal são idênticas – com alguma variação por conta dos anos em que foram eleitos – ela deputada estadual em 2010, ele prefeito de Goiânia, em 2008. Ela seria eleita se não fosse o parentesco?

Ambos estão no topo da lista de políticos brasileiros latifundiários: ela declarou 24 mil hectares, ele 21,5 mil. Íris de Araújo chegou a ser candidata à vice-presidência, em 1994, na chapa encabeçada pelo paulista Orestes Quércia. E chegou a ser senadora, como suplente de Maguito Vilela (PMDB), hoje prefeito de Aparecida de Goiânia. Boa parte de sua fortuna de R$ 14 milhões vem das terras: R$ 4,2 milhões.

AMORES MARANHENSES

Terras não faltam também para o casal mato-grossense Carlos e Teté Bezerra (PMDB). Cada um deles declarou 6,6 mil hectares, no valor de R$ 557 mil cada – a declaração de ambos é a mesma. Ela também é cotista da São Carlos Agropecuária, com R$ 2,4 milhões. Teté é deputada estadual. Carlos Bezerra, deputado federal. Ambos foram acusados pelo Ministério Público Federal de envolvimento com a Máfia dos Sanguessugas.

Um casal de políticos pecuaristas reúne amigos políticos – e pecuaristas. Em 2007, o *Diário de Cuiabá* sintetizou da seguinte forma um leilão de nelores PO (de elite) promovido pela empresa dos Bezerra:

> Foi uma noite daquelas! Gente importante, compradores, amigos e familiares prestigiaram o casal. Entre as celebridades o grupo Camargo, Fazenda Bahia, Argeu Fogliatto, Anildo Lima Barros, o prefeito da capital Wilson Santos, secretário João Vieira, dep. Daltinho de Barra do Garças, dep. Carlos Avalone, o vice-governador Silval Barbosa e a nossa Roseli.

Humberto (PDT-MA) e Cleide Coutinho (PSB-MA) compõem outro casal de latifundiários. Eles têm 14 mil hectares cada um. Mas as terras de Cleide, deputada estadual, valem bem mais que as do prefeito de Caxias: R$ 10,3 milhões *versus* R$ 1,4 milhão. Ambos possuem 20 mil cabeças de gado.

Uma das colegas de Cleide na Assembleia, deputada Vianey Bringel (PMDB) é mulher do prefeito de Santa Inês, Roberth Bringel (DEM).

Mas ela não declarou os 6.929 hectares e 8.121 bovinos do marido – somente um "celular rural".

A transferência de votos para as mulheres no Maranhão não para por aí. Em Buriticupu, o prefeito Antonio Marcos de Oliveira (PDT), o Primo, também elegeu para a Assembleia a mulher Francisca Primo (PT), na verdade Francisca Ferreira. Os dois são donos de serraria.[107]

Chega de Maranhão, então? Difícil. Em Pirapemas, quem manda é o ex-deputado federal Eliseu Moura (PP), dono de 3,5 mil bois e várias fazendas.

Sabemos que o Maranhão é terra onde não vale a lei que proíbe topônimos em homenagem a pessoas vivas. Da mesma forma que, em São Luís, há uma Ponte José Sarney e a Vila Roseana Sarney, em Pirapemas existe a Escola Municipal Carmina Moura, na zona rural. É o nome da ex-mulher de Eliseu – por sua vez, ex-prefeita.

Eliseu Moura faria muitíssimo bem se preservasse mais o local. Em um município sem esgoto, fotos registram o banheiro dos meninos repleto de morcegos. No fim de 2011, a escola estava havia dois anos sem acesso ao poço d'água.

FAMÍLIAS INTEIRAS

O *Correio da Paraíba* publicou em abril de 2010 uma reportagem[108] sobre vinte famílias que dominam a política do estado. De fato, a região é um exemplo de redes familiares de políticos. É a terra de Aguinaldo Veloso Borges, um dos coronéis mais conhecidos do Nordeste.[109] Ele foi pivô do assassinato de João Pedro Teixeira, líder das Ligas Camponesas – que inspirou o filme *Cabra Marcado para Morrer*, de Eduardo Coutinho.

É também a terra de Epitácio Pessoa, presidente da República entre 1919 e 1922. Ele foi uma exceção na alternância "café com leite" entre políticos de São Paulo e Minas Gerais – mas representava os interesses dessas oligarquias. Era tio do ex-governador João Pessoa, que deu nome à capital; do ex-prefeito Oswaldo Pessoa; de Antônio Pessoa, que também governou o estado; e de vários deputados, como Carlos Pessoa e Terezinha Pessoa.

O estado já foi governado por José Maranhão (PMDB). Este é um caso curioso. Ele já fez prefácio para um livro sobre as Ligas

Camponesas, escrito pelo ex-deputado – e ex-militante das Ligas – Francisco de Assis Lemos. O regime militar cassou o mandato de ambos. Hoje, possui uma fortuna em fazendas e em uma empresa de alimentos, a Canorte.

Maranhão perdeu a eleição para o governo estadual, em 2010. Mas a irmã Wilma Maranhão (PMDB) é prefeita de Araruna. O município já foi administrado pelo pai de José Maranhão, Benjamin – por sua vez, filho de Targino Maranhão, que foi deputado e vice-governador. A filha, Olenka Maranhão, é deputada estadual. Outro filho, Benjamin, foi deputado federal.

Ao longo do livro já vimos outros casos de famílias de políticos: os Calheiros em Alagoas, os Sarney no Maranhão, os Barbalho no Pará, os Lupion no Paraná. Falamos de dois Salomão Alcolumbre no Amapá, pai e filho. Mas faltou mencionar o deputado federal Davi Alcolumbre (sobrinho), o deputado estadual Isaac Alcolumbre e o vereador Moisés Alcolumbre, de Macapá – estes dois, irmãos de Salomão Alcolumbre Júnior.

MUNICÍPIOS INTEIROS

Em 2009, o deputado Davi Alves Júnior (PDT-MA) conversava com o deputado Valdemar Costa Neto (PR-SP) e o então ministro dos Transportes, Alberto Nascimento. O tema era uma eventual migração partidária de Alves para o PR. Ele seria agraciado com a liberação de verbas para uma estrada entre Davinópolis e Imperatriz.

O ministro estava falando Divinópolis, em vez de Davinópolis, e foi corrigido por Costa Neto. Resolveu, então, brincar com Davi: "Você é dono da cidade, pô?"[110]

De certa forma sim, ministro. Ele é filho do ex-deputado Davi Alves, assassinado em 1998. O pai projetou-se na política em 1973, quando comandou (com métodos pouco sutis) a ocupação de uma área na periferia de Imperatriz. Nada de consciência revolucionária: o parlamentar do PDS votou contra a reforma agrária na Constituinte, por exemplo. Depois fundou – modestamente – a vila Davi, que se tornaria o município de Davinópolis.

Um caso raro dos grotões do país? Vejamos, então, dois exemplos em municípios do Sudeste:

Famílias e clãs 143

– *Zacarias* (SP). O prefeito é Lourenço Zacarias (PT). A cidade foi fundada em 1941 por Antonio Zacarias. Obteve autonomia em 1991. Antonio Zacarias tem 5 mil hectares de terra na Fazenda Zacarias, em Apiacás (MT).
– *Olímpio Noronha* (MG). O prefeito é Sérgio Noronha (PTB). A cidade foi fundada em 1962 nas terras de Olímpio Noronha, um antigo fazendeiro. Sérgio Noronha é produtor de café.

Sigamos agora para o Nordeste, onde o fenômeno se espalha:

– *Afonso Bezerra* (RN). O prefeito é Jackson Bezerra (PSB), dono de 86 hectares no município, criado em 1953. É pecuarista, irmão do ex-prefeito João Batista Bezerra Neto. A cidade tem uma rua chamada João Batista Bezerra – pai do poeta Afonso Bezerra, que dá nome ao município.
– *Tenente Laurentino Cruz* (RN). O prefeito é o agricultor Airton Laurentino Júnior (PSB), vendedor de polpa de frutas. Em seu terceiro mandato, Airton foi o primeiro prefeito da cidade, criada em 1977, mas com autonomia em 1993. Possui 223 hectares, em 15 propriedades. A cidade foi fundada por Sinval Laurentino, na época prefeito de Florânia. Sinval deu à cidade o nome do pai. Airton Laurentino é nome de rua. O filho de Sinval Laurentino, Sinval Salomão, é prefeito da vizinha Florânia. Salomão é primo de Airton Laurentino Júnior.

O leitor não está acompanhando todos os detalhes? Não importa: basta observar a repetição dos sobrenomes:

– *João Dourado* (BA). O prefeito chama-se Rui Dourado (PMDB); o vice, Antônio Dourado (PR). Ambos têm propriedades rurais. A chapa derrotada era também composta por Dourados, ambos com propriedade ou gado.
– *Joca Marques* (PI). O prefeito é Edilberto Marques (PTB). A cidade foi fundada pelo irmão, deputado Ismar Marques – prefeito da cidade-mãe, Luzilândia. A primeira prefeita foi a filha Janaínna. Pelas ruas da cidade misturam-se pedestres, bois e outros animais. Uma dessas ruas leva o nome de Edilberto Marques. Ele tem 960 bois e 1.158 hectares. O presidente da Câmara é Edilberto Marques Filho, o Betão, que chegou a ser preso em outubro de 2010 por suspeita de compra de votos. Dono de 50 bois, Betão é irmão da prefeita de Luzilândia, Janaínna Marques – que não tem terra nem bois.

O caso a seguir é antológico:

– *Miguel Leão* (PI). O prefeito é Bismarck Leão (PTB). O líder político é o irmão Miguel Leão Neto, dono de 7.222 hectares. Leão é neto do coronel e ex-deputado Miguel Leão, que tinha no local uma fazenda de gado e uma indústria de aguardente. O Incra movia, em 2009, uma ação de desapropriação contra Miguel Leão Filho e Ana Maria Leão, em área de 3.032 hectares.[111] O município, com 1.194 habitantes – um dos menos populosos do país –, foi fundado em uma área de 150 hectares, doada por Altamiro Leão. Membros da família Leão se sucedem no cargo desde 1963. Edna Leão, também ex-prefeita, declarou em 2002 à revista *IstoÉ*: "Se a oposição ganhar, onde meus filhos vão trabalhar?"

O CORONELISMO

Todas essas histórias podem ser analisadas[112] à luz do conceito de coronelismo. O grande clássico sobre o tema, de autoria de Victor Nunes Leal, descreveu o fenômeno como municipal. Mas a palavra acabou migrando para situações mais amplas – José Sarney (PMDB-MA) e o falecido Antonio Carlos Magalhães (BA) estão entre os mais lembrados quando se faz referência a políticos "coronéis".

A obra de Leal, *Coronelismo, enxada e voto*, um livro de 1948, define assim o fenômeno: "Coronelismo é um compromisso, uma troca de proveitos entre poder público, progressivamente fortalecido, e a decadente influência social dos chefes locais, notadamente senhores de terra."[113]

Exatamente a parentela é uma das estruturas do coronelismo, base de sua manutenção. Estamos também a falar de uma face atrasada do país, conforme expõe o sociólogo José de Souza Martins em outro clássico, *A política do Brasil lúmpen e místico*.[114] Ele fala da coexistência de um Brasil capitalista com um Brasil pré-moderno.

Um caso emblemático de coronelismo teve como palco Santa Cruz, no Rio Grande do Norte. Era a terra de Theodorico Bezerra (1903-1994), deputado estadual pelo PSD (em 1947), depois deputado federal e vice-governador. Ele era proprietário de quatro fazendas, onde plantava algodão. A maior delas tinha 14 mil hectares.

O cineasta Eduardo Coutinho retratou Bezerra numa reportagem que ganhou *status* de filme: *Theodorico, Imperador do Sertão*, foi veiculada inicialmente no Globo Repórter, em 1978.

Ali se mostra como ele vivia como uma espécie de senhor feudal. Era o juiz, o banco e o legislador. Proibia armas e baralhos e distribuía favores – muito mais do que salários. Ele mantinha o poder político também à base de festas e vaquejadas. Os comícios eram algo natural nesse contexto, e não uma imposição à margem da cultura local.

Theodorico era tio de Fernando Bezerra, que foi líder do governo Fernando Henrique Cardoso no Senado e ministro da Integração Nacional. Outro sobrinho, Iberê Ferreira, foi deputado várias vezes e vice-governador – chegou a governar o estado após renúncia da governadora Wilma Faria (PSB). Os netos Theodorico Neto e Jorge Bezerra foram prefeitos de Tangará.

A lógica clientelista de distribuição de favores contribui para a perpetuação eleitoral dos políticos. Em Açailândia, o presidente da Câmara e o prefeito aprovaram em setembro de 2010 um projeto que regularizava 42 mil lotes de terras, nas vilas Ildemar e Progresso. Ou seja: ilegalmente, a poucos dias das eleições. O prefeito era Ildemar Gonçalves (PSDB). Prefeito Ildemar, vila Ildemar? Sim, isso mesmo.

O pecuarista Ildemar declarou, em 2008, nada menos que 8.142 cabeças de boi, distribuídas em 12 fazendas. Ele prosperou muito em quatro anos: em 2004 possuía somente uma delas, a Fazenda Bola Sete. O presidente da Câmara era seu sobrinho, o pecuarista Hélio Santos (PSDB). Este foi eleito deputado federal. O caso dos lotes foi registrado pelos próprios políticos, em campanhas publicitárias no rádio e televisão.

Em 1995, um certo Supermercado Bola Sete forneceu para a prefeitura 317 mil litros de leite e 176 mil quilos de carne, para a merenda escolar. As compras foram feitas com dispensa de licitação. O município comprou também – conforme a mesma nota fiscal – 10.800 molhos de cheiro-verde e 32.332 quilos de rapadura (cerca de três carretas cheias de rapadura). No endereço do supermercado ficava a Fazenda Bola Sete. Depois ele se "mudou" para uma casa abandonada. Os donos do supermercado? Os sobrinhos do prefeito.

A EVASÃO DE INFORMAÇÕES

Um dos problemas da tradição familiar na política brasileira, do ponto de vista dos políticos, é que as famílias não estão imunes a brigas. Por conta disso, muitas informações que chegam à imprensa, à polícia ou ao Ministério Público saem de denúncias feitas pelos próprios parentes. O senador Fernando Collor que o diga.[115]

Vimos alguns casos ao longo do livro. Um deles, o da ex-mulher do deputado mineiro Newton Cardoso (PMDB). Ela foi às páginas da revista *Veja* apontar o patrimônio multiplicado do ex-governador. Disse que ele tinha 100 fazendas. Cardoso esnobou – disse que eram 145.

Às ex-mulheres somam-se as ex-amantes. As investigações contra Renan Calheiros (PMDB) moveram-se em torno dos recursos que o senador mobilizaria para pagar a pensão da filha que teve com a jornalista Mônica Veloso. Por conta disso, ele alegou que ganhara muito dinheiro vendendo gado.

Casos de denúncia de pai contra filho (ou filho contra pai) são mais raros. Mas existem. O empresário José Wilson Siqueira Campos Júnior é filho do governador de Tocantins. De origem pobre, no Ceará, o governador chegou a trabalhar como seringueiro no Amazonas. Em Goiás, começou a trabalhar na área rural e fundou a Cooperativa Goiana de Agricultores. Foi o líder do movimento que criou Tocantins – e primeiro governador do estado.

Agora vejamos o título de matéria da *Folha*, em 2006: "Filho acusa Siqueira Campos de comandar organização criminosa".[116] Campos Júnior entregou ao Ministério Público Federal documentos que comprovariam a denúncia. Entre eles, páginas mostram a transferência, para um "laranja", de uma propriedade de 1.004 hectares, próxima de Palmas. Dois anos depois, coincidência: o governo estadual desapropriaria exatamente essa propriedade.

Naquele momento faltava um mês para as eleições. A coligação que apoiava o candidato disse que José Wilson estava servindo de massa de manobra dos adversários de Siqueira Campos. E que as acusações tinham fins "eleitoreiros".

Eleições: mais que "currais"

As expressões "currais eleitorais" e "voto de cabresto" são ilustrativas sob vários aspectos. Por um lado, mostram (sintomaticamente) a migração de termos rurais para a política. Por outro, atestam a prática política de manter o eleitor confinado, preso, controlado.

Mas a perpetuação dos políticos no poder adquiriu contornos mais sofisticados ao longo do tempo. A face mais explícita desse controle é o sistema brasileiro de financiamento eleitoral. Ele beneficia o poder econômico. Empresas privadas podem doar dinheiro aos candidatos; sindicatos, por exemplo, não.

Doações de pessoas físicas (salvo quando elas atendem por nomes como Eike Batista ou Blairo Maggi) tornam-se insignificantes diante do rio de dinheiro injetado nas campanhas. A cada dois anos, o ciclo se repete: mais doações e novos representantes eleitos a serviço... a serviço de quem mesmo?

Mais que nos "currais", pensemos na imagem fácil das plantações. Às empresas interessa cultivar boas relações com os grupos de poder.

E os políticos não se mostram indóceis com os doadores – como mostram importantes votações recentes. O terreno é fértil.

As doações de campanha são determinantes para a escolha dos representantes. E essa lógica não poderia ser diferente em relação ao chamado agronegócio – ou, mais especificamente, às empresas de alimentos, moinhos, usinas, frigoríficos, madeireiras.

Veremos aqui o quanto o agronegócio brasileiro financia os políticos brasileiros. Neste caso, diante da nova montanha de dados oferecida pela Justiça Eleitoral, e pela representatividade dos políticos eleitos em 2010, deixamos os prefeitos de lado.

Tanto governadores como deputados (estaduais e federais) e senadores receberam, em 2010, mais de R$ 50 milhões de grandes grupos. Somente o Grupo Friboi (JBS) doou mais de R$ 30 milhões em 2010. Outros doadores de peso no setor agropecuário foram os seguintes:

– *Cosan* (usina de açúcar e álcool, entre outros). Total: R$ 3,08 milhões. Políticos financiados: 41.
– *Bunge Fertilizantes*. Total: R$ 2,72 milhões. Políticos financiados: 40.
– *Cutrale* (suco de laranja). Total: R$ 1,89 milhão. Políticos financiados: 10.
– *Marfrig Frigoríficos*. Total: R$ 1,2 milhão. Políticos financiados: 17.

Não há nada de ilegal nesses financiamentos. Não estamos falando de "caixa 2", de "recursos não contabilizados" ou "financiamento paralelo de campanha". Mas eles são justos? Legítimos? Beneficiam o eleitor, o cidadão?

EMPRESAS ACUSADAS

Em alguns casos, a empresa doadora já foi acusada de irregularidades, como crimes ambientais e até trabalho escravo.

A Xinguara Indústria e Comércio Ltda., um frigorífico no Pará, doou R$ 100 mil à campanha da governadora Ana Júlia Carepa (PT). E mais R$ 20 mil para a campanha do ex-deputado estadual Mario Moreira (PTB-PA).[117]

Em 2011, o frigorífico foi multado em mais de R$ 500 mil pelo Ibama. É que ele recebeu mil cabeças de gado de uma fazenda embargada por desmatamento irregular. A fazenda foi multada em R$ 1 milhão por comercializar gado ilegal: "A propriedade se localiza em São Félix do Xingu (PA) e pertence ao dono do frigorífico, segundo o Ibama. Ele foi notificado a apresentar documentos sobre a destinação da carne."[118]

A Cosan, uma das maiores doadoras em 2010, financiou a campanha de 22 candidatos à Câmara, 15 candidatos a deputados estaduais, dois governadores e dois senadores. Entre eles, o deputado federal Abelardo Lupion (DEM-PR), um dos líderes da Bancada Ruralista no Congresso.

No fim de 2009, a empresa apareceu na lista suja do trabalho escravo. Mas, nos primeiros dias de 2010, obteve uma liminar que determinou a retirada de seu nome. Até o ministro da Agricultura, Reinhold Stephanes, saiu em defesa do grupo, apontando "erro" e "exagero" do Ministério do Trabalho. "A Cosan teve um problema há três anos, através de uma empresa terceirizada, de uma fornecedora, e a Cosan tem centenas de fornecedoras", raciocinou o ministro.

A empresa fora incluída na lista suja por conta de fiscalização ocorrida em 2007, na Usina Junqueira, em Igarapava (SP). Foram libertados 42 trabalhadores – entre eles, uma jovem de 17 anos.[119]

O juiz que retirou a empresa da lista suja aceitou as alegações da empresa: a situação não era tão grave para caracterizar "trabalho escravo"; a responsabilidade pelas irregularidades era de uma empresa terceirizada.

Segundo a ONG Repórter Brasil, especializada em trabalho escravo, a viagem dos trabalhadores para a usina foi cobrada antecipadamente: "As vítimas contaram que, no momento da abordagem inicial, não foram informadas que teriam de arcar com aluguel, comida e produtos de necessidade básica para o trabalho."

Em Delta (MG), tiveram de pagar a estada, alimentos e utensílios (chapéu de sol, marmita, garrafa térmica) necessários ao trabalho. Tudo era contabilizado como dívida – e descontado dos salários.

A Cosan manifestou "repúdio veemente" contra "qualquer prática que não respeite os direitos trabalhistas de colaboradores do seu quadro de empregados e dos quadros de seus fornecedores e parceiros".

O grupo Cosan é detentor das marcas União, Da Barra e da rede de postos Esso – que patrocina o principal prêmio de Jornalismo do Brasil, o Prêmio Esso. Uma das empresas do grupo, a Radar Propriedades Agrícolas, administra 106 mil hectares de terras.

O CASO FRIBOI

Dos R$ 30 milhões investidos pelo Grupo Friboi em campanhas políticas, em 2010, R$ 10 milhões foram para candidatos a governador. Metade desse valor financiou as campanhas dos dois principais concorrentes ao governo goiano: Íris Rezende, do PMDB (com R$ 3 milhões), e Marconi Perillo, do PSDB (com R$ 2,5 milhões). O tucano venceu. Entre os demais candidatos apoiados pelo frigorífico, somente o governador Siqueira Campos (TO) foi eleito.

O grupo tem sua sede em Goiás. O critério geográfico revelou-se decisivo no financiamento de 47 candidatos a deputado estadual ou distrital. Entre R$ 5,3 milhões investidos nas campanhas para as Assembleias, nada menos que R$ 3,5 milhões eram para políticos goianos. Poucos foram eleitos.

Em contrapartida, a sorte do grupo – ou eficiência – na eleição dos congressistas foi espetacular: entre os 55 candidatos a deputado federal apoiados, nada menos que 41 (75%) foram eleitos. O frigorífico foi ainda mais "pé quente" no caso do Senado: elegeu 7 entre 8 candidatos.

A campanha desses 48 parlamentares custou R$ 10 milhões ao frigorífico. Vejamos os componentes dessa bancada:

A "BANCADA DA FRIBOI"

DEPUTADO FEDERAL	SIGLA	UF	DOAÇÕES (R$)	DEPUTADO FEDERAL	SIGLA	UF	DOAÇÕES (R$)
Ronaldo de Souza	PR	DF	700.000	Paes Landim	PTB	PI	200.000
Paulo Freire	PR	SP	700.000	Sérgio Moraes	PTB	RS	200.000
Vilmar Rocha	DEM	GO	500.000	Arnaldo Faria de Sá	PTB	SP	200.000
Jovair Arantes	PTB	GO	500.000	Josué Bengtson	PTB	PA	170.000
Benito Gama	PTB	BA	400.000	Armando Vergílio	PMN	GO	100.000
Alex Canziani	PTB	PR	360.000	Zequinha Marinho	PSC	PA	100.000
Mário de Oliveira	PSC	MG	310.000	Carlos Lereia	PSDB	GO	100.000
Leandro Vilela	PMDB	GO	300.000	Wandenkolk Pasteur	PSDB	PA	100.000
Pedro Chaves	PMDB	GO	300.000	Zenaldo Coutinho	PSDB	PA	100.000
Arnon Bezerra	PTB	CE	300.000	Irajá Abreu	DEM	TO	50.000
Luiz Carlos Busato	PTB	RS	300.000	Afonso Hamm	PP	RS	50.000
Nelson Marquezelli	PTB	SP	300.000	Luis Carlos Heinze	PP	RS	50.000
Jefferson Campos	PSB	SP	250.000	Renato Molling	PP	RS	50.000
Pedro Fernandes	PTB	MA	250.000	Jerônimo Goergen	PP	RS	50.000
Sílvio Costa	PTB	PE	250.000	Odacir Zonta	PP	SC	50.000
Vieira da Cunha	PDT	RS	200.000	Moreira Mendes Filho	PPS	RO	50.000

Leonardo Vilela	PSDB	GO	200.000	Nelson Marchezan Jr.	PSDB	RS	50.000
Nilson Pinto	PSDB	PA	200.000	Paulo Teixeira	PT	SP	50.000
Sabino Castelo Branco	PTB	AM	200.000	Carlos Bezerra	PMDB	MT	40.000
José Chaves	PTB	PE	200.000	José Priante Junior	PMDB	PA	25.000
				Wladimir Rabelo	PMDB	PA	25.000

SENADOR	SIGLA	UF	DOAÇÕES (R$)	SENADOR	SIGLA	UF	DOAÇÕES (R$)
Marta Suplicy	PT	SP	500.000	Armando Monteiro	PTB	PE	160.000
Flexa Ribeiro	PSDB	PA	250.000	Ana Amelia Lemos	PP	RS	100.000
Lúcia Vânia	PSDB	GO	200.000	Paulo Bauer	PSDB	SC	100.000
				José Pedro Taques	PDT	MT	100.000

É possível identificar uma certa lógica nessas doações. Seja pelos partidos ou pela região em que atuam esses políticos. A empresa investiu pesado nos candidatos do PTB: entre os deputados federais, candidatos do partido receberam R$ 4,5 milhões de um total de R$ 8,5 milhões. A bancada do PR vem em seguida, com R$ 1,8 milhão.

Não à toa, como vimos no capítulo "Movimento suprapartidário", as bancadas do PTB e do PR estão entre as que mais têm proprietários rurais, proporcionalmente, no Congresso.

Ou seja, existe um fenômeno de redundância em relação aos eleitos no Brasil. Quem tem mais terra recebe mais dinheiro – legal – das empresas. E os dois grupos (que se sobrepõem) têm alto índice de reeleição.

O grupo Friboi também contribuiu com R$ 9 milhões para a campanha vitoriosa de Dilma Rousseff.

CUTRALE *VERSUS* MST

Em 2009, quatro deputados federais que tinham recebido doações de campanha da Cutrale votaram a favor da criação da CPMI do MST. O Movimento dos Trabalhadores Rurais Sem-Terra tem conflito direto com a empresa, por conta de uma área utilizada pela empresa em Iaras (SP).

Essa área teria sido grilada pela empresa – e foi ocupada mais de uma vez pelo MST, em 2009 e 2011, com ampla exposição na mídia. A primeira ocupação gerou uma Comissão Parlamentar Mista de Inquérito no Congresso, para investigar o movimento.

Vejamos o que diz o MST: "A Cutrale possui 30 fazendas em São Paulo e Minas Gerais, totalizando 53.207 hectares. Destas, seis fazendas com 8.011 hectares são classificadas pelo Incra como improdutivas. A área grilada de Iaras nem entra na conta."[120]

O portal UOL noticiou em 2011 que a área de 50 mil hectares foi ocupada irregularmente, "segundo o Incra". O órgão chama a área de "patrimônio público": "Em abril deste ano, decisão da Câmara de Conciliação e Arbitragem da Administração Federal da Advocacia Geral da União determinou a transferência das terras ao Incra. Até agora, entretanto, as terras não foram entregues."[121]

A Cutrale lamentou em nota a ocupação. E informou que "já demonstrou a legalidade na aquisição dessa propriedade agrícola".

Os quatro deputados que assinaram o pedido da CPMI e receberam da Cutrale verbas de campanha, em 2006, eram: Arnaldo Madeira (PSDB-SP), com R$ 50 mil; Nelson Marquezelli (PTB-SP), com R$ 40 mil; Carlos Henrique Focesi Sampaio (PSDB-SP) e Jutahy Magalhães Júnior (PSDB-BA), com R$ 25 mil cada.

Em 2010, a Cutrale financiou a campanha de dez políticos,[122] entre eles oito candidatos à Câmara. Seis deles são de São Paulo, base da empresa. Entre os dez políticos aparecem novamente nomes como Nelson Marquezelli e Abelardo Lupion.

COMO ELES VOTAM

O que dizem os congressistas que recebem doações de empresas agropecuárias?

O deputado Júlio Cesar (DEM-PI), que presidia em 2011 a Comissão de Agricultura, não se mostrou surpreso com uma informação da Rede Brasil Atual: a de que dois terços dos membros da Comissão tinham ligação com agronegócio – por conta de suas propriedades ou por doações de campanha.

"Sempre foi assim", afirmou ao repórter. "A comissão não trata de assunto específico de uma empresa. São interesses nacionais. O que pode haver é eventualmente alguma empresa se enquadrar dentro de algum interesse nacional".

Mas será mesmo que eles votam de acordo com o interesse de quem financiou a campanha?

Tomemos mais uma vez o Código Florestal como parâmetro. Entre os 41 deputados financiados pela Friboi, apenas um (o gaúcho

Vieira da Cunha) votou contra as modificações em relação ao antigo, na votação de 2011 na Câmara. Em 2012 esse número aumentou para três: Paulo Teixeira (PT) e Zenaldo Coutinho (PSDB) também tentaram barrar as mudanças.

Ainda em 2012, o próprio relator teve mais da metade de sua campanha financiada pelo agronegócio: Paulo Piau (PMDB-MG) recebeu de empresas do setor R$ 1,25 milhão, de um total de R$ 2,3 milhões.

O deputado Chico Alencar (PSOL-RJ) tentou derrubá-lo do cargo, com base em um artigo do Código de Ética da Câmara. Esse item diz ser contra o decoro parlamentar "relatar matéria de interesse específico de pessoa física ou jurídica que tenha contribuído para o financiamento de sua campanha eleitoral".[123] Mas não colou: quando se fala de financiamento de campanha no Congresso, às favas o Código de Ética.

O AMBIENTE

O AMBIENTE

Madeira abaixo

Muitos políticos brasileiros são também madeireiros. Pela base de dados do TSE registramos – em levantamento inédito - pelo menos 69 madeireiras e serrarias, entre os bens dos eleitos em 2008 e 2010. Alguns desses políticos foram presos pela Polícia Federal por crime ambiental. Algumas empresas – no Pará, por exemplo – são ilegais.

Cada empresa listada é idônea até prova em contrário. Mas a opção pela atividade econômica específica ilustra uma certa lógica de exploração das terras brasileiras. Cada brasileiro conhece um dono de padaria, de açougue, eventualmente um livreiro – quantos madeireiros o leitor conhece?

A ilegalidade é a face mais grave desse quadro. "Se eu disser que não tem corte ilegal vou estar mentindo", disse, em 2009, o prefeito paranaense Ivanor Dacheri (PSB), de General Carneiro, após ser preso por crime ambiental.

Mais à frente detalharemos as prisões de políticos no Paraná. Vejamos, por ora, a lista de políticos que, pelo nome de suas empresas, estão de alguma forma no ramo madeireiro. A Unidade da Federação refere-se ao domicílio eleitoral do político:

UF	POLÍTICO	CARGO	SIGLA	EMPRESA	VALOR (R$)
			MADEIREIRAS		
SC	Lino Rohden	vice-pref. - Salete	DEM	Rohden Artefatos de Madeira Ltda.	4.940.900,00
PA	Shidney Rosa	deputado estadual	PSDB	quotas de capital Rosa Madeireira Ltda.	3.350.000,00
PA	Vilson Gonçalves	vice-pref. - Rurópolis	PT	Madeireira V. Gonçalves - Transamazônica, km 77	2.500.000,00
PR	Osmar Rickli	pref. - Carambeí	PSDB	Madeireira Rickli Ltda.	2.112.397,37
ES	Paulinho Nascimento	vice-pref. - Linhares	PMDB	Panan Ind. de Madeiras e Móveis Ltda.	1.365.832,00
PR	Remi Ranssolin	pref. - Bituruna	PTB	Randa Ind. e Com. de Portas e Compensados Ltda.	665.000,00
MG	Argemiro Galvão	pref. - Santana da Vargem	PDT	Sociedade Comercial Madeireira Carvalho Ltda.	570.324,39
MT	João Rogerio	vice-pref. - Nova Bandeirantes	PTB	Empresa Jr. de Souza Madeiras	500.000,00
MT	Chicão Bedin	pref. - Sorriso	PMDB	Madeiras Bom Sucesso Ltda.	415.000,00
PR	Ademir Gheller	pref. - Clevelândia	PR	Empresa Madeireira 5 Irmãos	353.750,00
MT	Geraldo Lara	vice-pref. - Aripuanã	DEM	Aripa Madeiras Ltda.	300.000,00
PR	Walter Becker	vice-pref. - Laranjeiras do Sul	PSDB	Ind. Becker Madeiras e Erva Mat. Ltda.	283.498,00
PR	Nei Barbieri	vice-pref. - C. Domingos Soares	PSDB	empresa de compensado	200.000,00
SC	Preto Gemelli	vice-pref. - Água Doce	PSDB	empresa de madeiras	150.000,00
SC	Claudiomar Crestani	pref. - Palma Sola	PP	Palma Sola S/A Madeiras e Agricultura	144.000,00
PA	Fernando Coimbra	deputado estadual	PDT	capital da Indústria Madeira Pau Darco	120.512,00
SC	Mauro Mariani	deputado federal	PMDB	25% quotas Só Berços Ind. e Com. de Móveis Ltda.	83.896,59
PA	Itamar Cardisi	pref. - Goianésia do Pará	PMDB	Madeireira SR Ltda.	80.000,00
				Madeireira Zona Sul Ltda.	20.000,00
RS	Paulo Mazutti	vice-pref. - Guaporé	PP	Mazutti Esquadrias de Madeiras Ltda.	72.500,00
RO	Neodi de Oliveira	deputado estadual	PSDC	quotas Madema Industrial Madeireira	69.000,00
MT	Fernando Zafonato	pref. - Matupá	DEM	Indústria e Com. de Madeiras Amazonense Ltda.	57.000,00
				Indústria Suprema Esquadrias de Madeiras Ltda.	3.500,00
BA	Devisson Barbosa	vice-pref. - Umburanas	PMDB	Madereira Muniz - Umburanas	50.000,00
RS	Zé Flávio Rosa	pref. - Fontoura Xavier	PT	Pechincha Madeireira e Construção Ltda.	49.500,00
MG	Edno Oliveira	pref. - Perdizes	PSDB	90% Empresa Madeireira Perdigueira Ltda.	45.000,00
				5% Empresa Madeireira Pessonha Ltda.	25.000,00
PR	José Pase	pref. - Campo Magro	PMN	Empresa Madeireira Passaúna	42.010,00
PR	Geraldo Magela	pref. - Ortigueira	PSDB	Madeira Santa Patrícia Ltda.	33.604,93
				Indústria e Comércio de Madeiras Anhanguera	1,60
SC	Ingo Braatz	vice-pref. - Presidente Getúlio	DEM	Empresa G13 Madeiras Ltda.	31.111,00
MT	Sadi Ramos	vice-pref. - Nova Mutum	PSDB	Pau Brasil Ind. e Comércio	30.000,00
SP	Roberto Rocha	pref. - Vargem Grande Paulista	PSB	Roberto Rocha Lenha	29.798,29
PB	Edgard Gama	vice-pref. - Belém	PSB	Atacadão do Madeira e Material de Construção Ltda.	29.700,00
SC	Valdir Cardoso	pref. - Timbó Grande	PSDB	Madeireira C.S. Ltda.	27.758,52
PR	Ivanor Dacheri	pref. - General Carneiro	PSB	Madegal Madeiras Ltda.	25.000,00
				Cavapar Ind. e Com. de Madeiras Ltda.	5.000,00

Madeira abaixo 159

UF	POLÍTICO	CARGO	SIGLA	EMPRESA	VALOR (R$)
RS	Gelson Carbonera	vice-pref. - Aratiba	PTB	Madeiras Carbonera Ltda.	24.000,00
PR	Fernando Carli	pref. - Guarapuava	PP	Rubia - Ind. e Com. de Artefatos de Madeira Ltda.	20.795,64
PE	Diogo Gomes Neto	pref. - Chã Grande	PR	Madeireira Center Ltda.	20.000,00
MT	Beto Torremocha	pref. - Aripuanã	DEM	Exmad Madeiras Ltda.	20.000,00
AP	Junior Favacho	deputado estadual	PMDB	50% Icoma Indústria e Comércio de Madeira Ltda.	20.000,00
SC	Colorido	vice-pref. - Braço do Trombudo	PR	Madereira Capela Ltda. ME	14.000,00
SP	João Dado	deputado federal	PDT	16,6% quotas HMR Madeiras Ltda.	13.333,33
MG	Valmir Morais	pref. - Patis	PTB	Madeireira Montes Claros	10.361,61
SC	Maria Liebsch	pref. - Mirim Doce	PMDB	Indústria de Madeiras Liebsch Ltda.	10.000,00
PA	Hildelfonso Araújo	pref. - Abel Figueiredo	PP	HR Indústria e Comércio de Madeira Ltda.	10.000,00
SE	Valmir Monteiro	pref. - Lagarto	PSC	Empreza Madeiro São José Ltda.	9.000,00
PE	Marcos Cruz	vice-pref. - Ibirajuba	PTN	50% Gustavo Madeiras Ltda.	7.500,00
SC	Gilsa Giacomin	pref. - Catanduvas	DEM	Imatrol - Ind. Com. de Mad. Ltda.	6.250,00
SC	Lussa Librelato	vice-pref. - Orleans	DEM	Librelato Indústria e Comércio de Madeiras Ltda.	5.245,00
SC	Raulino Bonatti	vice-pref. - Lebon Régis	PSDB	Madeireira Bonatti Ltda.	4.453,08
PR	Chico Simeão	suplente - Senado	PMDB	97% ações Madeireira Verona	1.436,00

AS SERRARIAS

Algumas dessas empresas são de movelaria ou carpintaria – que fazem parte do mesmo setor madeireiro. Desse setor fazem parte também as serrarias. Segue a lista das empresas de políticos apresentadas como serrarias:

\multicolumn{6}{c}{SERRARIAS}
UF	POLÍTICO	CARGO	SIGLA	EMPRESA	VALOR (R$)
PE	Evandro Valadares	pref. - S. José do Egito	PSB	Serrote Redondo Ltda.	1.500.000,00
PR	Abelardo Lupion	deputado federal	DEM	Sela Senges Laminadora de Madeiras Ltda. - crédito	504.000,00
CE	Mazim	pref. - Trairi	PRB	serraria em Trairi	400.000,00
MA	Raimundo Nonato	pref. - Zé Doca	PDT	Serraria Sampaio - Vitória da Conquista	200.000,00
MG	Chico Silva	vice-pref. - Brás Pires	PT	Serraria Oliveira e Silva Ltda.	100.000,00
SP	Alvino Marzeuski	pref. - Tapiraí	PSDB	Serraria Horizonte Azul Ltda. - ME	95.950,00
PA	Gilbertinho	pref. - Tailândia	PTB	GM Sufredini Industrial	80.000,00
BA	Alex de Davi	pref. - Acajutiba	PMDB	Serraria Freitas Ltda.	49.000,00
SC	Edesio Justen	pref. - S. A. Imperatiz	PSDB	Serraria Santo Amaro Ltda.	19.600,00
MA	Antonio M. de Oliveira	pref. - Buriticupu	PDT	60% Serraria Duprimo Ltda.	6.000,00
GO	Quintino de Paula	pref. - Iaciara	PP	Serraria Moreira e Paula Ltda.	5.546,00
MA	Francisca Primo	deputada estadual	PT	40% sociedade da Serraria du Primo Ltda.	4.000,00
RS	Gilmar Nichele	pref. - S. Valentim Sul	PMDB	Nichelmade Serraria Ltda.	1.800,00
CE	Giuvan Nunes	pref. - Uruburetama	PRB	Serraria Tucano Ltda.	1,00

Nem sempre a empresa traz, em sua razão social, palavras-chave como "madeireira", "madeiras" ou "serrarias". O que significa que a lista de políticos madeireiros pode ser maior.

Mesmo assim, identificamos 62 políticos como proprietários de 69 madeireiras ou serrarias. Entre eles, mais da metade (33) são de quatro estados: Paraná (11), Santa Catarina (11), Mato Grosso (6) e Pará (5).

Há uma grande concentração na região Sul, portanto. O caso das prisões no Paraná mostra que ilegalidades no setor florestal não são prerrogativa dos estados que compõem a Amazônia Legal.

O deputado Shidney Rosa é o segundo na lista dos que possuem madeireiras de maior valor. A Rosa Madeireira foi declarada por R$ 3,35 milhões. Ele presidiu o Sindicato das Indústrias de Serrarias de Paragominas (PA). Detalharemos sua história no capítulo específico sobre a Amazônia.

Alguns políticos na lista aparecem no livro por outros motivos. Abelardo Lupion (DEM-PR), como um dos líderes da Bancada Ruralista no Congresso. Shidney Rosa (PSDB-PA), no capítulo "Escravizados". A deputada estadual Francisca Primo (PT-MA), no capítulo "Ameaçados".

REFLORESTAMENTO

Na região Sul há também uma concentração de atividades de reflorestamento. Seis dos 12 políticos são do Paraná ou Santa Catarina:

UF	POLÍTICO	CARGO	SIGLA	EMPRESA	VALOR (R$)
PR	Edmar Arruda	deputado federal	PSC	Ecoplaneta Reflorestamento, Com., Import. Export. de Madeira	2.275.000,00
PR	Cleiton Kielse	deputado estadual	PMDB	reflorestamento pinus e eucaliptos - Rio Branco do Sul (PR)	643.589,00
SC	Claudiomar Crestani	pref. - Palma Sola	PP	Barra do Bravari Agroflorestal S/A	416.168,00
				Palma Sola S/A Madeiras e Agricultura	144.000,00
SC	Lino Rohden	vice-pref. - Salete	DEM	Rohden Reflorestamentos Ltda.	250.470,00
PR	Eduardo Sciarra	deputado federal	DEM	10,15% da empresa Reflorestamento Cascavel Ltda.	184.474,97
				10,15% na Sociedade Reflorestamento Paraná Ltda.	61.260,00
PA	Hildelfonso Araújo	pref. - Abel Figueiredo	PP	PHP Reflorestamento Ltda.	100.000,00
ES	Paulinho Nascimento	vice-pref. - Linhares	PMDB	Planta Forte Florestal Ltda.	25.000,00
SP	Geraldo Vinholi	deputado estadual	PSDB	quotas Agrobusiness Florestas e Pecuária Ltda.	17.000,00
MG	Edimar Oliveira	vice-pref. - Martinho Campos	PRB	Shalon Reflorestamento Ltda.	15.000,00
PR	João Arruda	deputado federal	PMDB	investimento em reflorestamento de eucalipto	12.500,00
CE	Sergio Aguiar	deputado federal	PSB	quotas projeto reflorestamento Fazenda Pedral Marco Ltda.	954,62
SC	Mauro Mariani	deputado federal	PMDB	160 quotas capital Só Berços Agroflorestal Ltda.	160,00

Nove entre essas 14 empresas (ou investimentos) estão no Paraná e em Santa Catarina. Ao contrário das listas anteriores, dominadas por prefeitos, a maior parte desses 12 políticos é composta por parlamentares.

A empresa do catarinense Lino Rohden, a Rohden Artefatos de Madeira, a mais valiosa das listas anteriores, é considerada um exemplo em relação ao manejo.

Mas antes fosse assim no caso de seus colegas madeireiros.

AS PRISÕES NO PARANÁ

Três políticos foram presos pela Polícia Federal no Paraná em 2009, em operação feita em parceria com órgãos estaduais. Um quarto teve a prisão temporária decretada. A Operação Angustifolia – nome científico da araucária – interditou 16 madeireiras no sul do Paraná. O desmate ilegal desse tipo de pinheiro foi o alvo da operação.

Três desses quatro políticos estão na lista anterior: o empresário Ivanor Dacheri (PSB), prefeito de General Carneiro; o empresário Remi Ranssolin (PTB), de Bituruna; e o industrial Volnei Barbieri (PSDB), vice-prefeito de Coronel Domingos Soares. O presidente da Câmara de General Carneiro, José Cláudio Maciel (PSB), também foi detido pela PF. Ele é contador e não declarou ao TSE participação em nenhuma empresa.

Dacheri é o autor da frase: "Se eu disser que não tem corte ilegal vou estar mentindo".[124] Ranssolin acabaria sendo cassado por outro motivo: teve suas contas rejeitadas pela Câmara Municipal. À Justiça Eleitoral, ele declarou a Randa Indústria de Compensados, por R$ 665 mil. Também declarou, em 2008, um imóvel rural de 260 hectares, com "erva mate nativa", por R$ 996 mil. Ah, e um trator Valmet, ano 1983.

Uma das empresas interditadas pela Polícia Federal não está na lista anterior: é a Indústria Pedro N. Pizzatto. Ela pertence à mulher do ex-deputado federal Luciano Pizzatto (DEM-PR). A empresa foi uma das 16 interditadas pela PF na Operação Angustifolia. O deputado não foi reeleito em 2010. À imprensa, ele assumiu corresponsabilidade na empresa, administrada pela mulher. Ele preside hoje a Compagas, ligada ao governo estadual.

Engenheiro florestal, especialista em direito ambiental, Pizzatto afirmou que a interdição ocorreu por represália política, segundo ele, movida especificamente contra adversários do governador – hoje senador – Roberto Requião (PMDB) e do governo federal. O político associou o episódio a investigações que fazia na Câmara sobre irregularidades do Ministério do Meio Ambiente na Amazônia, durante a Operação Boi Pirata.

Em junho, repórteres do portal Bem Paraná ligaram para o gabinete do deputado, em Brasília, para falar sobre a Operação Angustifolia. O texto é impagável: "Ontem, quando a reportagem telefonou para o celular do parlamentar, coincidentemente, ele presidia a Comissão de Meio Ambiente da Câmara dos Deputados".[125]

O líder da oposição na Assembleia, Valdir Rossoni (PSDB), classificou a ação da PF como "terrorismo ambiental". Curiosamente, seu filho Rodrigo viria a substituir o prefeito cassado de Bituruna.

Três empresários da Madepar Agroflorestal foram detidos na mesma operação da PF. Entre eles seu principal acionista, Wilson Dissenha. Dona de 15 mil hectares entre o Paraná e Santa Catarina, a Madepar foi flagrada em 2010 com trabalhadores em condições análogas à da escravidão – entre eles, adolescentes de 14 e 15 anos. Essa fiscalização, feita pelo Ministério Público e pela Procuradoria Regional do Trabalho do Paraná, foi acompanhada por um repórter do jornal *Valor Econômico*.[126]

Em 1997, 900 famílias ligadas ao Movimento dos Trabalhadores Rurais Sem-Terra (MST) ocupavam as terras de Dissenha. Tiveram de deixá-las após determinação judicial. Elas migraram para uma fazenda contígua, pertencente ao irmão de Wilson, José Nelson Dissenha – onde foram recebidas a bala pelos seguranças. Ali ficava uma serraria abandonada. Os camponeses foram depois deslocados para outros acampamentos em Abelardo Luz.

Amazônia despedaçada

A lista dos políticos donos de madeireiras, publicada no capítulo "Madeira abaixo", inclui empresas localizadas na Amazônia. Mato Grosso, Rondônia e Pará têm sido três dos principais alvos dos madeireiros. São os estados que mais destroem as florestas. Comecemos com o Pará.

Entre as empresas de maior valor, o segundo nome na lista é o do administrador capixaba Shidney Jorge Rosa, radicado no Pará. Ele merece uma atenção especial. Por vários motivos.

Um deles, o fato de ter presidido o Sindicato das Indústrias de Serrarias de Paragominas (PA). Outro, seu trânsito fácil no governo tucano de Simão Jatene. Eleito deputado estadual em 2010, pelo PSDB, Rosa foi nomeado secretário de Estado de Projetos Estratégicos e, depois, secretário de Desenvolvimento Econômico e Incentivo à Produção.

É, portanto, ótimo exemplo do trânsito entre o público e o privado por políticos da Amazônia. Um madeireiro à frente de "projetos estratégicos" no estado mais populoso da região? Sim, madeireiro e latifundiário. À Justiça Eleitoral, o político declarou a posse de 11.599 hectares. Está na lista do capítulo "Latifundiários" como um dos maiores do país.

A Rosa Madeireira Ltda. foi declarada por R$ 3,35 milhões. É ela que é mencionada em reportagem do jornal *O Globo*, de dezembro de 2011, com o seguinte título: "Empresa de secretário do Pará faz exploração ilegal de madeira".[127]

Segundo o Incra, a extração foi feita no Assentamento Abril Vermelho, em Santa Bárbara do Pará. O Incra é um dos principais desmatadores do país, segundo o Ibama. Isso ocorre por conta da utilização indevida das terras destinadas aos assentados. Essas terras não podem ser vendidas (por isso aparecem em nome do Incra), mas, na prática, forma-se um mercado ilegal.

Essa operação em Santa Bárbara do Pará foi feita em conjunto por Incra, Ibama e Polícia Federal. Os tratores, motosserras e caminhão apreendidos pertencem à Rosa Madeireira. Dois dias após a apreensão, em um assentamento de 6.803 hectares, as atividades continuavam – e mais máquinas foram apreendidas.

Segundo *O Globo*, a PF abriria inquérito para apurar o caso. O secretário não quis se manifestar. A empresa soltou um comunicado, dizendo que foi apresentada "toda a documentação", conforme a lei, mas que ela "não foi aceita". "A empresa e os assentados se viram surpresos pelas atitudes visto que foi efetuada a comprovação documental conforme legislação pertinente e boa-fé da ação."

Shidney Rosa voltará a ser tema do livro no capítulo "Escravizados": ele esteve entre 2004 e 2006 na lista suja do trabalho escravo.

CONFLITO NO PARÁ

Ainda no Pará, temos o caso do prefeito de Tailândia, no nordeste do estado. Uma empresa de Gilberto Sufredini (PTB) também aparece no levantamento do capítulo sobre madeireiras pertencentes a políticos. Mais especificamente, ele possui uma serraria, a GM Sufredini Industrial. Ela foi declarada por R$ 80 mil.

Em fevereiro de 2008, os fiscais do Ibama apreenderam quase 2 mil metros cúbicos de madeira na GM Sufredini e na Tailaminas Plac Ltda. Elas conseguiram uma liminar impedindo que o material fosse leiloado. Na GM Sufredini os fiscais encontraram 200% mais madeiras do que o permitido.

Naquele mesmo ano, o gaúcho Gilberto Sufredini foi eleito prefeito. Ele declarou R$ 2,1 milhões em terras. Não especificou a área de nenhuma. Elas se chamam Fazenda Rural, Fazenda Três Corações, Três Coqueiros e...Tailaminas. O nome Tailaminas, no caso, se refere a uma fazenda. Mas a empresa Tailaminas Plac Ltda., flagrada pelo Ibama, está no nome de Flávio Sufredini.[128]

A apreensão nas duas empresas fez parte da Operação Guardiões da Amazônia, do governo do Pará. A quantidade total apreendida na operação foi de 15 mil metros cúbicos de madeira. É novamente O Globo que narra conflito durante a apreensão, sob o título "Madeireiros impedem retirada de madeira ilegal no Pará". Quinze caminhões foram impedidos de levar a madeira a Belém: "Cerca de 10 mil pessoas, insufladas pelos madeireiros, entraram em confronto com a polícia, bloquearam a rodovia PA-150, que dá acesso ao município, atearam fogo em uma ponte e tentaram invadir a prefeitura."

Por conta dessa reação, o governo federal teve de adiar a Operação Arco de Fogo, de combate aos desmatamentos na Amazônia. É que os fiscais tiveram de deixar Tailândia só com a roupa do corpo:

> Fiscais da Secretaria de Meio Ambiente do Pará (Sema) ficaram duas horas em cárcere privado na serraria Tailaminas Plac Ltda., de Flávio Sufredini, onde foram apreendidos 822 metros cúbicos de madeira. Os fiscais só foram resgatados após a chegada do batalhão de choque da Polícia Militar.[129]

EM RONDÔNIA, LATIFUNDIÁRIOS

Rondônia é um estado marcado pela destruição das florestas. No fim de 2011, estava à frente do Mato Grosso e do Pará no ritmo de derrubada de árvores, conforme dados da Agência Brasil.[130]

Mesmo assim, os políticos locais tendem a defender o que chamam de "produtores". Em 2008, o Ministério Público Estadual moveu denúncia, por crime ambiental, contra o presidente da Assembleia Legislativa, Neodi Carlos Oliveira (PSDC). O desembargador Miguel Mônico Neto, do Tribunal de Justiça, acolheu a denúncia observando "indícios de autoria e de materialidade dos delitos".[131]

É que, meses antes, a Madema Industrial Madeireira (também na lista publicada no capítulo "Madeira abaixo") foi autuada e fechada por fiscais do Ibama por receber toras sem licença, para fins comerciais. Oliveira disse que jamais praticou os atos descritos na denúncia.

A empresa fica em Machadinho D'Oeste. A Operação Arco de Fogo multou a empresa em R$ 348 mil. Como não havia documentação, não se sabia de qual lugar o material tinha sido extraído. O próprio deputado recebeu os fiscais.[132]

"Oliveira, junto com o governador Ivo Cassol, tem sido um dos principais críticos à operação em Rondônia", escreveu a *Folha*. "Para ele, há abusos dos agentes e uma quase paralisação econômica com a repressão ao setor madeireiro".

Nem sempre Oliveira e Cassol andam juntos. O portal Transparência Brasil divulgou, em janeiro de 2010, dados diversos sobre Neodi Oliveira. E resumiu as acusações mais graves da seguinte forma:

> Conforme levantamento do Portal, o parlamentar é acusado de ter recebido mesada do governador Ivo Cassol (*O Observador*, 31 ago. 2005); de financiar grilagens dentro de reservas extrativistas da região de Ariquemes (*O Observador*, 9 set. 2007); acusado pelo governador Ivo Cassol de exigir-lhe o pagamento de R$ 20 mil mensais (*O Estadão do Norte*, 6 set. 2005).[133]

Ao TSE, o deputado Oliveira registrou a Madema Madeireira por R$ 69 mil. Ele também declarou possuir 4.709 hectares a Fazenda Sucuri, por R$ 500 mil. Essas terras representam o lote 14 dos projetos Jaru e Ouro Preto, na região central do estado – distantes, portanto, de Machadinho D'Oeste, ao norte.

Também um senador responde por crime ambiental em Rondônia. Entre mais de duzentos processos movidos contra empresa do senador Acir Gurgacz (PDT-RO) na Justiça, há um por crime ambiental. Ele é filho de Assis Gurgacz (PDT), seu primeiro suplente.

O senador é dono de quase 11 mil hectares – está também na lista do capítulo "Latifundiários", um dos maiores do país. Em 2011 e 2012, Acir Gurgacz presidia a Comissão de Agricultura e Reforma Agrária do Senado.

MATO GROSSO: PRISÃO EM FAMÍLIA

A mulher do deputado estadual José Riva (PP), Janete Riva, foi uma das presas durante a Operação Jurupari, em 2010, que combatia, em cinco estados (MT, SP, PR, RS e ES), o comércio e o transporte ilegais de madeira da Amazônia. Riva é "presidente de honra" da Assembleia do Mato Grosso.

A operação da Polícia Federal teve ao todo 91 mandados de prisão, mais 91 mandados de busca e apreensão. Outros presos foram Carlos Antônio Azóia, genro de Riva; Cristiano Volpato, primo de Janete e assessor de Riva; Adilson Figueiredo, assessor de Riva para assuntos ambientais; o madeireiro Ademir Rodrigues, tido em Tabaporã como "laranja" de Riva.

José Riva declarou ao TSE uma propriedade de 484 hectares em Juara. Ele também é sócio de uma empresa de alimentos chamada Frigonorte. Entre 2002 e 2010, ele foi perdendo patrimônio rural. Em 2006, tinha mais 745 hectares: 1.229 hectares. Em 2002, eleito pelo PSDB, possuía muito mais que isso: dez propriedades que somavam 12.039 hectares. De quebra, 2.580 cabeças de gado.

Janete Riva possuía, em 2010, mais de 7 mil hectares e 3,5 mil bovinos na Fazenda Paineiras, em Juara – exatamente o município onde, em 2002, o marido tinha 7.260 hectares. Foi nessa fazenda que, em julho de 2010, a fiscalização do Ministério do Trabalho e Emprego, com Polícia Civil e Ministério Público do Trabalho, encontrou sete pessoas em condições análogas à escravidão. Pelo relato da ONG Repórter Brasil, as vítimas pagavam pelas ferramentas de trabalho. Não eram fornecidas camas ou colchões.[134]

Outros políticos do Mato Grosso tiveram pessoas próximas presas na Operação Jurupari. O governador Silval Barbosa (PMDB) viu seu chefe de gabinete, Sílvio Correa, ser detido. No caso do senador Blairo Maggi (PR), os alvos foram Luis Henrique Daldegan e Afrânio Migliari, secretário de Meio Ambiente e secretário-adjunto de Desenvolvimento Florestal no período em que Maggi foi governador.

A operação atingiu ainda um ex-conselheiro do Tribunal de Contas do estado, seu filho, 12 funcionários públicos, 40 engenheiros florestais e vários empresários. Os funcionários da Sema fraudavam Planos de Manejo Florestal. A Polícia Federal apontou crimes de formação de quadrilha, corrupção (ativa e passiva), furto e grilagem de terras, além de crimes ambientais. O prejuízo foi estimado em R$ 900 milhões.[135]

AMEAÇAS NO AMAZONAS

O Amazonas ainda não é o estado que mais desmata. Mas vem de lá uma das histórias mais ilustrativas da intrincada rede de relações entre políticos e empresários pouco interessados em preservação ambiental.

Em 2010, o deputado estadual Adjuto Afonso (PP), o prefeito de Lábrea (AM), Gean Campos de Barros (PMDB), e três vereadores foram denunciados pelo Ministério Público Federal por impedirem fiscalização feita pelo Instituto Chico Mendes de Conservação da Biodiversidade (ICMBIO). "Funcionários do ICMBIO quase foram linchados", escreveu Dener Giovanini em seu blog no portal Estadão.

O título do artigo de Giovanini era "Banditismo no Amazonas". Um coronel e um tenente da Polícia Militar também foram denunciados por comandarem a resistência à fiscalização ambiental nas reservas extrativistas dos rios Ituxi e Médio Purus.[136]

O prefeito de Lábrea declarou ao TSE a posse de um terreno com 172 hectares no rio Umari. O deputado Adjuto Afonso não declarou nenhum bem rural.

> O prefeito, mais o vereador Antônio Moreira e um radialista local, Sebastião Braga, teriam utilizado um sistema de som para convocar a população para irem até o hotel onde a equipe do ICMBIO estava hospedada e lá proferirem ameaças de linchamento caso a equipe de fiscalização deixasse o hotel para continuar o seu trabalho.

Segundo os servidores, até a secretária de Estado do Meio Ambiente, Nádia Cristina D'Ávila, teria coagido os fiscais a interromperem as inspeções. Uma servidora do ICMBIO contou que recebeu insultos e xingamentos das autoridades, que estariam fazendo isso "pelo estado do Amazonas".

PETISTAS COMO ALVO

Voltemos ao Pará para mostrar que o PT, que já teve o combate à corrupção como uma de suas bandeiras, não escapa das acusações de crimes relacionados ao meio ambiente – e não somente crimes ambientais.

O primeiro caso grave envolvendo petistas no Pará ocorreu em 2004. O então superintendente do Incra, Beto Faro, foi preso durante a Operação Faroeste, da Polícia Federal, junto com empresários, advogados e parentes de servidores públicos. Entre as acusações, corrupção e invasão de terras públicas. Faro seria responsável, segundo a PF, "por um esquema criminoso que regularizou a situação fundiária de terras griladas por plantadores de soja".[137] As terras pertenciam à União.

O PT e sindicatos rurais defenderam Faro. Afirmaram que ele foi vítima de intrigas políticas, "provavelmente de grupos econômicos e políticos que não estão conseguindo atingir seus interesses, devido a um conjunto de ações de moralização e legalização das ações do Incra". O político alegou que determinara a apuração imediata das irregularidades cometidas por servidores.

Eleito deputado federal em 2010, o agricultor Beto Faro declarou possuir três terrenos. Mas só especificou a área de um deles, 57 hectares, em Açará, onde cria gado. Os outros dois são terrenos agrícolas.

O segundo caso grave envolvendo petistas – e políticos de outros partidos – é mais recente. Segue um bom resumo feito pelo *Diário do Pará*: "Conversas telefônicas interceptadas com ordem judicial revelam como funcionava o esquema de corrupção na Secretaria Estadual de Meio Ambiente (Sema) para aprovação de planos de manejo durante o governo de Ana Júlia Carepa."[138]

O título assinalava que o escândalo envolve deputados. As investigações sobre corrupção passiva e ativa são da Polícia Federal e do Ministério Público Federal. Os jornalistas tiveram acesso ao processo, que corre em segredo na Justiça Federal.

> O *Diário* [do *Pará*] teve acesso às conversas, que envolve [sic] servidores da Sema, intermediários, madeireiros, fazendeiros, autoridades do governo passado e políticos como os deputados federais eleitos Cláudio Puty (PT), Giovanni Queiroz (PDT), os estaduais Cássio Andrade (PSB), Bernadette Caten (PT) e Gabriel Guerreiro (PV).

Segundo o jornal, os diálogos em 2010 mostram a pressão exercida para liberação dos projetos, diante da proximidade das eleições. As investigações começaram com uma informação, passada à Polícia Federal, de que estavam fraudando créditos de madeira. Os projetos de manejo seriam aprovados em áreas sem documento – e mesmo sem mata.

Em outras palavras, os políticos estariam cobrando propina de madeireiros. O objetivo seria "arrecadar dinheiro para a campanha do PT, ou seja, de Ana Júlia". A governadora não foi reeleita.

Vimos no capítulo "Movimento suprapartidário" que os petistas não estão entre os principais proprietários de terra do país. Entre os políticos mencionados, os deputados do PT e a ex-governadora não registraram bens rurais.

Entre os deputados estaduais mencionados, somente o geólogo Gabriel Guerreiro (PV) declarou propriedades rurais: 167 hectares em Oriximiná. Ele também registrou 580 reses. Entre os deputados federais, Giovanni Queiroz (PDT) declarou possuir 6.212 hectares – no valor de R$ 8 milhões. E mais 1.900 cabeças de gado.

O QUE ELES DISSERAM

Queiroz confirmou que fez várias ligações – "como empresário" – para a Sema. "Mais de trinta vezes", disse. "Nenhuma me compromete. Pedi nos telefonemas, quase que pelo amor de Deus, que liberassem uma Autorização de Transporte de Produto Florestal, a qual eu tenho direito, pois sou reflorestador, além de ter um projeto de manejo dentro de minha propriedade", afirmou em nota. Ao TSE, ele não informou a propriedade de empresa de reflorestamento.

O deputado federal Cláudio Puty (PT) disse ao *Diário do Pará* que o processo contra ele foi "encerrado" e que "nem a Polícia Federal, nem o Ministério Público encontraram motivos" para indiciá-lo. De fato, ele não foi indiciado – mas o jornal sustentava que o processo não foi encerrado.

A deputada estadual Bernadette Caten (PT) informou que o pedido de cassação – feito pelo Ministério Público Estadual com base naquelas denúncias – se baseou na gravação de um telefonema de uma assessora para a Sema. Segundo ela, a assessora buscava informações de um processo de uma pessoa de Jacareacanga. "Fui absolvida por unanimidade, não tenho preocupação com isso."

A então governadora Ana Júlia Carepa (PT) declarou na época estar acostumada a ver seu nome usado "em vão" por terceiros. Disse que a PF já prendera um homem que usava o nome de seu ex-marido, Marcílio Monteiro, ex-secretário estadual. "Esse homem se passava pelo Marcílio quando ele era do Ibama. Fui acusada levianamente e depois se viu que era má-fé."

Como senadora, em 2005, Ana Júlia rasgou em plenário o relatório oficial da CPMI da Terra, em cena histórica.

O deputado estadual Cássio Andrade (PSB) disse que as informações veiculadas no jornal foram levianas e irresponsáveis, pois não foram adquiridas de órgãos oficiais, "tratando-se de meras ilações, dando a entender que fiz parte de uma fraude". "Não tenho qualquer participação direta ou indireta nos projetos de manejo analisados pela Sema, apenas pleiteava a concessão de uma licença ambiental ligada à exportação de peixes ornamentais."

Andrade registrou na Justiça Eleitoral cotas em uma empresa de comércio e exportação de peixes ornamentais.

O deputado estadual Gabriel Guerreiro (PV) afirmou que seu nome foi incluído no escândalo por conta de um telefonema que não passava de um pedido comum de celeridade do processo. "Se a Secretaria funciona mal, qual é o deputado que não tem o direito de ir lá botar quente?", alegou. "Todo mundo faz isso, é uma função do deputado".

O arco do desmatamento

O "arco do desmatamento" é uma lista dos municípios que mais desmatam no país. Em 2009, eram 43 municípios recordistas em seis estados, conforme o levantamento feito pelo Ibama.

Vamos aqui cruzar os dados do arco do desmatamento com dados de políticos com propriedades nesses municípios. Somente os políticos latifundiários possuem ali 95 mil hectares.

O arco do desmatamento no Brasil, além de coincidir com o arco do trabalho escravo e com o da matança de camponeses, é também o arco da posse de latifúndios por políticos de todo o país.

Mais adiante veremos uma lista de políticos (latifundiários ou não) que já tiveram atividades embargadas, por crimes ambientais, na mesma faixa de municípios.

Comecemos com a lista dos políticos latifundiários que possuem terras em pelo menos um dos 43 municípios do arco do desmatamento:

O arco do desmatamento

\multicolumn{7}{c	}{LATIFUNDIÁRIOS NO ARCO}
MUNICÍPIO	UF	POLÍTICO	ONDE FOI ELEITO	SIGLA	HECTARES	VALOR (R$)
Aripuanã	MT	Eros Araújo	PR (Telêmaco Borba)	PMDB	9.998,40	693,96
	MT	Ireneu Orth	RS (Tapera)	PP	1.250,00	71.026,80
Brasil Novo	PA	Osias Sperotto	PA (Brasil Novo)	PTB	2.000,00	500.000,00
Colniza	MT	Nelci Capitani	MT (Colniza)	DEM	3.604,40	110.959,00
Dom Eliseu	PA	Joaquim Nogueira Neto	PA (Dom Eliseu)	PMDB	4.356,00	1.500.000,00
Feliz Natal	MT	Antonio Debastiani	MT (Feliz Natal)	PSDB	3.355,00	202.399,81
Marcelândia	MT	Adalberto Diamante	MT (Marcelândia)	PR	1.461,54	310.000,00
Novo Repartimento	PA	Adelson Oliveira	BA (Iaçu)	PMDB	2.904,00	1.800.000,00
Pacajá	PA	Adelson Oliveira	BA (Iaçu)	PMDB	389,60	800.000,00
		Baltazar Rodrigues	TO (Arapoema)	PR	7.535,38	600.000,00
		Zelio Herculano	TO (Cachoeirinha)	PR	3.000,00	2.500.000,00
Peixoto de Azevedo	MT	Sinvaldo Brito	MT (Peixoto de Azevedo)	PP	3.016,02	292.247,59
Querência	MT	Fernando Gorgen	MT (Querência)	PR	31.558,73	3.119.814,52
Rondon do Pará	PA	Robinho Silva	BA (Nova Viçosa)	PMDB	2.500,00	2.217.289,38
S.Maria das Barreiras	PA	Odacir dal Santo	PA (S. M. das Barreiras)	PRP	3.233,99	164.550,00
		Raquel Rodrigues	GO (S. Helena de Goiás)	PP	2.463,30	50.486,07
Santana do Araguaia	PA	Raquel Rodrigues	GO (S. Helena de Goiás)	PP	124,00	6.000,00
São Félix do Xingu	PA	Antonio Marcos Oliveira	MA (Buriticupu)	PDT	3.000,00	30.000,00
		Celso Maldaner	SC (deputado federal)	PMDB	2.8161,15	66.294,94
		Casildo Maldaner	SC (senador)	PMDB	2.050,00	9.115,55
		Vilmar Alves de Oliveira	TO (deputado estadual)	PMDB	2.458,40	280.000,00
		Nilton Franco	TO (Pium)	PMDB	1.645,00	30.000,00
		Junior Coimbra	TO (deputado federal)	PMDB	1.210,00	2.000.000,00

Quatorze municípios do arco do desmatamento, portanto, têm pelo menos um político latifundiário do país com terras no local. Vinte e um desses políticos possuem mais de mil hectares em algum município do arco; 17 deles têm mais de 2 mil hectares.

A maioria desses 21 políticos possui domicílio eleitoral fora dos municípios do arco. Esses latifundiários são de nove Estados (BA, GO, MA, MT, PA, PR, RS, SC, TO). Somente três dessas UF (PA, MA e MT) possuem algum município no arco do desmatamento – mas o político maranhense é prefeito de Buriticupu (e não São Félix do Xingu, onde ocorre o desmatamento).

Contando com 54 prefeitos e vice-prefeitos das próprias cidades, 38 desses 43 municípios (88%) abrigam políticos eleitos[139] em 2008 e 2010 com pelo menos uma propriedade rural – não necessariamente latifúndios.

São Félix do Xingu (PA) é um desses municípios. Como vimos no capítulo "Pará: onde vale tudo", sete políticos eleitos – de outras Unidades da Federação - têm ali 12 mil hectares. Seis desses sete políticos possuem mais de mil hectares em São Félix. Isso fora as áreas milionárias – mas misteriosas – do prefeito.

ARCO DOS LATIFUNDIÁRIOS

É claro que ter uma propriedade no arco do desmatamento não significa que cada político pegue uma motosserra e saia por ali derrubando tudo. É evidente, porém, que há um interesse econômico por trás dessas posses – e ele não costuma passar pela criação de reservas ambientais.

Se pensarmos na pecuária (um dos fatores decisivos para desmatamento), veremos que seis desses latifundiários declararam 12.486 cabeças de gado.

Dono de mais de 31 mil hectares em seu município, o prefeito de Querência (MT), Fernando Gorgen, é um dos líderes dos produtores rurais em seu estado. Ele disse que muitos ocuparam o Mato Grosso para abrir 80% da mata e foram surpreendidos pela alteração do limite, para 50%.

"A legislação foi mudada por pressão de ONGs e ambientalistas fanáticos que acusam o produtor rural pelas desgraças ambientais causadas pelas grandes cidades", afirmou, em 2010, em Brasília. "Ninguém está mais preocupado com o solo e com o meio ambiente do que o produtor rural."

Querência foi retirada em 2011 da lista do arco do desmatamento.

Em segundo lugar na lista de 2009 do "arco dos latifundiários" estava o prefeito de Telêmaco Borba (PR), com quase 10 mil hectares em Aripuanã (MT). Até o Exército já participou de uma operação contra o desmatamento nesse município – que sofre com os fluxos de grileiros que saem de Rondônia.

O primeiro lugar na lista poderia estar com o ex-prefeito de Senador Guiomard (AC), o paranaense Carlos Celso Medeiros Ribeiro. Ele tem mais de 20 mil hectares em Lábrea,[140] o único município do Amazonas no arco do desmatamento. Mas não foi reeleito.

A acusação contra Celso Ribeiro é de infração da flora. As duas áreas embargadas, na Fazenda Água Verde,[141] possuem 1.845 e 1.303 hectares.

Em 2008, o TRE do Acre acolheu denúncia do Ministério Público Eleitoral contra Celso Ribeiro. Ele foi acusado de indução à transferência irregular de eleitores, falsidade ideológica com finalidade eleitoral, corrupção eleitoral ativa e transporte ilícito de eleitores.[142]

Na campanha de 2004, segundo a denúncia, ele coagiu os funcionários de seu frigorífico, o Novo Milênio, a transferir os títulos eleitorais para Senador Guiomard. Todos deveriam votar nele.

À Justiça Eleitoral, Celso Ribeiro não declarou nenhum frigorífico em 2008. Mas registrou uma área rural de 20.568 hectares, em Lábrea. Segundo a Comissão Pastoral da Terra, a seringueira Felicidade Araújo da Silva foi expulsa a bala por pistoleiros do fazendeiro no município amazonense, em 2010. Voltaremos a ele no capítulo "Ameaçados".

BRASIL "NOVO"

Outra lista do Ibama divulga as obras embargadas. Um dos políticos no "arco dos latifundiários", Osias Sperotto (PTB), está também nessa lista. Ele foi eleito vice-prefeito de Brasil Novo (PA), onde possui 2 mil hectares. Depois foi cassado pelo TRE.

Parte do imóvel de Sperotto está embargada, segundo o Ibama, por "usar fogo em floresta e demais formas de vegetação sem observar as precauções recomendadas na permissão de queima controlada".

O caso de Sperotto merece mais detalhes. A área de floresta nativa estava sendo destinada à pecuária, conforme o sistema de Detecção de Desmatamento em Tempo Real.

Tanto Osias como a candidata a vereadora Maria José Sperotto declararam à Justiça Eleitoral os 2 mil hectares. Eles ficam no Projeto de Desenvolvimento Sustentável Ademir Alfeu Fredericci. Eles também registraram 300 cabeças de gado, perto da Rodovia Transamazônica.

Em 2006, diante da multa aplicada pelo Ibama, o político disse que não a pagaria: "Estou aqui há dez anos e não será uma determinação dessas que vai me fazer sair." Questionado sobre a lei, afirmou: "Se nem o presidente sabe das coisas, quem vai me dizer como devo agir? Antes não havia essa história de não poder fazer isso ou aquilo."

OS CRIMES AMBIENTAIS

A lista de obras embargadas do Ibama está longe de ser um consenso. Os políticos na lista não demonstraram muito entusiasmo ao ver suas propriedades mencionadas como cenário de crimes ambientais.

O Ibama disponibiliza a lista na internet desde 2008. Cruzar esses dados (divididos por municípios) com listas de políticos brasileiros eleitos revela-se um exercício produtivo. Nomes conhecidos vão surgindo na pesquisa – basta ter paciência.

Não é só cortando árvores que políticos agridem o meio ambiente. Os embargos referem-se também a outros crimes ambientais, como assoreamento de rios e realização de obras sem licença.

Os políticos mostram-se incomodados com a abertura dos dados pelo Ibama. Muita gente graúda já entrou nessa lista. Os ruralistas sustentam que os dados estão errados.

A repórter Andreia Fanzeres, do site especializado em ambiente O Eco, encontrou o nome de alguns políticos em sua busca. Em Rondônia, Ivo Cassol (PP), o senador e ex-governador teve dois embargos em Alta Floresta D'Oeste; o ex-deputado federal Ernandes Amorim (PTB), três áreas embargadas em Ariquemes; o agricultor paranaense Melkisedek Donadon (PHS), ex-prefeito de Vilhena, também aparece na lista.

Em 2010, candidato ao Senado por Rondônia, Donadon declarou um "equipamento para instalação de uma usina", uma pequena central hidrelétrica. Ele é irmão do deputado federal Natan Donadon (PMDB), condenado pelo STF a mais de 12 anos de prisão, por peculato e formação de quadrilha. E do deputado estadual Marcos Donadon (PMDB), investigado por desvio de dinheiro da Assembleia Legislativa e dono de imóvel rural em Lábrea (AM).

Em Mato Grosso, ainda segundo O Eco, o senador Jayme Campos teve três áreas embargadas em Alta Floresta; o deputado estadual Ademir Brunetto, uma; em Sinop, quem apareceu foi o deputado Dirceu Dal Bosco; em Porto Esperidião, o deputado Humberto Bosaipo.[143]

O capítulo "A hora da votação" mostrou como congressistas que votaram a favor do novo Código Florestal também aparecem na lista do Ibama. A nova lei anistia multas aplicadas até 2008. Um dos casos detalhados no capítulo é o de Cassol.

A LISTA DE MUNICÍPIOS

Antes de avançarmos um pouco mais na lista de crimes ambientais do Ibama, vejamos uma lista, por estado, dos municípios que, em 2009, estavam no arco do desmatamento:

AMAZONAS: Lábrea.

MARANHÃO: Amarante do Maranhão.

MATO GROSSO: Alta Floresta, Aripuanã, Brasnorte, Colniza, Confresa, Cotriguaçu, Feliz Natal, Gaúcha do Norte, Juara, Juína, Marcelândia, Nova Bandeirantes, Nova Maringá, Nova Ubiratã, Paranaíta, Peixoto de Azevedo, Porto dos Gaúchos, Querência, São Félix do Araguaia, Vila Rica.

PARÁ: Altamira, Brasil Novo, Cumaru do Norte, Dom Eliseu, Itupiranga, Marabá, Novo Progresso, Novo Repartimento, Pacajá, Paragominas, Rondon do Pará, Santa Maria das Barreiras, Santana do Araguaia, São Félix do Xingu, Tailândia, Ulianópolis.

RONDÔNIA: Machadinho D'Oeste, Nova Mamoré, Pimenta Bueno, Porto Velho.

RORAIMA: Mucajaí.

Machadinho D'Oeste (RO) aparece no capítulo "Amazônia despedaçada". É onde a Operação Arco do Fogo multou a Madema Madeireira, empresa do presidente da Assembleia, Neodi de Oliveira (PSDC) – o que motivou denúncia do Ministério Público Estadual contra o político.

NO ARCO

Vejamos, agora, outros casos de políticos que estejam na lista do Ibama e possuam terras no arco do desmatamento. O município de São Félix do Xingu,[144] no Pará, volta a ser terreno fértil para identificar nome de políticos.

— *Celso Lopes Cardoso.* O prefeito de Tucumã (PA) foi acusado pelo Ibama de desmatar florestas em uma fazenda em São Félix do Xingu. Ele não informou à Justiça Eleitoral os municípios onde ficam suas duas fazendas milionárias – de R$ 1,4 milhão e R$ 8 milhões.
— *Luiz Alves Vilarinho.* Candidato a prefeito em 2004 em Água Azul do Norte (PA). Goiano, pecuarista. Mais um com área embargada em São Félix do Xingu. O longo resumo do Ibama fala em "des-

truir, desmatar, danificar florestas" ou qualquer tipo de vegetação nativa "para exploração ou supressão ou sem autorização ou licença da autoridade ambiental".
- *Gilberto Batista de Lucena*. Empresário atuante em Brasília, ligado ao ex-governador do Distrito Federal, Joaquim Roriz (PMDB-DF), e irmão do deputado distrital suplente Roberto Lucena. A história se repete: mais uma vez temos São Félix do Xingu no cenário da destruição ambiental.
- *Francisco Raulino Zimermann*. Vereador desde 2005 em Tailândia (PA). Em sua declaração de bens não aparecem as três terras embargadas, na Rodovia PA-150 (duas delas têm 153 e 853 hectares), por "atividade potencialmente degradadora", "destruir florestas" e "impedir regeneração natural de florestas". É sócio de uma serraria.
- *Rubens Carlos Neves*. Foi vice-prefeito de Pacajá (PA), onde é acusado de danificar a floresta. Merece menção especial pelo cargo que ocupou em Araguaína (TO): diretor de Meio Ambiente.
- *Antonio Cesnik*. Profissionalmente, ele é padre. Foi candidato a prefeito de Astorga (PR). Mais um caso de conexão Paraná-Pará: Cesnik teve área embargada em Paragominas (PA).
- *José Carminati*. Segundo a revista *Época*, o capixaba já vendeu madeira e criou boi em Paragominas. Entre 1989 e 1992, foi vereador. Também está na lista do Ibama. Em 2010, a Câmara dos Dirigentes Lojistas o elegeu empresário do ano.
- *Davi Resende Soares*. Mais um com embargo em Paragominas. Mas também em Ulianópolis (PA), onde é marido da prefeita, Suely Xavier Soares. Duas acusações básicas do Ibama: desmatamento e descumprimento de embargo. Retomaremos o nome de "Davi Madeireiro" no capítulo "Escravizados", sobre trabalho escravo.
- *Zandino Uliana*. Da família que fundou Ulianópolis. Camilo Uliana era político no Espírito Santo e, em 1968, foi eleito prefeito de Paragominas.
- *Santa Ana Agropecuária e Industrial Ltda*. A empresa pertence à família de Paulo Cesar Farias. Lembram-se do PC, o tesoureiro do presidente Collor? Pois é: a Santa Ana tem obra embargada em Cumaru do Norte (PA). Mas deixemos também os Farias para o capítulo sobre trabalho escravo.

FORA DO ARCO

Muitos políticos aparecem na lista de áreas embargadas (por motivos ambientais) sem que tenha saído alguma linha na imprensa. Não só políticos, mas também empresas declaradas por eles. Boa parte dessas informações, portanto, é inédita. Outros casos tiveram repercussão – nem sempre nacional.

Vejamos outros casos de políticos na lista do Ibama. Agora em municípios que não estavam incluídos, em 2009, no arco do desmatamento:

- *Salomão Alcolumbre & Cia. Ltda.* Seu posto de combustíveis está entre as obras embargadas em Almeirim (PA). Falecido em 2011, Salomão era o segundo suplente do senador José Sarney (PMDB-AP). É aquele que declarou, além de 3 mil hectares, três terras devolutas da União em Cutias. Seu filho, Alcolumbre Jr., tem quase 9 mil búfalos no Amapá.
- *Elias Farah Neto.* Prefeito de Candói (PR). A área embargada por "destruir florestas", da Farah Agropecuária, tem apenas 30 hectares, em Floresta do Araguaia (PA). Mas ele tem 11 imóveis rurais no município, com quase 11 mil hectares – fora outros três imóveis em Conceição do Araguaia. Está na lista dos maiores políticos latifundiários.
- *Leoncio Braz de Souza Neto.* Candidato pelo PMDB a deputado estadual em 2006. Ele declarou 1.603 cabeças de gado. A área embargada fica em Oriximiná (PA).
- *Aldevino Neumann.* Embargo em Santarém. Ex-vereador e ex-secretário de Obras de Nova Mutum (MT).

NO ACRE, NOMES CONHECIDOS

O leitor poderá reclamar da insistência em municípios paraenses. De fato, a pesquisa mais exaustiva foi feita nos 143 municípios do Pará, estado mais populoso da Amazônia, com 7,3 milhões de habitantes. Vamos, então, para o extremo oeste da Amazônia, para o Acre.

Um dos nomes na lista de áreas embargadas do Ibama é o de Luiz Augusto Ribeiro do Valle. Pesquisas têm dessas coisas que só o acaso explica. Impossível clicar em todos os nomes da lista, extensa demais. Em alguns casos a memória ajuda. No caso de Luiz Augusto, me chamou a atenção seu nome.[145]

Entre os alvos do órgão fiscalizador está nada menos que o diretor presidente do Instituto de Defesa Agropecuária e Florestal do Acre. Ribeiro do Valle foi indicado pelo governador Tião Viana (PT) no início de 2011. E, até a publicação deste livro, lá estava. A área em questão, embargada em 2007, fica na estrada Transacreana. São 202,5 hectares. O resumo do Instituto aponta destruição ou danificação de florestas.

Outro nome na lista do Ibama no Acre é o do prefeito de Feijó, Juarez Leitão. Afastado da prefeitura, Leitão não teve os votos validados para deputado estadual. Não pelo desmatamento, mas pela acusação de comprar votos. Declarou 250 cabeças de gado em 2008. Leitão representa dois dos principais setores econômicos do município: a administração pública e, mais recentemente, a pecuária.

Não especificamos nessa relação os partidos dos políticos locais para não ficar cansativo. Leitão e o padre de Astorga são do PT. Farah Neto, do PSDB. Celso Cardoso, do PDT. Roberto Lucena, do PR. Este levantamento considera os partidos pelos quais eles foram eleitos. Boa parte é do PMDB.

Todos esses casos resumem e entrelaçam uma história bem maior: do desmatamento à pecuária, dos parentescos a um certo modo de fazer política. Não se trata de privilégio de alguns partidos ou de algumas Unidades da Federação: há uma cultura, digamos, do desbravamento a qualquer custo.

Bastaria um único nome de proprietário de obra embargada na Amazônia para mostrar como se entrelaçam temas distintos. É o nome de Darly Alves da Silva Filho. Ele foi acusado de desmatamento além do permitido, em Xapuri. Darli Alves de Oliveira, outro membro da família, teve obra embargada em Plácido de Castro.

Os dois municípios ficam no Acre, terra do sindicalista Chico Mendes. Darly Alves da Silva, o pai, e Darci, o irmão, tornaram-se bastante conhecidos no Brasil e no mundo desde dezembro de 1988: eles são os dois assassinos do ambientalista.

EXCLUÍDOS

EXCLUÍDOS

Escravizados

Há um roteiro previsível nas notícias sobre políticos envolvidos em denúncias de trabalho escravo. Regra número 1: eles não sabiam de nada. Alegam responsabilidade das empresas "terceirizadas". Regra número 2: ao contrário do que ocorre com outros proprietários de terra, eles logo têm seus nomes retirados da lista suja[146] do trabalho escravo – ou nela nem são incluídos.

A situação encontrada na fazenda desses senhores não difere daquela registrada em outros casos de trabalho escravo, ou escravidão por dívida, peonagem. Um "gato", o aliciador, é quem contrata a mão de obra. E é quem mantém os trabalhadores – sob ameaça – até que eles paguem todas as dívidas. Um comércio organizado pelo proprietário, a preços exorbitantes, ajuda a perpetuar a situação.

As condições de trabalho são degradantes: número excessivo de horas trabalhadas, condições de higiene sórdidas, dormitórios precários, alimentação indigna. Mas veremos que alguns proprietários são especialmente cruéis com seus trabalhadores – homens, adolescentes, eventualmente mulheres.[147]

As histórias de políticos envolvidos em trabalho escravo costumam ser contadas com detalhes pela ONG Repórter Brasil, especializada no tema. De lá tiramos boa parte dos casos, relatados pelos jornalistas Leonardo Sakamoto, Mauricio Hashizume e Bianca Pyl, entre outros. Jornais regionais e nacionais foram outras fontes recorrentes, assim como a Comissão Pastoral da Terra.

Algumas informações são inéditas. Adicionamos também aos relatos dados sobre a quantidade de terras – e de gado – de cada político, conforme as declarações entregues à Justiça Eleitoral. Outra opção foi fazer uma divisão desses dados por regiões. O critério utilizado foi o domicílio eleitoral de cada político.[148]

Não custa reforçar que a menção a qualquer político ou empresa não significa que eles tenham sido condenados ou que sejam, necessariamente, responsáveis por algum delito ou crime; significa que, em algum momento, os nomes foram mencionados em operações de combate ao trabalho escravo – ou reportagens a respeito.

Aviso: o capítulo é longo.

ELEITOS NO NORTE

Iniciemos os relatos em Roraima. Quatro adolescentes foram libertados da Fazenda Paraíso, em Cantá (RR), em novembro de 2009. Eles e outros 22 trabalhadores estavam sem água potável – dividiam com os animais um igarapé – e não recebiam salário havia mais de um mês.[149] O deputado federal Urzeni Rocha (PSDB), dono das terras, comprometeu-se a pagar R$ 100 mil, destinados a programas de alfabetização na região.

Os trabalhadores limpavam o terreno para pastagem: a propriedade tinha mais de 3,5 mil cabeças de gado. Em 2006 e 2010, Urzeni declarou ao TSE quatro terras rurais, mas nenhuma cabeça de gado. Em 1998, ele não possuía terras rurais, mas sim 500 cabeças de gado. O procurador Regional do Trabalho da 11ª Região disse que a punição embutida no Termo de Ajuste de Conduta tinha um "cunho pedagógico" para o fazendeiro.

Em 2010, o químico goiano Urzeni Rocha entrou na Frente Parlamentar Mista pela Erradicação do Trabalho Escravo, presidida pelo deputado Domingos Dutra (PT-MA). Meses depois, em setembro, foi detido pela PF, com dinheiro e santinhos, por suspeita de compra de votos.[150] Ele não foi reeleito em 2010.

Outro adolescente foi libertado no Pará, em 2007, com mais 14 trabalhadores que cultivavam dendê na fazenda dos Miranda, em Moju. Os donos são Altino Coelho Miranda, o Dedeco, ex-vice-prefeito da cidade (2005-2008), e seu filho Altino Freitas Miranda, o Dequinha. Eles mantinham o "sistema de armazém", ou "barracão", impedindo que os homens adquirissem qualquer coisa fora da fazenda – com as despesas descontadas dos salários.

Este é um raro caso em que houve sentença criminal: em 2009, Altino Coelho foi condenado a nove anos de prisão (mais multa); Altino Freitas, a sete anos e meio (mais multa), em regime semiaberto. Dedeco foi também impedido de concorrer, em 2010, a uma vaga na Câmara Municipal. O juiz federal Rubens Rollo D'Oliveira alegou na sentença que a jornada de trabalho e o sistema de produção e pagamento "eram desumanos".[151]

Em Rondon do Pará, a multa para Idelfonso Abreu Araújo (PP) foi de R$ 53 mil. Ele era prefeito de Abreu Figueiredo, município vizinho, quando a fiscalização resgatou 21 trabalhadores de sua fazenda de 7,2 mil hectares, em 2006. Diante da mata densa e do terreno íngreme, não conseguiam atingir as metas de produtividade, e por isso recebiam cerca de R$ 100 por mês – menos do que as dívidas.

A caderneta dos trabalhadores registrava dívidas de até R$ 800. Ninguém tinha carteira de trabalho. Em setembro daquele ano uma tora caiu nas pernas de um homem de 24 anos. Ele morreu a caminho do hospital, após esperar o transporte, perdendo sangue por cinco horas. Pecuarista e dono de serraria (o desmatamento era ilegal), Abreu pagou a indenização de R$ 53 mil. O nome de sua fazenda? "Jesus de Nazaré".

UM SECRETÁRIO MUITO ESPECIAL

Ainda no Pará, o secretário especial de Desenvolvimento Econômico do governo Simão Jatene, o administrador capixaba Shidney

Rosa (PSDB), teve sua fazenda Vitória fiscalizada em 2003 – quando era prefeito de Paragominas. Quarenta trabalhadores foram libertados, em Carutapera. Eles foram aliciados em Açailândia (MA). Lá contraíram as primeiras dívidas.[152] O irmão de Rosa, Júnior, intermediou a ida à fazenda, onde os peões não tinham banheiros nem energia elétrica.

Shidney Rosa culpou o "gato", um homem chamado José Pereira da Silva, o Salu. Mas ficou entre 2004 e 2006 na lista suja. Em 2006, eleito suplente para o Senado, registrou crédito de R$ 163 mil pela alienação da Fazenda Vitória. Em 2010 foi eleito deputado estadual. Declarou ao TSE capital na Rosa Madeireira, por R$ 3,35 milhões. Suas quatro propriedades (três fazendas e um sítio) em Paragominas somam 11.599 hectares.

Em 2011, secretário de Estado de Desenvolvimento Econômico (antes ocupou também a pasta de Projetos Estratégicos), ele dizia que nunca teve uma ação trabalhista contra sua empresa em Paragominas. Ele culpou o irmão pelos problemas e classificou as acusações de "carnaval e armação política":[153] "O caso da fazenda da minha família no Maranhão já foi resolvido pela Justiça do Trabalho daquele estado, onde ganhei por unanimidade. A Justiça entendeu que não houve trabalho escravo."

A preocupação do político é com a palavra "escravo": "A sentença fala em trabalho degradante e por isso o caso foi parar na Justiça Federal. Até ação por indenização eu ganhei. Houve apenas multa de R$ 10 mil a ser recolhida para o Fundo de Amparo ao Trabalhador (FAT)."

CONEXÃO PARÁ-TOCANTINS

A Operação Iriri libertou sete trabalhadores, em 2003, da fazenda Gueroba. Ela fica em São Félix do Xingu – o município mais falado deste livro, espécie de Eldorado dos pecuaristas de todo o país.[154] O dono da fazenda se chama Wesley Castelo Branco Martins. Ele é filho do deputado federal Lázaro Botelho (PP-TO) e de Valderez Castelo Branco Martins (PP), na época prefeita de Araguaína (TO), a 660 quilômetros de São Félix.

Deputado federal desde 2007, o policial civil e pecuarista Lázaro Botelho declarou em 2006 a posse de 2.309 cabeças de boi, por

R$ 1 milhão. Em 2010, nada de bois. Ele é membro da Comissão de Agricultura da Câmara. A maranhense Valderez Martins foi candidata a vice-governadora de Tocantins em 2010. Tanto ela como o marido declararam 2.129 hectares em Araguaína.

Entre Tocantins e Pará há um caso inverso: um ex-deputado paraense com fazenda em Bom Jesus do Tocantins. É a fazenda Uberaba. Três testemunhas relataram à Comissão Pastoral da Terra, em 2004, que dois adolescentes e mais nove trabalhadores viviam em situação similar à escravidão. O político se chama José Carlos Antunes (PP). É irmão do deputado Manoel Pioneiro (PSDB-PA), presidente da Assembleia.

Eleito em 2002, Antunes registrou a Fazenda Uberaba, com apenas 50,2 hectares. O político também informou à Justiça Eleitoral a posse de terras bem mais amplas: a Fazenda Faixa Alegre, com 537 hectares, a Riacho Doce, em Ipixuna (PA), com 1.186 hectares, a Riacho Doce 2, com 710 hectares. Nas terras, 4,2 mil cabeças de gado. A denúncia foi ocorrer justo na menorzinha.

STF, TST E JOÃO RIBEIRO

O Supremo Tribunal Federal (STF) aceitou denúncia contra o senador João Ribeiro (PR-TO), por empregar trabalhadores em regime de escravidão na Fazenda Ouro Verde, em Piçarra, no Pará. A decisão ocorreu em fevereiro de 2012. Três ministros votaram contra a denúncia: Gilmar Mendes, Dias Toffoli e Marco Aurélio Mello. Mas foram vencidos.

Com isso o senador se tornou réu em um processo pelos seguintes crimes: redução à condição análoga à de escravo, aliciamento de menor e submissão a condições degradantes de trabalho.

O Tribunal Superior do Trabalho (TST) confirmou, em dezembro de 2010, a existência de trabalho escravo na fazenda. Em 2004, 35 pessoas foram flagradas em condições de trabalho análogo à escravidão. Ele esteve na lista suja entre 2006 e 2008, mas foi retirado após uma liminar judicial.

Após a decisão do TST, o senador (outro ex-prefeito de Araguaína) divulgou exatamente o contrário: que o tribunal o inocentara. O repórter Maurício Hashizume[155] acessou o acórdão e constatou que os ministros confirmavam a caracterização inicial.

O aliciador Osvaldo Brito Filho recebia salário do governo tocantinense. Estava registrado como assessor especial da Secretaria de Governo – que Ribeiro ocupou por 14 dias em 2002. Depois, o "gato" atuaria como assessor parlamentar do político, duas vezes deputado federal, e do deputado estadual Raimundo Palito (PP).

A Fazenda Ouro Verde tinha quinhentas cabeças de gado. Os barracos de lona onde dormiam os trabalhadores eram cobertos com folhas de palmeiras. Eles não tinham acesso a banheiro e água potável. As mulheres e um adolescente também trabalhavam 12 horas por dia – sem descanso semanal.

O senador declarou, em 2010, a posse de 680 cabeças de gado, distribuídos em 767 hectares. A Ouro Verde não aparecia na declaração de 2002 – que apontava outras terras no Pará, em Xinguara. Dono de um patrimônio de R$ 1,9 milhão (diante de R$ 305 mil em 2002), João Ribeiro foi condenado a pagar R$ 76 mil de indenização – dez vezes menos que na primeira instância.

SENHORES DO CENTRO-OESTE

Outro senador que costuma dizer que foi inocentado é Jayme Campos (DEM-MT), dono de mais de 32 mil hectares no Mato Grosso. Mas ele assinou um Termo de Ajustamento de Conduta (TAC) com o Ministério Público do Trabalho em 2006. Não houve flagrante: 15 pessoas contaram que trabalhavam em condições degradantes na Fazenda Santa Amália, em Alta Floresta.

O TAC foi assinado em 2008, com trinta exigências. Entre elas, não alojar trabalhadores em barracos de lona; oferecer proteção e transporte adequados; oferecer repouso semanal remunerado; garantir água potável. Caso não houvesse acordo, seria movida uma ação civil pública, com base nos testemunhos dos trabalhadores.[156]

O senador negou as acusações. Disse que três pessoas teriam denunciado a propriedade como uma forma de chantagem, para receber horas extras. Segundo Campos, as condições dos trabalhadores regulares eram normais. "Não registrar hoje pode sair bem mais caro do que registrar", afirmou. "Só não tem ar-condicionado".

Quem também assinou um TAC com o Ministério Público do Trabalho foi o então prefeito Vilson Ascari (PMDB), em Nortelândia (MT).

Ele e o vereador Ataíde Bastos Guimarães (PMDB) eram donos das pedreiras onde estavam dois adolescentes e outros 38 trabalhadores, em novembro de 2008. Os dois políticos comprometeram-se a não arrendar as terras para quem descumprisse a legislação trabalhista.

Ainda no Mato Grosso temos o caso de Janete Riva, mulher do presidente da Assembleia, José Riva (PP). A história da fiscalização na Fazenda Paineiras, com 7 mil hectares, está relatada no capítulo "Amazônia despedaçada".

Nas terras do ex-prefeito de Vera, Dorlei Rodrigues de Freitas, vinte trabalhadores viviam na Gleba Rio Ferro, no município de Feliz Natal, sem água limpa e em contato com o agrotóxico Tordon – do tipo "agente laranja", o mesmo utilizado pelos Estados Unidos na Guerra do Vietnã.

Quatro famílias – com mulheres e crianças – viviam no local. Como banheiro, utilizavam o rio.[157] Os trabalhadores foram libertados em 2008. Dorlei já havia sido multado, pelo Ibama, pelo desmatamento de uma área de 3 mil hectares. Ele foi sócio do atual prefeito de Vera, Moacir Giacomelli (PR), numa madeireira. Conhecido como Manoel do Arroz, Giacomelli possui 8.155 hectares no Mato Grosso.

O Mato Grosso do Sul possui uma história antiga, relacionada ao ex-senador (PMDB, PP, Arena, UDN) Saldanha Derzi. Ele foi citado no capítulo "A hora da votação", no trecho sobre a Constituinte, como grande proprietário de gado. Exatamente em 1988, ele foi acusado, por um peão, de explorar trabalho escravo. A menção aparece no *Boletim Campanha Nacional pela Reforma Agrária*, de novembro de 1988.

Em Goiás, a Comissão Pastoral da Terra registrou, em 2005, uma denúncia contra um ex-prefeito de Cristalina (GO), Antonino Camilo de Andrade. Ele teria mantido 12 trabalhadores escravizados em uma fazenda chamada São Cristóvão. O município onde fica a fazenda é um velho conhecido nosso: São Félix do Xingu, no Pará.

Andrade não foi reeleito em 2008. Ele registrou 1.262 bovinos na Justiça Eleitoral. E três áreas rurais, todas em São Félix do Xingu: a Maracatiara (1.010 hectares), a Itapoa (457 hectares) e uma gleba de terras sem nome, de 500 alqueires – no mínimo 1.210 hectares. Ou seja, pelo menos 2.677 hectares em São Félix.

NOBRES NORDESTINOS

Chama a atenção a insistência com que São Félix do Xingu volta a aparecer em relatos distintos. Vimos no capítulo "Pará: onde vale tudo" que 7 políticos de outros estados, eleitos em 2008 e 2010, possuem mais de 13 mil hectares nesse município de 84 mil quilômetros quadrados, no sul paraense. Mas os relatos de trabalho escravo mostram políticos de outros pleitos, como Camilo de Andrade, com terras por lá.

Outro desses políticos atende por Chico Filho. Ele foi deputado estadual pelo PMDB entre 1999 e 2007, no Piauí, e prefeito de Uruçuí. Francisco Donato Linhares de Araújo era secretário de Estado do Trabalho, em 2001, quando se recusou a pagar multas a sessenta trabalhadores resgatados em uma de suas fazendas em São Félix do Xingu. Chico Filho ficou com seu nome na lista suja entre 2003 e 2006.

Em 1998, declarou à Justiça Eleitoral possuir somente R$ 122 mil, em dinheiro – nenhuma terra. Em 2011, foi preso na Operação Geleira, da Polícia Federal, por desvio de recursos públicos federais. É irmão do prefeito de Bertolínia (PI), José Donato de Araújo Neto, o agricultor Zé Nordeste (PTB), e da deputada estadual Ana Paula (PMDB), ex-prefeita de Sebastião Leal. Todos têm imóveis rurais, fruto do poder regional do patriarca, o fazendeiro Chico Nordeste.

Se um secretário do Trabalho tem seu nome envolvido com trabalho escravo, o que se pode esperar dos demais políticos?

Por exemplo, reincidência. Em 2004, o potiguar Francisco Medeiros Sobrinho (PSDB) – prefeito de Japi – foi denunciado por exploração em terras paraenses. Cinco trabalhadores foram libertados da Fazenda Indiaçu, em Palestina do Pará. Em 2007, mais uma fiscalização resgatou três trabalhadores na mesma fazenda, na Gleba Gameleira.

Sem receber alimentação, os trabalhadores estavam sendo ajudados por moradores de Palestina do Pará. Eles saíram do Rio Grande do Norte na caçamba de uma caminhonete, em dois dias de viagem. O trajeto era desviado conforme o motorista se aproximava de uma barreira da Polícia Rodoviária Federal. Na fazenda, criavam bovinos.[158]

Medeiros estava inelegível em 2010, sob diversas acusações de desvio de verbas, como as da Funasa. Ele foi cassado pela Justiça Eleitoral em 2005 e entrou na lista suja em 2006 – e lá continuava em janeiro de 2012. O atual prefeito também é da família Medeiros. O município é dominado pelo patriarca, o "coronel" Francisco Medeiros, o Fransquinho.

TERRAS DE USINEIROS

Duas histórias relacionadas a usinas, de propriedade de políticos pernambucanos, envolvem um número bem maior de trabalhadores libertados.

Em uma cidade chamada Palmares, o prefeito se chama José Bartolomeu de Melo (PDT). Seu apelido, Beto da Usina. Ele é dono da Usina Vitória. Esta, por sua vez, possui dois engenhos chamados Barra D'Ouro e Poço. Deles foram libertados, em 2008, 284 trabalhadores em condições degradantes.

Aos trabalhadores do Engenho Barra D'Ouro – reincidente – era oferecida somente uma luva, e não o par. Água, levavam de casa, mas logo acabava – e aí eles tomavam água de brejo. O banheiro era o mato. Acordavam às três horas, para preparar a comida (macarrão, arroz e farinha), e trabalhavam até as seis da tarde.

No Engenho Poço, as casas dos trabalhadores corriam o risco de desabar. Alguns deles estavam havia vinte anos sem registro em carteira. Quando a fiscalização chegou, um trabalhador vomitava; outro, com o pé cortado, seguia trabalhando, descalço. Recebiam um salário mínimo – desde que cortassem 3,5 toneladas de cana por dia.

A Usina Vitória foi declarada por R$ 480 mil. O advogado da usina alega que o Engenho Poço foi arrendado por Romildo Brandão. E que a Usina Vitória adquiriu "algumas cotas". O TSE informa que Beto da Usina possui 768 hectares no Engenho Poço, por R$ 198 mil. Ele possui ainda o Engenho Viola, com 220 hectares. No total, um patrimônio de R$ 3,4 milhões.

Outra usina conhecida de quem noticia trabalho escravo é a Destilaria Gameleira – que depois virou Destilaria Araguaia. Localizada em Confresa (MT), ela pertence à família do senador Armando Monteiro Neto (PTB-PE), presidente da Confederação Nacional da Indústria (CNI). Ele é primo do ex-deputado José Múcio Monteiro, ministro das Relações Institucionais do governo Lula e, hoje, ministro do Tribunal de Contas da União.

O irmão do senador, Eduardo Queiroz Monteiro, costuma ser apontado como o proprietário da usina. Mas o próprio Armando Monteiro Neto disse,[159] em 2010, que o controlador da usina e do Banco Mercantil era seu pai, Armando Monteiro Filho – deputado estadual (1950), deputado federal (1954) e ministro da Agricultura do governo João Goulart. E o próprio Monteiro Neto já foi conselheiro da empresa.

A usina foi investigada pela Procuradoria da República, como beneficiária de um esquema que levou à quebra do Banco Mercantil. "De acordo com o inquérito, o Mercantil assumiu dívidas de empresas do Grupo Monteiro sem cobrar nada por isso", informou a revista *Época*.[160] "A investigação mostrou uma operação desse tipo com a Destilaria Gameleira. O banco liquidou uma dívida de R$ 664 mil da empresa, mas não lançou o débito na conta da Gameleira."

A Destilaria Gameleira foi retirada em maio de 2005 da lista suja, por liminar judicial. No mês seguinte, porém, foi flagrada novamente com 1.003 trabalhadores escravizados – a empresa voltaria à lista em 2006. A fiscalização do Grupo Móvel durou cinquenta dias e foi a mais longa da história. Chegou a ser acompanhada por representante da Organização Internacional do Trabalho (OIT).

Os trabalhadores foram aliciados no Nordeste (AL, MA, PE e PI) para trabalharem no Mato Grosso. A fiscalização os encontrou em situação "extremamente degradante", em alojamentos superlotados, com salários atrasados e endividados. A destilaria foi obrigada a pagar R$ 1,45 milhão em indenizações trabalhistas – e o retorno deles aos seus estados.

O nome novo, Destilaria Araguaia, não impediu novo flagrante, em 2009. Desta vez eram 55 trabalhadores explorados sem receber salários. Em junho daquele ano, a Destilaria Araguaia aderiu a um Compromisso Nacional, promovido pela presidência da República, para "melhorar a imagem externa do etanol".

NOS DOMÍNIOS MARANHENSES

O Maranhão é uma espécie de Sherazade do mundo político – um estado que conta histórias. O estado tanto exporta trabalhadores, tratados como escravos em outras regiões, como ele mesmo reúne vários casos – só perde para o Pará. Muitos políticos são protagonistas.

Dois adolescentes, de 13 e 17 anos, estavam entre os 24 trabalhadores libertados de fazenda do prefeito de Codó, José Rolim Filho (PV) – conhecido carinhosamente como Zito Rolim. No local viviam também duas mulheres e duas meninas – de 5 e 6 anos – em condições análogas à escravidão.[161]

O adolescente de 13 anos ajudava a mãe em casa e levava a comida para os trabalhadores, a três quilômetros de distância dos alojamentos. Estes eram quatro barracos de palha, em formato de oca, sob um palmeiral de babaçus. A água saía de um açude poluído, ao lado – com cor amarelada e cheiro ruim – direto para o pote.

Zito Rolim assinou um TAC que previa o pagamento de R$ 1,8 mil por trabalhador e R$ 5 mil para o adolescente de 17 anos. O governo federal ainda estudava como fazer para indenizar o adolescente de 13 anos – já que não há previsão legal para trabalho por menores de 16 anos.

Ele não declarou, em 2008, a Fazenda São Raimundo/São José, objeto da fiscalização no ano seguinte. Aparece somente a Fazenda Cajazeiras, de 968 hectares, adquirida em 1996 e declarada por R$ 45 mil. Naquele ano ele foi eleito prefeito pela coligação "Agora é a Vez do Povo".

Os casos se multiplicam. Duas vezes prefeito de Santa Luzia, Antônio Braide entrou para a lista suja em 2009. A Justiça determinou o pagamento de R$ 78 mil para 46 empregados, libertados numa fiscalização em 2007. Eles recebiam cerca de R$ 100 por mês – mas, com as dívidas, não sobrava nada.[162] Braide não quis dar entrevista ao portal G1: "Não vai aliviar, nem vai me defender. Então, é melhor ficar calado e pronto."

Não são somente prefeitos os mencionados em denúncias no Maranhão. O ex-deputado Francisco Dantas Ribeiro Filho (PMDB), o Fufuca, ex-prefeito de Alto Alegre do Pindaré, entrou na lista suja em 2006. Saiu em 2009. Doze trabalhadores foram libertados de sua fazenda, a Piçarreira – palco também de reuniões dos políticos locais.

Ribeiro não registrou, em 2006 e 2010, a Piçarreira. Em Alto Alegre do Pindaré, consta apenas a Barraca do Sal, por R$ 12 mil. Ele declarou mais duas propriedades rurais em Alto Alegre do Maranhão, por R$ 8 mil cada. Não informou o tamanho das terras.

Além de deputado estadual, Fufuca foi secretário de Minas e Energia do governo Roseana Sarney. Com a candidatura impugnada, em 2010, não pôde se eleger. Não teve dúvida: lançou, para a Assembleia, o filho André Fufuca (PSDB), ou Fufuquinha, um estudante de 21 anos, sem bens. Fufuquinha agora é deputado.

Em São Raimundo do Doca Bezerra, o vice-prefeito Chico Moreno (PPS) assinou em 2009 um TAC com o Ministério Público do Trabalho por conta do inquérito relativo a trabalho escravo na Fazenda Boa Vista. Entre as obrigações, "fornecer água potável"; "fornecer gratuitamente os instrumentos de trabalho"; "abster-se de contratar empregados com idade inferior a 16 anos" etc.

O pecuarista Chico Moreno foi eleito em 2008, ano da fiscalização na fazenda. Registrou trezentos hectares de gado bovino no TSE. Ele teve de pagar R$ 19 mil de indenização – quase 20 vezes menos que valor declarado para suas seiscentas cabeças de gado bovino, R$ 360 mil. Em outras palavras, bastava vender 32 bois.

DORMINDO EM CURRAIS

Duas mulheres, uma delas com um filho de 4 anos, viveram por 36 dias em um curral na Fazenda São Domingos, em Coelho Neto (MA). Tinham de cozinhar sem água potável. Em 2009, 12 trabalhadores foram libertados da fazenda, pertencente ao ex-deputado estadual Antônio Bacelar (PV) – hoje um dos diretores da Companhia de Pesquisas de Recursos Minerais, do Ministério das Minas e Energia.

Bacelar não conseguiu se eleger deputado federal em 2010. Mas registrou na Justiça Eleitoral a posse de 350 vacas e 1.560 garrotes, todos nelore, por R$ 1,39 milhão. A Fazenda São Domingos não estava na lista. Dono de R$ 3,72 milhões em 2010, o geólogo enriqueceu bastante enquanto esteve na Assembleia: em 2002, ele possuía R$ 179 mil; em 2006, R$ 843 mil.

Uma das propriedades de Bacelar em Codó (MA), a Mata Virgem, possui 1.050 hectares, por R$ 250 mil. As fazendas Terra Nova (850 hectares), Lagoa Preta (1.739 hectares) e Matinha (249 hectares) foram declaradas por R$ 58 mil, R$ 35 mil e R$ 17 mil. Total de terras do político: 3.888 hectares.

As cenas do curral fizeram o auditor fiscal Carlos Henrique definir a situação como "a pior" que ele já viu em anos de fiscalização. Não havia adaptação no curral, onde os trabalhadores penduravam as redes. O cheiro das fezes era forte. A água vinha de um poço sem tampa. Para comer, os trabalhadores tinham de pescar no açude – igualmente utilizado pelos animais.[163]

Os trabalhadores da Fazenda São Domingos eram aliciados em Codó, a 128 quilômetros de Coelho Neto. É em Codó que ficam as demais terras (declaradas em 2010) de Bacelar. O Incra estuda a desapropriação das terras em Coelho Neto, disputadas, em processo, por uma comunidade quilombola.

Dono de um patrimônio de quase R$ 4 milhões, Bacelar teve de pagar R$ 1 mil para cada um dos 13 trabalhadores libertados. O político tentou se eleger para a Câmara pelo PV, mas seu partido na época da fiscalização era o PDT: o Partido Democrático Trabalhista.

Em Davinópolis, o prefeito Francisco Lima, o Chico do Rádio (PDT), declarou um patrimônio de R$ 4,5 milhões. Propriedades rurais, duas: uma de R$ 1 milhão, outra de R$ 2 milhões. Em 2006, 20 trabalhadores foram libertados de uma delas, no município de Bom Jardim. A área fica dentro da Reserva Biológica de Gurupi, área de preservação ambiental. A atividade, extração ilegal de madeira.

O grupo de fiscalização apreendeu dez motosserras. E espingardas. Macacos e tatus mortos completavam o cenário. Os trabalhadores ficavam alojados (mais uma vez) em um curral. O salário sempre chegaria "no dia 10". Mas nunca chegava.[164]

Ainda no Maranhão, um ex-prefeito de Açailândia, o médico Gilson Freire de Santana, teve 19 trabalhadores libertados. Um deles tinha 17 anos. Quinze deles dormiam onde? No curral, em redes, ao lado de ratos, do gado e de agrotóxicos. Às três horas da madrugada, o vaqueiro chegava gritando com os bichos, e ninguém conseguia mais dormir.

Santana é dono de um hospital em Açailândia, chamado Santa Luzia. Mas no alojamento de sua fazenda não havia sanitários nem chuveiros. Tomavam banho de caneca. Em entrevista à repórter Bianca Pyl, a auditora fiscal Márcia Albernaz, do Ministério do Trabalho e Emprego, sintetizou a situação da seguinte forma: "O empregador igualou os trabalhadores aos animais que possui."[165]

Em 2012, foi a vez do deputado estadual Camilo Figueiredo (PSD) ter sua propriedade flagrada com condições degradantes de trabalho, em Codó. Ela está em nome da empresa, Líder Agropecuária, que o economista possui junto com os filhos. Quem administra a fazenda é o pai, Biné Figueiredo, ex-prefeito de Codó (1993-1996 e 2005-2008).

"Isso de trabalho escravo é novidade para mim", declarou o deputado, eleito pelo PDT. Seu pai afirmou que ali não havia trabalhadores, somente "moradores". O deputado declarou mais de 1.250 hectares em terras, fora a Líder. Detalhe: o valor da empresa, em 2006, era de R$ 937.056 mil, metade do patrimônio do deputado; em 2010, seu valor foi reduzido cem vezes: R$ 9.370,56.

Segundo os fiscais, crianças e adultos bebiam em sua fazenda a mesma água que o gado – em uma lagoa imunda, repleta de girinos.[166]

SEU NOME, INOCÊNCIO

Ele foi presidente da Câmara dos Deputados. Chegou a assumir a presidência da República, algumas vezes, durante a gestão de Itamar Franco – pois já não havia vice-presidente. O médico Inocêncio de Oliveira (PR), deputado federal desde 1975, passou pela Arena, PDS e PFL.

Em 2002, no Maranhão, 53 trabalhadores foram libertados pelo Ministério Público do Trabalho. Eles estavam na fazenda Caraíbas, em Barra do Corda, de propriedade do deputado. Um latifúndio com mais de 5 mil hectares. Entre os explorados estava um adolescente de 15 anos.

A revista *Veja* teve acesso ao relatório final da fiscalização, com 232 páginas, 83 fotografias e 11 depoimentos. O fazendeiro "não oferecia água potável aos empregados, não havia instalações sanitárias, a moradia dos trabalhadores era coletiva e nenhum deles desfrutava o elementar direito de ir e vir".[167] Eles estavam endividados no armazém, o único em um raio de 15 quilômetros.

Descontavam do pagamento até as botas e as foices utilizadas no roçado. Sem falar da alimentação e das despesas de transporte até a fazenda. Vicente de Pinho Borges, 22 anos, contou que saíra de União, no Piauí, a 360 quilômetros de Barra do Corda. Em 2002, disse o deputado:

> Esse caso já está encerrado. Com a fiscalização, mandei chamar todos os trabalhadores e paguei tudo o que devia. Tive tanto desgosto com essa história que até vendi a propriedade. A acusação é puro preconceito. Só acontece porque sou moreno, nordestino e venho de família pobre.

Encerrado, o caso não estava. Em 2006, em segunda instância, desembargadores do Tribunal Regional do Trabalho mantiveram a decisão de obrigar Inocêncio a pagar uma indenização, que poderia chegar a R$ 300 mil. (Menos que os R$ 530 mil da decisão inicial.) Depois disso, não se falou mais no assunto.

Ao relatar a decisão, o jornalista Leonardo Sakamoto informou que, durante a fiscalização da fazenda em 2002, policiais federais se retiraram do local, deixando os auditores sem segurança. Teria sido uma ordem do governo federal. "Houve pressões do Poder Executivo para que o caso fosse encoberto", diz o coordenador da ONG Repórter Brasil.[168]

O deputado é mais um a dizer que a Justiça reconheceu que não havia trabalho escravo, mas sim "degradante". É um jogo de palavras. Pelo Código Penal – explicou a Sakamoto um representante do Ministério Público do Trabalho, Maurício Lima –, o trabalho degradante é análogo ao de escravo: "Na fazenda, há provas documentais de que as pessoas eram tratadas como animais."

Em 2010, dono de um patrimônio de R$ 6,9 milhões, Inocêncio declarou somente dois imóveis rurais: a Fazenda Reunidas Nossa Senhora da Conceição, por R$ 800 mil; e a Fazenda Cipoal, por R$ 496 mil. Sem especificar o tamanho. Nenhum gado.

Em 1998, porém, antes do flagrante no Maranhão, ele possuía seis bens rurais, que somavam mais de 7.362 hectares. Isso e mais 3.399 cabeças de gado bovino. Houve polêmica entre desembargadores a respeito das demais terras: se ele tinha vendido a fazenda no Maranhão, seria ou não obrigado a assinar um compromisso em relação a outros bens? A resposta foi não.

Inocêncio também já foi acusado de utilizar verbas públicas do Departamento Nacional de Obras Contra as Secas para a construção de poços artesianos. Onde ficavam esses poços? Em suas fazendas.

O IRMÃO DE PC FARIAS

Paulo Cesar Farias foi assassinado em julho de 1996. O irmão, o ex-deputado Augusto Farias (PTB-AL), chegou a ser apontado como suspeito da morte do tesoureiro de campanha de Fernando Collor de Mello. Mas o caso foi arquivado.

No caso do trabalho escravo, Farias está em piores lençóis. Em 2003, Augusto Farias e a irmã, Eleuza, foram denunciados por trabalho escravo no Pará. Os fiscais do Ministério do Trabalho encontraram

118 trabalhadores explorados em uma fazenda em Santana do Araguaia, no sul do Pará.

Segue uma lista de acusações em curso: formação de quadrilha, redução à condição análoga à de escravo, frustração de direito assegurado por lei trabalhista, aliciamento de trabalhadores, omissão de dados da carteira de trabalho, sonegação de contribuição previdenciária, destruição de floresta de preservação permanente, e de causar poluição mediante uso de fogo, destruindo significativamente a flora.

Outras acusações foram prescritas, diante da demora na Justiça. Ainda em 2003, Farias e Eleuza chegaram a ser presos pela Polícia Federal, por se recusarem a pagar R$ 477 mil de indenização aos trabalhadores. Eles estavam foragidos. Presos, foram libertados um dia depois, mediante um *habeas corpus*.

As terras de Farias são administradas pela empresa Santa Ana Agropecuária. Ela segue na lista suja do trabalho escravo. Em 2008, aparecia ainda na lista dos cem maiores desmatadores – pessoas físicas ou jurídicas – de todo o Brasil. A empresa levou uma multa de R$ 15,3 milhões por desmatar 3.064 hectares no Pará.

Em 2006, Farias declarou 4.356 hectares em Cumaru do Norte, também no Pará, por R$ 170 mil. O político ficou na lista suja entre 2004 e 2007. Ele foi indiciado pela CPI do Narcotráfico em 2000, quando era deputado, por suposto envolvimento com roubo de veículos e tráfico de armas. Para não ser cassado, renunciou ao mandato.

OS DOUTORES DO SUDESTE

Aos 88 anos, um dos políticos mais ricos do Congresso, o capixaba Camilo Cola (PMDB) teve 21 de seus trabalhadores libertados por equipes da Polícia Federal e do Ministério Público do Trabalho, em outubro de 2011. Eles estavam em uma fazenda do Complexo Agropecuária Pindobas, do Grupo Itapemirim. Cola é dono de uma fortuna de R$ 259 milhões.[169] Possui dezenas de imóveis rurais, empresa agropecuária etc.

A situação era a mesma encontrada nas regiões mais pobres do país: falta de água potável, esgoto a céu aberto, falta de eletricidade, comidas, roupas e remédios misturados no mesmo espaço.

O procurador Djailson Rocha, do Ministério Público do Trabalho, definiu a situação, ao jornal O Globo, como subumana: "É inconcebível que no século XXI existam pessoas trabalhando nestas condições, que não são humanas", disse.[170]

A desculpa do deputado foi a de sempre: trabalhadores eram de uma terceirizada – no caso, a Cute Empreiteira Ltda.

Do Espírito Santo vamos para Minas Gerais. Só que as terras do prefeito de Toledo, o agricultor Vicente Pereira de Souza Neto (PR), o Vicentão, ficavam em Vianópolis (GO). A fiscalização ocorreu em 2009. Dois adolescentes, de 16 e 17 anos, estavam entre os 21 trabalhadores libertados. Eles passavam fome e não tinham acesso a banheiro ou água potável.[171]

Vicentão declarou, em 2008, a posse de 298 hectares, em Toledo e em Munhoz (MG). Nada de Fazenda Santana, ou qualquer outra em Goiás. Os trabalhadores, por sua vez, saíram de Colinas, no Maranhão – conforme essa curiosa geografia do trabalho escravo. Não tinham descanso nos fins de semana nem em feriados. A atividade deles era a colheita de batatas.

Ainda em Minas Gerais temos o caso do prefeito de Unaí, Antério Mânica (PSDB). Em janeiro de 2004, ele foi acusado de mandar matar três auditores fiscais – e um motorista – do Ministério do Trabalho, justamente numa operação relativa a trabalho escravo. Falaremos do caso no capítulo "Mortos". Mas assinalemos a quantidade de terras do empresário: 10.424 hectares. Um latifundiário.

Mânica foi reeleito em 2008. Seu antecessor em Unaí, prefeito José Braz da Silva (PMDB), também teve seu nome incluído na lista suja, entre 2004 e 2008. Ele não pagou dez pessoas que trabalhavam na Fazenda Boa Esperança, em Canaã dos Carajás – e com isso mais uma vez voltamos ao Pará.

Braz da Silva concorreu com Mânica em 2008, mas perdeu. A Fazenda Boa Esperança aparece em sua declaração, mas na vizinha Curionópolis (PA), ocupando uma área de 2.092 hectares. A propriedade vale R$ 110 mil. Os trabalhadores eram ameaçados de morte caso denunciassem a situação.

E entre as grandes empresas do Sudeste, há algum caso? A empresa Coteminas entrou e saiu da lista suja, em 2009 – o TST decidiu que ela não fica na lista. A Coteminas é um dos maiores grupos têxteis do país. Fundada pelo vice-presidente José Alencar (1931-2011), ela é gerida, desde 2003, por Josué Gomes da Silva, filho de Alencar. Mas o pai também mandava.

Em 2007, 26 trabalhadores foram retirados de uma fazenda de eucaliptos do grupo, em Gaspar (SC). Extraíam madeira que alimentava fornos de uma indústria em Blumenau. Entre eles estava um adolescente. Oito não tinham registro em carteira. Alguns dormiam em camas sem colchões ou cobertas. Os banheiros eram insuficientes e com instalações inadequadas.

A Coteminas é signatária, desde 2005, do Pacto Contra o Trabalho Escravo. "Cometemos um erro de não termos ido lá para ver como a empresa administrava seus trabalhadores", disse Alencar a *O Globo*.[172] "Foi uma infelicidade. Aquilo foi mantido sem nossa observação. Mas, assim que soubemos, corrigimos." A empresa foi multada em R$ 90 mil.

SÃO PAULO E RIO

O caso mais famoso do Rio de Janeiro já vimos no capítulo "Famílias e clãs": a fazenda dos Piccianis em São Félix do Araguaia (MT). Caso seja a mesma declarada por Jorge Picciani (PMDB), ela possui 9.974 hectares. Ele foi presidente da Assembleia por oito anos. O filho mais velho, Leonardo, progrediu após o episódio: foi eleito deputado federal, presidiu a Comissão de Constituição e Justiça da Câmara e foi secretário de Administração do estado do Rio. O caçula, Rafael, virou secretário de estado da Habitação.

Um aliado dos Piccianis, o deputado estadual Noel de Carvalho (PMDB), também foi acusado, em 2003. Sete trabalhadores – "de uma firma terceirizada" – derrubavam eucaliptos em seu hotel-fazenda. Carvalho foi prefeito de Rezende e secretário de estado da Habitação. Cinco dos homens foram aliciados na favela Paraisópolis, de São Paulo. Ficaram presos a dívidas, registradas em uma caderneta.

Em São Paulo, dois políticos foram apresentados como exploradores de trabalho escravo. Um deles, o ex-deputado federal Beto Mansur (PP); outro, o ex-ministro Antonio Cabrera, que comandou, no governo Collor, a pasta da Agricultura e Reforma Agrária.

A Usina Cabrera, em Limeira do Oeste (MG), tinha como associada uma empresa norte-americana, a Archr Daniels Midland. Em 2009, foram resgatados 184 trabalhadores por trabalho exaustivo e perigoso, na Fazenda Bela Vista. Eles tinham de adquirir as ferramentas de trabalho, não tinham acesso a água potável e chegaram, em alguns casos, a trabalhar 33 horas seguidas.[173] Para os fiscais, havia risco "grave e iminente" para a saúde e a vida dos trabalhadores.

Cabrera disse que não viu nenhuma irregularidade. Falou de "propaganda enganosa e mentirosa" e classificou a legislação de "vaga e subjetiva". Para ele, tratava-se de "uma questão de interpretação".

O radialista Beto Mansur foi prefeito de Santos entre 1997 e 2004. Em 2005, suas fazendas em Bonópolis (GO), a Triângulo e a Terra Boa, foram fiscalizadas. O Grupo Móvel libertou 46 trabalhadores. Entre eles, 7 menores.

O patrão descontava R$ 10 por dia pelas refeições. Dormiam em chão batido, bebiam água suja, não tinham dia de folga. Um deles era encarregado de pulverizar veneno, sem máscara e sem luvas. Intoxicou-se.[174]

"É uma situação deplorável", avaliou Mansur após a divulgação do caso. "Os funcionários que estavam lá acabaram contratando mais gente para agilizar o serviço sem minha autorização."

O político pagou R$ 100 mil de imediato aos trabalhadores. Em 2010, ele registrou por R$ 2,76 milhões a propriedade rural em Bonópolis. Pouco perto de sua fortuna de R$ 16,2 milhões. Boa parte vem do gado: ele declarou 9.683 cabeças, no valor de R$ 6,67 milhões. Em 2006, eram 4.492 cabeças. O radialista é um dos "reis do gado" entre os políticos brasileiros.

Menos de um ano após a fiscalização, em 2006, Mansur foi eleito deputado federal. Não se trata de voto de grotões: Santos tem um dos melhores IDH (Índice de Desenvolvimento Humano) do Brasil, terceiro melhor no estado de São Paulo.

Segundo o jornal *Valor Econômico*, a região Sudeste teve, em 2010, o maior número de trabalhadores resgatados pelo Ministério do Trabalho: 1.079 casos, entre 3.769 em todo o país. Antes as investigações atinham-se às regiões Norte, Nordeste e Centro-Oeste.

EXCELENTÍSSIMOS SULISTAS

O Paraná é o principal alvo, no Sul, de operações contra o trabalho escravo. Em 2009, a Polícia Federal prendeu, por crimes ambientais, os donos da Madepar – uma empresa que, em 2011, entrou na lista suja. Mas os donos da Madepar não são políticos.

Ainda há poucos relatos envolvendo políticos do Sul. O ex-senador paranaense José Eduardo Andrade Vieira (PTB) foi acusado, em 1987, de utilizar trabalho escravo em fazenda do Grupo Bamerindus no Pará: a Barreira Branca, com 59 mil hectares, em Marabá. Ele foi ministro da Agricultura, Abastecimento e Reforma Agrária.

O sucessor de Andrade Vieira no ministério foi o catarinense Dejandir Dalpasquale. Ele faleceu em 2011. No início de 2001, os fiscais encontraram cerca de quarenta peões em uma fazenda do ex-senador, em Campos Lindos (TO), em condições análogas à de escravos.

Dalpasquale Filho disse à Agência Folha que não havia irregularidades: "Conforme eles faziam o serviço, eu pagava o gato e ele pagava o pessoal. Só que no último pagamento ele fugiu com o dinheiro."[175]

DOAÇÕES DE CAMPANHA

Não bastasse o envolvimento direto de políticos, empresas e pessoas físicas que estão ou estiveram na lista suja fizeram doações para a campanha eleitoral de diversos partidos. Vejamos algumas das doações mais significativas, conforme levantamentos feitos pela Repórter Brasil, ONG Contas Abertas e site Congresso em Foco:

- *R$ 300 mil.* A Siderúrgica do Maranhão (Simasa) doou esse valor para nove políticos de seis estados do Nordeste, em 2006. Marcelo Déda (PT) foi eleito governador de Sergipe. Os senadores José Maranhão (PMDB-PB) e Garibaldi Alves (PMDB-RN) foram derrotados nas candidaturas para governador. A Simasa se abastecia de carvoarias que mantinham 57 trabalhadores em condições subumanas.
- *R$ 252 mil.* A Companhia Siderúrgica do Pará, a Sidenorte Siderúrgica e a Siderúrgica Marabá doaram esse valor para a campanha de Ana Júlia Carepa (PT-PA) ao governo estadual, em 2006. Ela foi eleita. As empresas foram acusadas de comprar insumos de carvoarias que utilizavam trabalho escravo (inclusive de adolescentes e mulheres).
- *R$ 190,5 mil.* Acusada de explorar 73 trabalhadores, a Siderúrgica Marabá doou essa quantia para quatro políticos do Pará: deputados

federais Giovanni Queiroz (PDT) e Wandenkolk Gonçalves (PSDB); deputados estaduais Bernardete Caten (PT) e Wanderley da Silva Santos (PV).
- *R$ 79,8 mil.* Esse foi o valor da doação de Francisco Dantas Ribeiro Filho (PMDB-MA), o Fufuca, para a própria campanha de reeleição à Assembleia, em 2006. Ele esteve na lista suja, acusado de manter em sua fazenda 12 trabalhadores em condições subumanas. Ele tem várias propriedades rurais em Alto Alegre do Pindaré.
- *R$ 100 mil.* Cornélio Adriano Sanders, segundo tesoureiro da Associação Brasileira de Produtores de Algodão, entrou na lista por conta de sua fazenda em Uruçuí (PI). Em 2006, doou essa quantia para o deputado federal Júlio Cesar Lima (PFL-PI).
- *R$ 50 mil.* José Rodrigues dos Santos fez essa doação, em 2010, ao deputado federal Fábio Reis (SE): 12% do total arrecadado pelo candidato eleito. Em 2008, o doador teve 48 trabalhadores libertados das fazendas Ilha e Veneza, em Capinzal do Norte (MA).
- *R$ 37 mil.* O mesmo José Rodrigues dos Santos desembolsou essa quantia na candidatura a prefeito de Orlando Porto de Andrade (PTB), em Canindé de São Francisco (SE); em 2006, doou R$ 20 mil para Jerônimo de Oliveira Reis (PFL-SE), candidato à Câmara.
- *R$ 20 mil.* A Companhia Melhoramentos do oeste da Bahia possui fazenda em Formosa do Rio Preto (BA), onde foram resgatados 39 trabalhadores. A doação, em 2008, foi para a campanha de Manuel Afonso de Araújo à prefeitura.
- *R$ 18,75 mil.* O senador João Ribeiro (PR-TO), ele mesmo na lista suja, fez em 2006 doação para a campanha da filha, deputada estadual Luana Ribeiro (PR-TO).

UM BALANÇO DAS PROPRIEDADES

Existe uma proposta de emenda constitucional que prevê o confisco de terras onde for flagrado trabalho escravo. Em debate no Fórum Social Mundial de 2012, em Porto Alegre, a ministra Maria do Rosário, da Secretaria de Direitos Humanos, disse que a prioridade do governo federal em sua área era aprovar essa lei (PEC 438/2001), há mais de dez anos no Congresso. A PEC foi aprovada em maio. E seguiu para regulamentação.

Qual a quantidade de terras nas mãos de proprietários que já foram flagrados utilizando trabalho escravo? No caso dos políticos, com ajuda dos dados da Justiça Eleitoral, é possível fazer algum balanço.

Em janeiro de 2012, uma área urbana em São José dos Campos (SP) foi palco de um despejo violento: 2 mil famílias foram retiradas da ocupação Pinheirinho, em terreno de 130 hectares do especulador Naji Nahas.

Pois bem, somente na amostra deste capítulo temos mais de 102 mil hectares em jogo: mais de 780 vezes o tamanho da ocupação Pinheirinho.

Mortos

A questão agrária já foi definida[176] como "um desperdício de terras e homens".

Não são casos isolados. A morte de camponeses (sindicalistas, líderes sem-terra) e seus apoiadores no Brasil ocorre sistematicamente e faz parte de uma determinada lógica. Econômica e política. Entre 2001 e 2010, foram assassinadas no país 377 pessoas por conflitos no campo:[177] pistolagem, conflitos ambientais, questão indígena e quilombola, expulsão de posseiros.

Este capítulo trata de alguns casos emblemáticos: o assassinato da missionária Dorothy Stang em 2005, os massacres de Corumbiara e Eldorado do Carajás em 1995 e 1996, e, em passado não tão recente, a execução de líderes camponeses na Paraíba. Qual o papel dos políticos nesses episódios? Somente omissão?

Existem vários fios condutores entre as histórias. No caso dos massacres fica claro o abuso policial. Em vez de proteção, homens fardados (ou nem tanto) a serviço do Estado protagonizaram duas das maiores chacinas do país. Quem eram os governadores de Rondônia e do Pará em 1995 e 1996? A repercussão internacional pouco arranhou a imagem desses políticos. Um deles é senador.

A conexão com o capítulo anterior "Escravizados" é direta: o sociólogo José de Souza Martins observou em *Fronteira*[178] que, em 16,5% das fazendas em que se constatou trabalho escravo, houve também assassinato de trabalhadores que tentaram fugir.

No sul do Pará, o roteiro da violência passa pelo crime organizado. O tráfico de madeiras liga redes de "empresários" a fazendeiros e pistoleiros. Um dos nomes investigados em São Félix do Xingu é o de Leonardo Dias Mendonça – um dos grandes traficantes de drogas do país. Mas os relatórios policiais citam também um político que já presidiu o Senado: Jader Barbalho (PMDB).

Em Anapu, onde foi assassinada a irmã Dorothy Stang, um dos acusados de chefiar a máfia da Sudam é o próprio vice-prefeito, Délio Fernandes Neto (PRP) – ligado aos mandantes do crime.

O local dos crimes contra camponeses e seus defensores coincide com a fronteira agrícola brasileira – e com o arco do desmatamento, o arco do trabalho escravo. Se existe um arco da matança de camponeses no Brasil, existe também um arco da indiferença de prefeitos, deputados estaduais e federais (muitos deles proprietários de terra na região), governadores, presidentes e ministros.

CABRA MARCADO PARA MORRER

Em 1962, João Pedro Teixeira foi executado na Paraíba. Sua história virou filme: *Cabra Marcado para Morrer* (1984), de Eduardo Coutinho, é até hoje considerado o melhor documentário brasileiro. Teixeira era líder das Ligas Camponesas. A expressão "cabra marcado para morrer" foi cunhada pelo poeta Ferreira Gullar – e sintetiza, hoje, a situação de muitos brasileiros que desafiam quem tem poder, propriedades e prestígio.

Aguinaldo Velloso Borges foi o mandante do assassinato de Teixeira. Ele é avô do ministro das Cidades, o deputado licenciado Aguinaldo Veloso Borges Ribeiro (PP-PB). Quem conta a história do crime é Francisco de Assis Lemos, ex-militante das Ligas Camponesas e deputado estadual na Paraíba cassado pelo regime militar. Segue um trecho de seu livro sobre as Ligas:

No dia 2 de abril de 1962, João Pedro Teixeira, vice-presidente da Liga Camponesa de Sapé, foi assassinado com tiros de fuzil, na estrada, entre Café do Vento e Sapé. Os mandantes do crime foram: Aguinaldo Veloso Borges, Pedro Ramos Coutinho e Antônio José Tavares, conforme concluiu a pronúncia do Juiz Walter Rabelo em 27 de março de 1963.[179]

Borges era o sexto suplente para uma vaga de deputado na Assembleia Legislativa. Para não ser preso, ganhou imunidade parlamentar após a incrível renúncia sucessiva de seis políticos: um deputado e cinco suplentes da coligação UDN-PL.

Vinte anos depois, em 1983, era assassinada Margarida Maria Alves, em Alagoa Grande (PB). A líder sindical é homenageada na Marcha das Margaridas, que segue para Brasília de quatro em quatro anos, desde 2000, em defesa dos direitos das mulheres do campo.

Em livro sobre a camponesa, *A mão armada do latifúndio*, Sebastião Barbosa relata uma correspondência enviada por Margarida Alves ao dono da Usina Tanques: "Prezado senhor: recebi o seu recado que o Sr. Nicomedes Lucas me trouxe, dizendo que o senhor mandou dizer que eu, presidente do Sindicato, não criasse caso em propriedade da Usina, para meu próprio bem."[180]

O proprietário dessa usina – e de mais sessenta fazendas na região – era ele mesmo: Aguinaldo Veloso Borges. Nove dias após o assassinato, o jornal *O Norte* mostrava o poder político do usineiro, ao noticiar a chegada à Paraíba do deputado Paulo Maluf, então pré-candidato à presidência:

> Maluf desembarcou ontem, às 12h30min no Aeroporto Castro Pinto, para entendimentos com o governador Wilson Braga e com o usineiro Agnaldo Veloso Borges, que lidera um grupo de 3 deputados federais, cinco deputados estaduais, 50 prefeitos do interior do estado e controla pelo menos 10 de um total de 27 representantes da Paraíba no Colégio Eleitoral destinado a escolher o próximo presidente da República.[181]

Além do ministro homônimo, Veloso Borges deixou como herdeiros políticos a filha Virgínia Velloso Borges (PP), prefeita de Pilar; a deputada estadual Daniela Velloso Borges Ribeiro (PP), irmã de Aguinaldo Ribeiro; e o ex-deputado Enivaldo Ribeiro (PP), ex-prefeito de Campina Grande, casado com Virgínia. A filha do usineiro declarou ao TSE a posse de 7,22% da Usina Tanques. Pivô dos assassinatos de João Pedro Teixeira e Margarida Maria Alves, ela foi registrada por irrisórios R$ 1.210,28.

DOIS MASSACRES HISTÓRICOS

Corumbiara fica no leste de Rondônia. No dia 9 de agosto de 1995, pistoleiros e policiais (encapuzados) investiram contra um acampamento de sem-terra na Fazenda Santa Elina. Improdutiva, ela estava sendo ocupada por seiscentos camponeses. Pelo menos dez sem-terra e dois policiais morreram. Os sem-terra dizem que morreu muito mais gente. Alguns deles foram executados sumariamente. Um laudo confirmou a cremação de corpos no acampamento.

Em 2006, sobreviventes do massacre passaram vinte dias acampados na Esplanada dos Ministérios, em Brasília. Os trabalhadores sem-terra cobravam do presidente Lula a promessa, feita na época do crime, de indenizá-los. Com o Congresso ao fundo, cartazes indicavam o nome de cada pessoa assassinada por policiais e jagunços, em 1995. Cada nome era acompanhado da palavra "presente" – uma homenagem à permanência das vítimas como heróis.

Uma dessas faixas trazia a idade da pessoa assassinada: "Vanessa. Seis anos. Presente." Uma das versões diz que Vanessa recusou-se a pisar no corpo dos companheiros mortos. Ana Paula Gomes, de 5 anos, foi protegida pela mãe, junto com o irmão Marcos. Um jagunço (a fronteira entre policiais e pistoleiros era pouco clara) mandou a mãe, Maria das Graças, levantar e deu-lhe uma paulada. O marido, Geraldo, teve o braço ferido por uma motosserra.

Em 2006, Maria das Graças avisou a filha que iria a Brasília. Ana respondeu: "Mãe, não vai. Vai ter conflito." Conflito, não houve. Mas, sim, indiferença: os sem-terra não conseguiram falar com Lula, apesar da insistência. A promessa do candidato não foi cumprida pelo presidente. Eles se contentaram com um aceno do secretário (hoje ministro) Gilberto Carvalho. E voltaram para Corumbiara.

Um relato de Mônica Bergamo na revista *Veja*,[182] em 1995, mostra que três camponeses foram obrigados a comer miolos dos colegas mortos. As execuções e torturas eram o ápice da crueldade e desprezo manifestado pelos policiais:

> A lavradora Alzira Monteiro, 44 anos, conta que ouviu oito tiros. Um PM saiu da mata. "Matei dois, vou matar mais vinte", disse. Excitado, deu uma cotovelada na boca de Alzira. "Vocês são ratos, o fazendeiro tem dinheiro para comprar e matar todo mundo", gritou o PM no ouvido dela.

Fotos feitas por trabalhadores mostram que policiais estavam encapuzados, sem identificação e até mesmo sem farda.

O massacre de Corumbiara ficou menos conhecido que o de Eldorado dos Carajás, no sul do Pará, em 1996 – gravado por cinegrafistas e de ainda maior repercussão internacional.

No dia 17 de abril daquele ano, 19 sem-terra foram mortos pela Polícia Militar, no trecho da rodovia PA-150 conhecido como Curva do S. Eram 1,5 mil camponeses no local. Eles tinham decidido fazer uma marcha pela desapropriação de terras. A ordem do governador Almir Gabriel ao coronel Mário Colares Pantoja era "desobstruir a estrada". "Uma ordem é uma ordem", berrou ele ao militar, na noite anterior.

Em livro sobre o assunto, *O massacre*, o jornalista Eric Nepomuceno afirmou, diante de três anos de pesquisa, ter plena convicção de que pelo menos 10 entre as 19 pessoas foram mortas a sangue-frio, quando já estavam feridas ou rendidas. Ele diz que só viu brutalidade parecida quando cobriu a guerra civil em El Salvador, entre 1979 e 1983.

> As fotos que ilustram os laudos periciais dos cadáveres são um primor de barbárie: corpos mutilados, cabeças destroçadas. Foi como se não bastasse disparar contra alguém desarmado: era preciso mais. Era preciso desafogar uma fúria descontrolada e estabelecer de uma vez e para sempre qual era a punição que iria além da morte.[183]

Nepomuceno observa que quem disparou foram policiais que costumam "atuar a troco de tostões" na defesa de interesses de "fazendeiros, grileiros, ocupantes ilegais de terra, pequenos comerciantes". E que quem ordenou foi o governo estadual, "integrado por representantes de um sistema que há décadas é dominado, com nuances sazonais, pelos mesmos grupos e pelos mesmos interesses no estado do Pará".

O coronel Pantoja foi preso no dia 7 de maio de 2012, no mesmo dia em que teve sua prisão decretada pela Justiça do Pará. No dia 8 de maio, foi preso o major José Maria Pereira de Oliveira, também acusado de comandar o massacre. Pantoja foi condenado a 228 anos de prisão; Oliveira, a 158 anos. Eles aguardavam em liberdade o fim do processo, desde 2005, por conta de um *habeas corpus* concedido pelo Supremo Tribunal Federal.

OS POLÍTICOS E OS MASSACRES

Longe de terem sido os únicos, esses dois massacres – Corumbiara e Eldorado dos Carajás – tornaram-se emblemáticos dos crimes no campo na América Latina. Estão para os anos 1990 como a morte do seringueiro Chico Mendes (em 1988) para os anos 1980, ou a da Irmã Dorothy Stang, já neste século.

O presidente da República em 1995 e 1996 era Fernando Henrique Cardoso. Os petistas sempre associaram os dois episódios à era FHC. No caso de um massacre urbano cometido por policiais, não foi bem assim: diante dos 111 mortos no Presídio do Carandiru, em São Paulo, quem ficou marcado para sempre foi o governador, Luiz Antônio Fleury Filho (PMDB).

Fleury ficou conhecido como o "Marechal do Carandiru". Mas nenhum político ficou conhecido como "Marechal de Eldorado", ou "Coronel de Corumbiara". Igualmente, nenhum deles foi responsabilizado pelos desmandos jagunço-policiais. A federalização simbólica dos massacres tirou o foco dos governadores – Valdir Raupp (PMDB), no caso de Rondônia, Almir Gabriel (à época no PSDB), no caso paraense.

O catarinense Valdir Raupp é hoje senador. Declarou apenas uma propriedade rural, um lote de R$ 32 mil em Santa Luzia do Oeste. Em 1998, ele declarou 650 reses bovinas e um lote de 100 hectares em Rolim de Moura – a 254 quilômetros de Corumbiara. Não é um latifundiário, portanto. Embora, em outros países, o limite de propriedade de terras por pessoa seja bem menor que isso. No Japão, oito vezes menor: 12 hectares.[184]

Raupp responde no STF como réu em ação penal, acusado de desviar R$ 21 milhões de um convênio com o Ministério do Planejamento. Era parte de um valor maior, US$ 167 milhões, para gerenciamento dos recursos naturais rondonienses. O dinheiro para a execução do Plano Agropecuário e Florestal de Rondônia foi utilizado pelo Tesouro Estadual, em 1997 e 1998 (apenas dois anos após o massacre dos camponeses), para outros fins.

Em maio de 2011, um dos sobreviventes do massacre de Corumbiara, Adelino Ramos, o Dinho, foi morto com seis tiros. Ele estava sendo ameaçado por madeireiros.

O médico paraense Almir Gabriel (PTB), um ex-tucano com origem na Arena, não registrou posses rurais. Apenas dois terrenos –

tanto em 1998 como em 2006. Em novembro de 2006, porém, seu filho mais velho foi preso pela Polícia Federal "quando saía do sítio do pai", na BR-316. Marcelo Gabriel foi acusado de facilitar vitórias de empresas em licitações do governo estadual. Os dez detidos foram acusados de formar quadrilha e desviar cerca de R$ 9 milhões em fraudes.

Eric Nepomuceno lembra em seu livro que o empreiteiro Cecílio do Rego Almeida orgulhava-se de ser irmão de um senador. Rego Almeida (falecido em 2008) chegou a se apossar de 4,7 milhões de hectares no vale do rio Xingu. Somente em 2011, a Justiça Federal cancelou a matrícula do imóvel – grilado. O irmão de Cecílio era Henrique do Rego Almeida, "especialmente bem relacionado nos meios políticos da região amazônica, a começar por Almir Gabriel, duas vezes governador do Pará". Henrique foi senador pelo PFL[185] entre 1991 e 1995.

No primeiro semestre de 1995, lembra Nepomuceno, Almir Gabriel reuniu-se com o MST e prometeu que não trataria o tema da terra como questão de polícia. Em agosto, porém, criou a Delegacia de Conflitos Fundiários, "dedicada especialmente a tratar de ocupações promovidas pelo MST". O Ministério Público isentou o político de qualquer responsabilidade criminal no massacre – que vitimou, entre 19 pessoas, 13 dirigentes ou coordenadores do MST.

IRMÃ DOROTHY

Dez anos após o massacre de Corumbiara, a morte da missionária norte-americana Dorothy Stang ganhou as páginas de jornais em todo o mundo. Ela foi assassinada com seis tiros em Anapu – um dos municípios mais violentos do sul do Pará.

No dia 12 de fevereiro de 2005, ela foi abordada por Clodoaldo e Rayfran, perto do barraco de Cícero Pinto da Cruz, única testemunha do caso.

> Eles perguntaram se ela tinha alguma arma, e ela disse que a única arma dela seria sua Bíblia. Leu, então, uma passagem das Beatitudes: "Bem-aventurados os pobres de espírito...". Então, deu mais alguns passos e foi logo interrompida quando Cícero a chamou: "irmã". Quando

> Clodoaldo aprovou os disparos, Rayfran atingiu o abdome de Dorothy. Ela caiu de bruços. Rayfran atirou novamente em suas costas e depois deu quatro tiros em sua cabeça.[186]

Em artigo da revista *Época*, cinco anos depois, o jornalista Paulo Moreira Leite falou sobre a importância de uma nova testemunha no caso Dorothy, Roniery Bezerra Lopes. Ele era gerente de oito fazendas na região que o principal acusado de ser o mandante do crime – Regivaldo Galvão, conhecido como Taradão – dizia não possuir. Escreve Moreira Leite:

> O depoimento mostra que a morte de irmã Dorothy está longe de ser uma tragédia remota num lugar distante, mas tem relação com operações milionárias e ilegais que envolvem políticos e empresários do estado, suspeitos de usar terras griladas para promover fraudes e desviar recursos públicos dos cofres da Superintendência da Amazônia, a Sudam, hoje extinta.[187]

Roniery contou que recebeu diretamente de Laudelino Délio Fernandes Neto uma quantidade de cabeças de gado como pagamento de dívidas. Exatamente essas dívidas seriam a conexão dos lotes em Anapu à máfia da Sudam. É nessa rede que entra o nome de Délio Fernandes (PRP), vice-prefeito de Anapu.

Nascido em Minas Gerais, ele foi eleito, em 2008, na chapa do agricultor Chiquinho do PT. Aparece na Justiça Eleitoral como dono de 9 mil hectares. Ele declarou três áreas rurais de 3 mil hectares cada, na Gleba Bacajá, em Anapu. As três áreas foram registradas no TSE por mais de R$ 9 milhões.

Irmã Dorothy foi baleada precisamente nessa Gleba Bacajá – em um lote vizinho ao do vice-prefeito. Quem também comprou 3 mil hectares de terra por ali, por R$ 600 mil, foi Vitalmiro Bastos de Moura, o Bida, outro acusado de coordenar o assassinato da freira. Em depoimento, Roniery Lopes disse que o gerente das fazendas (em nome de laranjas) se chamava Dominguinho – que trabalhava para Taradão e que prestou serviços para o vice-prefeito Délio Fernandes: "Após a morte da religiosa, Vitalmiro esteve na fazenda de Délio, onde usou o telefone, ligando para sua mulher em Altamira, a quem solicitou um carro para apanhá-lo cedo na fazenda de Délio".[188]

Segundo a revista *IstoÉ*, Délio Fernandes Neto e Regivaldo Galvão "são velhos integrantes da chamada máfia da Sudam".

Foram indiciados pela Polícia Federal e denunciados à Justiça pelo Ministério Público Federal "por surrupiarem recursos públicos" dos cofres da Superintendência do Desenvolvimento da Amazônia, desviando recursos do Fundo de Desenvolvimento da Amazônia (Finam).

Segundo os sete procuradores da República que investigaram a fraude, cerca de R$ 132 milhões foram desviados pela quadrilha, que teria como um dos chefes o hoje deputado federal Jader Barbalho.

Ocorre que a Gleba Bacajá é área pública. Um auto publicado no *Diário de Justiça do Estado do Pará*, de 8 de julho de 2010, diz, com todas as letras, que o Instituto de Terras do Pará (Iterpa) informou, por meio de ofício, que a gleba "é de propriedade da União Federal, devidamente arrecadada e matriculada pelo Incra, na vigência da Lei nº 1.164/71".

Dorothy Stang foi assassinada no lote 55 da Gleba Bacajá.[189] O vice-prefeito Délio Fernandes declarou ao TSE possuir os lotes 56, 58 e 62. A regional do Pará da Comissão Pastoral da Terra (CPT) informou em nota, em 2010, que o lote 55 "estava na área de interesse do grupo de fraudadores da Sudam". "As negociatas em torno do lote são um exemplo claro de como agia a quadrilha de Regivaldo", resumiu a CPT.

A missionária fizera várias denúncias, em 2004 e 2005, contra Taradão, Bida e outros fazendeiros por "violência contra os trabalhadores, grilagem e desmatamento". Bida e Taradão foram condenados a 30 anos de prisão. Outro fazendeiro, Arnair Feijoli, foi condenado a 27 anos de prisão, por encomendar o crime. Os dois pistoleiros que executaram Dorothy pegaram 17 anos de prisão cada um. Em 2011, Bida obteve o direito de cumprir a prisão em regime semiaberto.

VIOLÊNCIA E CORRUPÇÃO

Em fevereiro de 2011, o Instituto Observatório Social publicou[190] um documento sobre o esquentamento de madeira ilegal no Pará. Uma pesquisa do Instituto do Homem e Meio Ambiente da Amazônia (Imazon) mostrou que um consórcio formado por empresários, políticos e funcionários públicos dava uma aparência legal à madeira – usada na produção de carvão, por sua vez utilizado como matéria-prima para produzir aço.

> Os comandantes do esquema são empresários que trabalham em sintonia com funcionários da Secretaria de Estado de Meio Ambiente do Pará, fiscais que usam o cargo para forjar documentos e esquentar carvão através de toras retiradas de terras indígenas e de áreas de preservação ambiental, muitas vezes com o uso de trabalhadores escravos.

O vice-prefeito de Anapu é mencionado como um dos mentores do esquema:

> Um dos chefes do esquema é o vice-prefeito da cidade de Anapu, Laudelino Délio Fernandes Neto, um dos líderes da máfia da Sudam, que desviou milhões de reais de projetos que deveriam beneficiar o desenvolvimento da Amazônia. É o mesmo escândalo que levou para a prisão o ex-senador Jader Barbalho, em 2002, e que nesse ano implodiu a candidatura à presidência da República da atual governadora do Maranhão, Roseana Sarney.

Segundo o Instituto, organização especializada em direitos trabalhistas, a então governadora Ana Júlia Carepa (a mesma que, em 2005, rasgou o relatório da CPI da Terra, indignada) enviou uma carta ao presidente do Ibama pedindo o afastamento do delegado que denunciara esse consórcio do crime:

> A intervenção da governadora junto ao governo federal foi pedida pelo próprio Délio Fernandes, que ameaçou: "ou deixam a gente trabalhar ou vai parar a exportação de gusa para fabricar aço". A justificativa que Ana Júlia usou para pedir o afastamento do funcionário do Ibama foi que ele era "contra o desenvolvimento da região".

Mas a rede de atividades no sul do Pará é ainda mais diversificada. Em agosto de 2003, o Ministério Público Federal enviou ao governo federal um relatório sobre a escalada do crime organizado na Terra do Meio. Seis "empresários" eram acusados de exploração ilegal de mogno e tráfico de drogas. Entre eles estava o megatraficante Leonardo Dias Mendonça. "O relatório vincula todos eles ao deputado federal Jader Barbalho (PMDB-PA), da base aliada do governo Lula", informou o jornal *O Estado de S. Paulo*.[191]

Ex-garimpeiro, Mendonça já foi definido pela Polícia Federal como o maior traficante de cocaína do país – hierarquicamente acima de Fernandinho Beira-Mar. Seu grupo teria uma estrutura semelhante à da máfia italiana. E utilizava a compra de terras e gado para lavar dinheiro. O traficante promovia rodeios em São Félix do Xingu e possuía uma fazenda em Tucumã.[192]

Segundo *O Estado*, o texto apontava como "nítida" a participação de Barbalho na exploração madeireira na região, especialmente do mogno. "O documento, ao qual *O Estado* teve acesso, deixa evidente a omissão das autoridades federais e estaduais na expansão da violência na região." O procurador-geral Cláudio Fonteles fizera o documento chegar às autoridades quase um ano e meio antes do assassinato de irmã Dorothy.

O relatório da Procuradoria-Geral apontava três eixos nessa máfia da terra. O primeiro, formado por fazendeiros e grileiros. Os chefes. O segundo eixo, a pistolagem. O terceiro, agentes públicos "responsáveis pela legitimação da grilagem e por conceder empréstimos e financiamentos com dinheiro público aos criminosos".

HISTÓRIA DO BRASIL

Assim como a grilagem, a morte de camponeses faz parte indissociável da história do Brasil. Em várias épocas houve massacres – como em Canudos (BA), no Contestado (SC), no Maranhão (a Balaiada), no Pará (Cabanagem).

Assassinado em dezembro de 1988 no Acre, Chico Mendes chegou a disputar eleição para a Assembleia. Quem visita a Fundação Chico Mendes, em Xapuri, pode ver adesivos de sua única candidatura política, em 1982. Era uma dobradinha com uma jovem seringueira chamada Marina Silva. Ela conseguiu romper o cerco: virou ministra do Meio Ambiente (pelo PT) e candidata à presidência da República (pelo PV).

Um ano e meio antes da morte de Chico Mendes, em junho de 1987, foi assassinado o ex-deputado estadual Paulo Fonteles (PMDB), advogado de camponeses do sul do Pará.

Segundo Paulo Fonteles Filho, a morte foi tramada na Fazenda Bamerindus, entre Xinguara e Paraoapebas. A ação, diz ele, "teve como intermediários e executores gente do antigo regime [militar] que vieram para a Amazônia organizar milícias no sentido de proteger a grande propriedade rural da 'ameaça' camponesa".

Fonteles Filho conta em seu blog que um coronel do Exército – e latifundiário – chegou a anunciar num jornal paraense que atentaria contra a vida do pai. Fonteles tinha uma lista com seis pessoas que morreriam. Todas foram assassinadas antes dele.

A CHACINA DE UNAÍ

Anos depois, ocorreria no Sudeste uma das ações mais explícitas de fazendeiros contra o Estado. No dia 28 de janeiro de 2004, quatro servidores do Ministério do Trabalho e Emprego foram assassinados em Unaí (MG): o motorista Ailton Pereira de Oliveira e três auditores fiscais do Trabalho – Eratóstenes de Almeida Gonsalves, João Batista Soares Lage e Nelson José da Silva.

Oito anos depois, os acusados não tinham ainda sido julgados. O acusado de efetuar os disparos chama-se Rogério Alan Rocha Rios. Outros cinco réus estão presos e podem ser julgados. Três estão em liberdade: Hugo Alves Pimenta, Antério Mânica e Norberto Mânica.

Antério Mânica (PSDB) foi eleito prefeito de Unaí, no mesmo ano da chacina e reeleito em 2008. Por conta disso só será julgado após os demais oito casos, e em foro especial. Nelson José da Silva tinha feito seguidas fiscalizações em sua fazenda. A viúva de Nelson, Helba da Silva, declarou ao portal iG, em 2012, que não ficou surpresa com a denúncia contra a família Mânica: "O Norberto Mânica, em uma fiscalização, chegou para ele com um chucho (instrumento utilizado para furar sacas de feijão) e disse: isso aqui também é bom para matar fiscal preto."[193]

Em entrevista à ONG Repórter Brasil, em 2007, Antério Mânica declarou-se inocente em relação à chacina. "De cada mil empresas rurais, não tem mais do que uma que tem o padrão que eu tenho", afirmou. Ele contou ter recebido R$ 37 mil em multas. "Se for ver todas as propriedades, tranquilamente estou dentro do contexto". O irmão Norberto é considerado o maior produtor brasileiro de feijão, o "rei do feijão".

A lista de bens enviada por Mânica à Justiça Eleitoral traz mais de 40 áreas rurais. Entre elas, as fazendas Cedro e Cachoeira, em Unaí, e a Fazenda Larga do São Bento, em Goiás. O prefeito possui uma fortuna de R$ 18,8 milhões. Apenas um sexto desse total, R$ 3,1 milhões, se refere aos bens rurais. No total, ele declarou 10.425 hectares.

A Fazenda Larga do São Bento, em Catalão, aparecia no noticiário de 2004 com outro dono: Marcelo Palmério, reitor da Universidade de Uberaba.[194] Ela também já apareceu em documento do Ministério da Fazenda com 3.872 hectares, bem mais que os 848 hectares assinalados por Mânica. E qual a notícia em relação à fazenda? Mais uma vez, trabalho escravo – 164 pessoas foram libertadas. A atividade, extração de madeira.

Mas o nome de Mânica não apareceu nessa notícia. Coincidentemente, um dos ex-prefeitos de Unaí, José Braz da Silva, chegou a constar da lista suja do trabalho escravo, por exploração de peões em uma fazenda em Parauapebas (PA).

Os fiscais de Unaí, em 2004, investigavam exatamente denúncias de trabalho escravo. Em novembro de 2008, Antério Mânica foi agraciado pela Assembleia Legislativa de Minas Gerais com a Medalha da Ordem do Mérito Legislativo.

DEPUTADOS E MANDANTES

Em Alagoas, os próprios deputados estaduais foram acusados de formar um consórcio para matar um cabo da PM, em 1996, numa estrada em Maceió. São eles Antônio Albuquerque (PTdoB), João Beltrão (PMN) e Cícero Ferro (PMN), além do ex-deputado federal Francisco Tenório (PMN).

Tenório foi preso dias após perder sua imunidade parlamentar. Em fevereiro de 2011, Beltrão e Ferro, não reeleitos, eram considerados foragidos. Albuquerque, vice-presidente da Casa, mantinha sua imunidade parlamentar – mas foi denunciado pelo Ministério Público.

A conexão com a questão agrária não é direta, mas existe. A trama teria sido elaborada em fazenda de Albuquerque, em Limoeiro de Anadia – considerado, ironicamente, um "curral eleitoral" do parlamentar.

Segundo o juiz do caso, Maurício Brêda, o PM foi morto por se negar a cometer um crime a pedido de João Beltrão. Quem revelou a trama foi o ex-tenente-coronel Manoel Francisco Cavalcante. Ele foi chefe da Gangue Fardada, que atuava em Alagoas, nos anos 1990, executando pessoas a mando de chefes políticos e de usineiros.

Albuquerque faria parte ainda, de acordo com a Polícia Federal, de uma organização que desviou R$ 300 milhões da folha de pagamento da Assembleia. O dinheiro foi usado na compra de fazendas, mansões, carros de luxo e como caixa de campanha, para a compra de votos. Ex-presidente da Assembleia, ele não se pronunciou sobre o caso.

Outros políticos ligados à questão agrária são acusados pela morte de brasileiros – não necessariamente camponeses.

Em Ulianópolis (PA), o marido da ex-prefeita Suely Xavier Soares, um pecuarista conhecido como Davi Madeireiro, chegou a ser preso pelo assassinato do deputado estadual João Batista, em 1988, mas foi libertado por falta de provas. Ele também é irmão da vereadora cassada Marta Resende (PTB).

Suely foi prefeita entre 2001 e 2008. Em 2004, Davi Resende Soares foi acusado de mandar matar o marceneiro Silvério Lourencine. A irmã Marta e o filho também estão entre os réus de um júri popular que julgará esse homicídio.[195] A família é acusada de comandar um grupo de extermínio no município.[196]

Davi e Marta chegaram a ficar foragidos da Justiça por esse crime. Segundo o *Diário do Pará*, as conexões de Davi Madeireiro chegam a Anapu, "com o consórcio que resultou na morte da missionária americana Dorothy Stang".

Em 2006, em Paragominas, 130 trabalhadores foram resgatados de fazendas de Davi Madeireiro. Mesmo assim, em 2010, ele impetrava um mandado de segurança contra a União e contra o presidente da República, por conta da criação da Reserva Extrativista Verde para Sempre.

ENTRE MORTOS E AMEAÇADOS

Mas voltemos aos camponeses. O deputado Josué Bengtson (PTB-PA) e seu filho Marcos foram denunciados pela Promotoria de Justiça Agrária (da 1ª Região do estado do Pará) por ameaças de morte contra trabalhadores rurais em Santa Luzia do Pará. Marcos Bengtson foi ainda preso, em 2010, acusado de mandar matar o sem-terra José Valmeristo Soares, em Santa Luzia do Pará.

Segundo o MST, a Fazenda Cambará faz parte de uma gleba federal chamada Pau de Remo e possui 6.886 hectares de terras públicas.[197] Bengtson possui somente 1,8 mil hectares com títulos. Ele entrou com ação possessória, mas a promotora de Justiça Ana Maria Magalhães e o Incra sustentam que as terras são públicas.

Paulista de Getulina, Bengtson é pastor evangélico, da Igreja do Evangelho Quadrangular. Ele declarou 3.850 hectares em Santa Luzia do Pará, pelo valor de R$ 67 mil – R$ 57 por hectare.

O filho Marcos está sendo acusado de assassinato. O próprio deputado, por ameaças. As ameaças de políticos a camponeses são o tema do próximo capítulo.

Ameaçados

Vamos agora falar de ameaças e conflitos. Em Roraima. No Maranhão. Em Mato Grosso do Sul. Em Minas Gerais. Entre os protagonistas, políticos. Estas são histórias que continuam de um país latifundiário. Depois dos capítulos sobre escravizados e mortos, temos os ameaçados. O Brasil terá novas vítimas?

Algumas destas histórias sobre ameaças ajudam a costurar as várias partes do livro. Há casos de grilagem, de roubo de madeira. Cenários que se repetem. Personagens que tecem teias familiares de perpetuação no poder.

A se pensar no quanto a palavra "coronelismo" sintetiza tudo isso. Neste país, muitos homicidas e senhores de escravos – os chefes da peonagem – tornam-se apenas "coronéis". Como coronéis (os originais) não são ilegítimos, a linguagem acaba amenizando situações de desafio explícito ao Estado de Direito.

As definições acadêmicas não são tão amenas. Victor Nunes Leal[198] descreveu as teias de violência (municipais, familiares) embutidas no conceito de coronelismo. Sérgio Buarque de Holanda mostrou em 1936[199] que o "homem cordial" está distante da polidez e civilidade que alguns imaginaram como característica do povo brasileiro.

Na linguagem popular, porém, os termos não traduzem a barbárie instituída – em muitos casos, protagonizada por políticos.

O fato cristalino é que o acesso à terra, no Brasil, está recheado de conflitos. As próprias declarações de bens dos políticos mostram isso. O prefeito e o vice-prefeito de Jucurutu (RN), do PSB e do PP, registraram a posse "pacífica" de terras no município potiguar. É um termo jurídico que, por oposição, presume a existência de violência.

Qual o limite entre uma posse legítima e uma grilagem?[200] O tamanho das terras é uma boa pista. Mas não somente. O posseiro utiliza a terra para sobrevivência. O grileiro explora economicamente a terra invadida. Em geral, não vive nela – e se utiliza de recursos ilícitos para legitimá-la.

Em 2008, o prefeito de Aripuanã (MT), Beto Torremocha (DEM), declarou a posse "precária" de um terreno de 150 hectares. Ele é madeireiro e milionário – possui um total de R$ 3,3 milhões em bens. Ainda no Mato Grosso, o prefeito de Carlinda (PV) registrou 2.144 hectares de "terras devolutas" em Jacareacanga, no Pará. Ele é conhecido por "Doutor Miranda" – nome difícil de imaginar para um posseiro.

O advogado "Doutor Adalberto" (PMN), vice-prefeito de Manga (MG), registrou 63 hectares no *assentamento* Somália, por R$ 844. Ele é dono de outro terreno rural – de 35 hectares – e de nove lotes urbanos. A prefeita de Nova Nazaré, a agricultora Railda Alves (PPS) declarou, por R$ 80 mil, "terras do Incra", no Projeto de Assentamento Estrela.

Nem todos os brasileiros têm a sorte que esses políticos tiveram – de não serem despejados, seja por reintegração de posse, por decisão judicial, seja por métodos violentos.

"JAGUNÇOS DO PREFEITO"

Comecemos com uma notícia da Assembleia Legislativa do Maranhão. Ela se refere a uma reunião promovida pelos deputados estaduais Luiz Pedro (PDT) e Janice Braide (PTB): "Luiz Pedro e Janice promoveram a reunião para tentar evitar um iminente confronto armado entre os trabalhadores rurais e jagunços do prefeito de Buriticupu, Antonio Marcos de Oliveira, o 'Primo' (PDT)."

"Jagunços do prefeito"? Num site oficial do Poder Legislativo do Maranhão? Exatamente. O cenário, Buriticupu – conhecida como a "cidade das madeiras".

Em 2009, Antonio Marcos de Oliveira chegou a ser preso pela Polícia Federal. Foi acusado de comandar os madeireiros que já devastaram 97% das florestas da região. Ele e a mulher, a professora de ensino fundamental Francisca Primo, são donos de uma serraria. Ela foi eleita deputada estadual[201] pelo PT, em 2010.

Primo foi preso após desacatar um delegado da Polícia Federal, durante a Operação Arco de Fogo, realizada pelo Ibama e pela Funai. Após a prisão, ele assinou um termo de compromisso e foi liberado.

Em 2008, Primo declarou à Justiça Eleitoral duas glebas de terras de 4.081 hectares. Essa é a área em litígio. Ele também possui terras em São Félix do Xingu (PA):[202] 3 mil hectares por R$ 30 mil. É mais um daqueles "políticos que migram" – mas sem abandonar sua base eleitoral.

Primo alega ter recebido as terras de uma empresa, a Ataguara Agropastoril Ltda. (2.020 hectares), e de um jornalista (2.061 hectares). Estes, por sua vez, teriam recebido as terras do ex-governador Luiz Rocha. O superintendente do Incra, Raimundo Monteiro, declarou o seguinte em relação às terras:

> Acontece que desde 1996 as terras nunca foram beneficiadas pelos titulares e naturalmente ocupadas por trabalhadores. Na área já existem investimentos do Pronaf (Programa Nacional de Fortalecimento da Agricultura Familiar), Banco do Nordeste e outros órgãos do governo federal.

Em outras palavras, o prefeito é acusado de grilagem. Ele entrou com uma liminar para despejar as 105 famílias de trabalhadores. Mas não somente: foi acusado de contratar pistoleiros para expulsar as pessoas de "suas terras", na divisa com Santa Luzia do Tide.

Foi quando os deputados Luiz Pedro (PDT) e Janice Braide (PTB) entraram em cena, para evitar o confronto com os "jagunços do prefeito", com uma reunião com o superintendente do Incra e representantes do Sindicato dos Trabalhadores Rurais. Ao menos dessa vez o conflito foi evitado.

Tanto o prefeito como o presidente da Câmara, José Mansueto de Oliveira Júnior (PSDB), foram acusados de ameaçar membros da Cáritas Brasileira. O cearense Oliveira é madeireiro e também foi preso, em 2009, durante a Operação Arco de Fogo. Hoje no PT, ele declarou duas fazendas. Uma delas, a menos valiosa, com 300 hectares.

Durante a Operação Arco de Fogo, o então ministro do Meio Ambiente, Carlos Minc, passou por Buriticupu. Minc não encontrou os dois políticos: Primo e Oliveira tinham sumido. Segundo a coluna de Jorge Bastos Moreno, em *O Globo*, Minc fez depois a seguinte declaração: "Poxa! Nesta cidade, se gritar 'pega ladrão', não fica um, meu irmão!"

MAIS CASOS MUNICIPAIS

Em Mogeiro, na Paraíba, 33 famílias de posseiros trabalhavam, em mutirão, quando foram surpreendidas, em janeiro de 2012, por quatro homens montados a cavalo. Eles estavam armados de revólver e espingardas.[203]

Segundo os trabalhadores, os homens disseram que o proprietário, César, ordenara que saíssem imediatamente do local, uma fazenda de 200 hectares, a Salgadinho. Se não o fizessem, atirariam. Alguns segundos mais e eles, de fato, atiraram. Cinco homens foram feridos. A denúncia do crime foi registrada em Itabaiana.

César é marido da vice-prefeita de Mogeiro, Maria Luiza Anjos (PMDB). Os dois começaram a reivindicar em 2007 a propriedade da fazenda – onde as 33 famílias vivem há mais de cinquenta anos.

Ao TSE, em 2008, Maria Luiza declarou a Fazenda Salgadinho por 133 hectares, "adquirida por herança". Os posseiros disseram que ela vendeu parte da propriedade para dificultar a desapropriação para fins de reforma agrária.

Em Porteirinha (MG), o prefeito Juraci Freire (PP) é dono de mais de 15 mil hectares – conforme longa lista de 36 bens rurais entregue à Justiça Eleitoral. Em março de 2011, a Liga dos Camponeses Pobres do Norte de Minas informou em comunicado, que famílias do acampamento da Fazenda Mulunguzinho tinham sido atacadas, semanas antes, por pistoleiros do "prefeito latifundiário":

> Os pistoleiros chegaram montados a cavalo atirando contra as famílias. No meio da confusão famílias inteiras se embrenharam no mato tentando fugir dos disparos. Os pistoleiros começaram a apontar armas diretamente contra as pessoas que ainda estavam nos barracos, amarrando alguns companheiros e companheiras, ameaçando colocar gasolina e fogo.[204]

Os camponeses ocuparam, em 2002, área que foi considerada improdutiva pelo Incra. Em 2009, uma decisão judicial – solicitada por Freire – motivou encerramento do processo de desapropriação. As famílias voltaram, mas foram ameaçadas pelos pistoleiros.

Um vídeo mostra que, durante a campanha eleitoral de 2008, o prefeito distribuía cimento e tijolos na área rural – caracterizando compra de votos. A lista de irregularidades atribuída ao político inclui trabalhadores sem carteira em sua empresa agropecuária e degradação de área de proteção permanente.

Em Lábrea (AM), os relatos de camponeses apontam violência do ex-prefeito de Guiomard Alves (AC), Celso Ribeiro. Ele é dono de um frigorífico e de uma fazenda de mais de 20 mil hectares, onde cria gado. Vimos no capítulo "O arco do desmatamento" que duas áreas da fazenda já foram embargadas pelo Ibama.

Em 2012, a repórter Ana Aranha informou que Ribeiro aparece em inquérito policial como mandante de ameaças feitas por quatro funcionários. As ameaças teriam começado em 2009, durante invasão da terra dos camponeses:

> "O Celso contratou uns 15 jagunços para ameaçar a gente", diz uma produtora que morava no local há mais de trinta anos e foi expulsa pela quadrilha. "Eles passavam atirando para cima, diziam que iam fazer nossa cabeça. Fizeram cerca e porteira para a gente não entrar na nossa própria terra e colocaram uma guarita com guaxeba [segurança] armado".[205]

Ribeiro não respondeu ao pedido de entrevista da repórter.

JAGUNÇOS DE DEPUTADOS

Será que esses casos só ocorrem com prefeitos obscuros de municípios pouco conhecidos? O título de notícia da agência Carta Maior, em janeiro de 2007, é bastante ilustrativo nesse sentido: "Pistoleiros expulsam sem-terra de fazenda do ex-deputado Janene".[206]

"Quarenta pistoleiros armados e encapuzados invadiram um acampamento do MST na Fazenda 3 Jota, em Guaravera, distrito de Londrina (PR), e expulsaram as 200 famílias acampadas no local desde setembro do ano passado", informava o texto. "A fazenda de 144 hectares pertence ao ex-deputado federal José Mohamed Janene (PP-PR)."

José Janene (PP-PR) tornou-se conhecido como beneficiário de R$ 4,1 milhões do esquema do mensalão, em 2005. Em 2006, o plenário da Câmara o absolveu das acusações. Ele faleceu enquanto este livro era produzido, em setembro de 2010.

Por conta da ação dos pistoleiros, duzentas famílias deixaram o acampamento. O MST ocupou as terras justamente por considerá-las fruto de corrupção – e que, portanto, deveriam ser destinadas à reforma agrária.

O assessor de imprensa do deputado negou, na época, que as famílias tivessem saído por conta de ameaças. Mas, segundo a organização Terra de Direitos, elas não eram inéditas. A última declaração de bens entregue à Justiça Eleitoral, em 2002, não registrava fazendas.

500 ANOS DE AMEAÇAS

A parcela de História do Brasil nessas narrativas dos últimos capítulos (de pessoas escravizadas, mortas, ameaçadas) pode ser sintetizada no caso de duas terras indígenas. Uma, a Raposa Serra do Sol, em Roraima. Outra, a Cachoeirinha, em Miranda, no Mato Grosso do Sul. Este estado é o líder em conflitos – e mortes – envolvendo indígenas no país.

A Cachoeirinha possui 36.288 hectares. Foi reconhecida, em 2003, como terra tradicional do povo terena. Mas, diante da demora na homologação, os indígenas sofrem constantes ameaças de despejo. Em 2010, uma decisão liminar do ministro Gilmar Mendes, do Supremo Tribunal Federal (STF), beneficiou o proprietário, o ex-governador Pedro Pedrossian.

Em abril de 2011, os terenas retomaram duas entre as fazendas na área ocupada pelos fazendeiros, a Charqueado e a Petrópolis. Nesta última, pertencente a Pedrossian (PMN, ex-Arena e PMDB), vinte pistoleiros davam tiros para o alto – e isto diante da presença da Polícia Militar.[207]

Os terenas tentaram retomar a área por três vezes, mas foram acuados pelos fazendeiros. Questões relacionadas a indígenas devem ser resolvidas pela Polícia Federal – mas os indígenas se veem às voltas com policiais civis, militares e até rodoviários. Em uma das ocasiões, na Fazenda Petrópolis, policiais militares os expulsaram, sem mandado de reintegração de posse.

Contra os índios, bombas de gás lacrimogêneo, balas de borracha e cães.

FAROESTE CABOCLO

Em Roraima, a situação esteve ainda pior. O campo de batalha foi organizado pelo agrônomo Paulo César Quartiero.

Ele perdeu a batalha contra a demarcação da reserva indígena Raposa Serra do Sol. De preso e foragido da Polícia Federal, ele se tornou deputado federal. Foi eleito em 2010, pelo DEM, com 19.145 votos (8,6% do total em Roraima).

Dono de um patrimônio de R$ 8 milhões (R$ 7,9 milhões em dinheiro), Quartiero defende o fim do Incra e do Ibama. Segundo o Incra, ele adquiriu terras ilegalmente também em Marajó. Em 2008, o Ibama o multou em R$ 30,6 milhões – e embargou 2,8 mil hectares da Fazenda Depósito, de sua propriedade. Ali ele plantava arroz, criava gado bovino e suíno. Para isso, aterrou lagoas e nascentes.

A revista *Época* o apresentou da seguinte forma em 2005:

> O político e plantador de arroz Paulo César Quartiero, um gaúcho de 52 anos, já conclamou a população a pegar em armas, pregou o separatismo do estado e quer fazer uma aliança com o presidente da Venezuela, Hugo Chávez, contra a suposta invasão americana no norte do Brasil. Tudo para se opor à reserva Raposa Serra do Sol – 1,75 milhão de hectares de território indígena homologado pelo governo federal em 15 de abril.[208]

A reportagem observava que ele era apontado pela Polícia Federal por crimes como sequestro de missionários, fechamento de estradas, invasão da Funai e destruição de casas de índios.

A desocupação da reserva foi determinada pelo Supremo Tribunal Federal em 2007. Mas o futuro deputado não arredou pé. Em maio de 2008, oito índios foram feridos a tiros por seguranças do prefeito; outro foi ferido a coronhadas. Os pistoleiros chegaram atirando, sem chance de defesa.

Dois dias depois, Quartiero foi preso, por porte ilegal de armas. Seria um revólver, uma pistola? Não exatamente. Segundo o superintendente da Polícia Federal em Roraima, foi encontrado em sua fazenda um "verdadeiro arsenal de guerra, com enorme poder de fogo".

O jornal *O Globo* teve acesso ao auto de prisão em flagrante, onde a PF listou o arsenal confiscado:

> Os agentes federais encontraram e apreenderam 149 tubos de material semelhante a papelão, contendo no interior substância similar a pólvora; sete papelotes semelhantes a estopins de bombas caseiras amarrados com arame fino, com pólvora e bombril no interior; [...] um vídeo que ensinava manuseio de arma e um manual de instrução para pistola Taurus. Foram encontrados ainda escudos com "palavras de guerra" escritas.[209]

CAMPO MINADO

O repórter Rodrigo Levino, da revista *Playboy*, localizou Quartiero quando ele estava foragido da Polícia Federal. Só sua mulher sabia de seu paradeiro. O jornalista descreveu da seguinte forma como foi recebido:

> Do alto da ponte de concreto o homem aponta ameaçadoramente sua lança. A camiseta sobre a cabeça, que ele usa como capuz, e o escudo feito de plástico injetado fazem com que se pareça com um guerreiro medieval. Ao seu redor estão outros trinta homens, entrincheirados entre sacas de arroz, armados com paus, espingardas, arcos e flechas.[210]

Levino contou que eles estavam ali para impedir que a Polícia Federal invadisse a vila Surumu, em Pacaraima, a porta de entrada da Raposa Serra do Sol. Durante a primeira resistência, uma bomba caseira atingiu o próprio filho do meio de Quartiero, Renato, então com 22 anos.

Os seguranças incomodaram-se com a presença do repórter e do fotógrafo. Um deles ordenou que os dois erguessem os braços. Foi quando, providencialmente para os jornalistas, surgiu Quartiero. Diante de sua ordem, as armas foram imediatamente baixadas.

O repórter descreveu as técnicas utilizadas ao contar que seis grandes rizicultores tinham se instalado na região:

> O mais determinado deles é Paulo César Quartiero. À frente de um grupo de quarenta homens, ele organizou a resistência. A insurreição usa de táticas de guerrilha, com pontes queimadas, estradas minadas, bombas caseiras como a que atingiu Renato e até um inusitado (para os padrões brasileiros de reação) carro-bomba estacionado em frente ao posto da PF em Pacaraima, numa tentativa frustrada de atentado.

Segundo o repórter da *Playboy*, Quartiero negou que tivesse alguma coisa a ver com tudo isso. "Mas não foram poucas as vezes em que declarou que só sairia de lá morto", escreveu Levino.

Não saiu morto – mas foi eleito para a Câmara dos Deputados.

A despedida dos jornalistas de seus domínios foi antológica: "Quando a reportagem se despede para voltar a Boa Vista já é noite alta. É quando Quartiero diz sua última frase em tom de advertência: 'Nos próximos cem metros dirijam pelo lado esquerdo da estrada, porque o direito está minado'."

DE NOVO, O PARÁ

O lado direito da estrada reapareceu no Pará em 2012. Mais precisamente, na Ilha do Marajó. Foi o município de Cachoeira do Arari o local escolhido pelo deputado para levar sua produção de arroz – feita com agrotóxicos e grande volume de água.

Quartiero comprou em 2010, por R$ 4 milhões (metade de seu patrimônio), uma área de 12 mil hectares. Deixou de ser um "sem terra". Antes o deputado tentou levar suas plantações para a Guiana.[211]

A região é focada na pesca, na pecuária, no extrativismo. Os moradores (pescadores, ribeirinhos, quilombolas, trabalhadores rurais) temem, segundo a *Folha de S.Paulo*, que a rizicultura prejudique o ambiente.

O primeiro atrito veio com as cercas, fincadas num pequeno rio. Os pescadores, prejudicados, questionam o limite da propriedade. Quartiero diz que permite que eles pesquem nos lagos da fazenda – onde fica o cemitério de Cachoeira do Arari.

Mesmo com o novo Código Florestal, essa área à beira-rio não poderia ser ocupada. O Incra informa que ela é da União. Mas quem se importa?

DE NOVO O TARÁ

CONCLUSÕES

Nem todo político brasileiro é responsável pelo massacre de camponeses ou pela exploração de trabalhadores como escravos. Ou pela destruição da Amazônia. O que procuramos evidenciar aqui são os fios condutores de uma história que é, também, essencialmente política.

Ela passa pela ocupação progressiva do território (inclusive por grilagem) pelas elites latifundiárias; passa pela dizimação sistemática de nossos biomas (e não somente da Amazônia) por esses mesmos proprietários; passa pela exclusão de milhões de brasileiros do acesso às riquezas do país.

Mostramos também que essa história política é também uma história de políticos. Eles possuem – literalmente – um pedaço significativo do Brasil. Quando não têm, pactuam com quem tem. Esses políticos constituem uma rede familiar de propriedades. A rede começa no poder local, nas prefeituras, e se estende até os corredores de Brasília, configurando o que os italianos chamam de partido transversal.

Embora seja essencialmente uma reportagem, escrito por um repórter, este livro levanta a tese de que não existe apenas uma bancada ruralista no Brasil. Ainda que essa bancada deva ser mais discutida, detalhada, esmiuçada, compreendida, esse termo, isoladamente, não dá conta da realidade mais complexa e dinâmica das propriedades de terras por políticos.

Temos, sim, mais do que uma bancada – mas um sistema político ruralista. O sociólogo Octavio Ianni consagrou em título de livro a expressão "origens agrárias do Estado brasileiro". As informações contidas neste livro mostram algumas das consequências desse fenômeno. Poderíamos falar, citando Ianni, em estruturas agrárias da política brasileira?

CINCO FACES DO BRASIL

Em uma boa reportagem os dados devem falar por si só. Mas convidamos o leitor a observar as conexões entre as várias partes do livro. A "marcha para o Oeste" de políticos do Sul não pode ser pensada sem a extrema coincidência com os arcos da maldade que caracterizam o nosso território: arco do desmatamento, arco do trabalho escravo, o arco da morte de camponeses.

A expansão das fronteiras agrícolas – que forma esses arcos – é e sempre foi estimulada por governos. Individualmente, ou em blocos (partidários inclusive), os políticos participam diretamente dessa ocupação.

A extensão dessa posse do território brasileiro precisa ser detalhada. A Justiça Eleitoral não reúne os dados como deveria. Eles estão dispersos nas declarações de bens. Para levantá-los tivemos de confrontar várias declarações – e, mesmo assim, muita coisa ficou de fora.

Outras fontes mostram que há centenas de milhares de hectares nas mãos de políticos sem que o TSE informe isso ao eleitor. E cada brasileiro tem o direito de saber quanto cada homem público possui do território nacional.

Essa caixa-preta não é privilégio dos políticos. A bagunça no registro de terras é tamanha que, em abril de 2012, Incra e Receita Federal decidiram fazer um pente-fino nos registros de terra do país – e criar um Cadastro Nacional de Imóveis Rurais.

O capítulo sobre partidos também merece uma reflexão. Quase todos eles compõem o que estamos chamando de sistema político ruralista. A migração partidária apenas troca seis por meia dúzia. Mesmo partidos que surgiram em oposição a essa lógica, como o PT, começam a ser tomados pela lógica dos proprietários. PPS e PDT que o digam.

A existência do deputado Aldo Rebelo (PCdoB-SP) basta para demonstrar que não é necessário ser proprietário de terra para defender os donos do Brasil. O parlamentar ficou conhecido pela relatoria do novo Código Florestal – esse que anistia proprietários que desmataram até 2008 e amplia a porcentagem legal de áreas que podem ser desmatadas.

Que se faça justiça, porém: toda a bancada do PCdoB, do alagoano Aldo à gaúcha Manuela, votou a favor das mudanças no Código Florestal, na primeira votação do projeto na Câmara, em 2011.

UM DIA EM BRASÍLIA

Mas Aldo Rebelo fez mais. Foi ele quem mandou prender centenas de sem-terra em Brasília, em junho de 2006. Ele era presidente da Câmara quando chegaram os primeiros ônibus do MLST (Movimento de Libertação dos Sem-Terra). Eles vinham de várias regiões brasileiras. Pretendiam chegar ao Salão Verde, legalmente, mas foram barrados na porta da Câmara.

Diante da tensão com os seguranças da Casa, as lideranças perderam o controle e, no início da tarde, dezenas de camponeses invadiram o Congresso. Alguns deles depredaram bens públicos: quebraram janelas, portas e mesas e viraram um automóvel que estava no saguão da Câmara. Um servidor foi agredido.

Em vez de punir as lideranças, ou quem especificamente cometeu crimes contra o patrimônio, Brasília assistiu à instalação de um regime de exceção. O deputado comunista mandou prender centenas de pessoas que estavam no gramado. Inclusive as que estavam em ônibus que chegaram *depois* do episódio. Até ambulantes foram presos. O critério era estar no gramado. Todas essas cenas eu testemunhei, diante dos monumentos desenhados por Oscar Niemeyer.

Entre esses brasileiros presos e levados ao Ginásio Nilson Nelson estavam crianças e adolescentes. Cada um deles ouvia dos policiais o mesmo, ao entrar no ônibus: "Entra, abaixa a cabeça e senta". Sem a presença de Conselheiros Tutelares ou assistentes sociais – ao arrepio da lei.

Era o fim da tarde apenas. À uma hora do dia seguinte, os adolescentes estavam sentados em uma delegacia, passando frio. As roupas de frio seriam levadas não pelo poder público, mas por vizinhos da delegacia.

As crianças estavam com as mães, no ônibus. Todos com fome. O delegado me disse: "Você quer que eu faça o que, encomende lanches do McDonalds? Que eu leve todos para o sofá da minha casa?"

A imprensa não viu nada de estranho em tudo aquilo – apenas ficou indignada com a ação (abusiva) dos camponeses. No ginásio, jornalistas em rodinhas chamavam os sem-terra de "animais". Um deles contestou: "Não. Animais não fazem isso. Esses sem-terra não podem nem ser chamados de animais."

CASO DE POLÍCIA

Meses depois, a alguns metros dali, na Esplanada dos Ministérios, os sobreviventes de Corumbiara mendigavam uma audiência com o presidente Lula. Não foram recebidos. A Ilha da Fantasia, Brasília, não estimula as reivindicações populares – e depois se assusta quando camponeses tentam chegar sem terno e gravata ao Salão Verde, ocupado pelos latifundiários.

Ou seja: torna-se impossível não mencionar o presidente Washington Luís e sua famosa frase: "Questão social é caso de polícia". De fato: oitenta anos depois, questão agrária ainda é caso de polícia. De 1930 para cá, o modo como políticos tratam os camponeses pouco mudou.

Essa desigualdade histórica é perpetuada pela desinformação e pelo sistema eleitoral. O território brasileiro tem poucos donos.

Este livro tentou mostrar com mais detalhes alguns motivos para que ainda exista esse descaso – e essa violência.

A dos mortos e escravos.

A dos acampados, assentados, ameaçados.

E a da floresta que pega fogo.

NOTAS

1. *Estado de Minas*, 22 de janeiro de 2009: "Newton Cardoso nega empresas em paraísos fiscais".
2. Paraguai, diga-se, onde três políticos brasileiros possuem mais 830 hectares; dois deles declararam ainda fazendas na Bolívia – 4.094 hectares – e em Portugal – 4.735 hectares.
3. Gilberto Freyre, *Sobrados e mucambos*, Rio de Janeiro, Record, 1996, capítulo 1, p. 8.
4. Os dados do Incra diferem daqueles do IBGE. Em abril de 2012, o coordenador de cadastro rural do Incra, Evandro Cardoso, disse que há situações em que o dono declara à Receita uma área menor do que possui, para pagar menos imposto; e, ao Incra, uma área maior, para deter maior território.
5. O Supremo Tribunal Federal confirmou a condenação, mas também o direito do agricultor se manter deputado. A Lei da Ficha Limpa só valerá para ele a partir das eleições de 2012.
6. Onze são do PT, 4 do DEM, 2 do PDT, 2 do PMDB, 2 do PP, 2 do PR, 2 do PSDB, 2 do PTB; PPS, PSC, PSL, PTdoB e PV têm um cada.
7. Vale reiterar que não estamos aqui levando em conta os imóveis urbanos. São terras *rurais*.
8. O orçamento do Incra para a reforma agrária em 2010 era de R$ 600 milhões.
9. Agência Senado, 26 de março de 2009.
10. *Folha Online*, 22 de março de 2008.
11. Site Repórter Brasil, 13 de junho de 2008. Shidney Rosa, outro dos 31 políticos megalatifundiários, também aparecerá no capítulo "Escravizados".
12. Portal GP1, 28 de outubro de 2010.
13. *Piauí Hoje*, 4 de maio de 2011.
14. Lembramos que o total nacional de terras dos prefeitos localizadas em outras Unidades da Federação é de 262 mil hectares.
15. Pouco muda no caso dos congressistas e deputados estaduais. Entre 80 mil hectares que eles possuem em outros estados, 34 mil hectares ficam na Amazônia Legal. O oposto segue não ocorrendo: somente 1,2 mil hectares localizados fora dessa região pertencem a prefeitos que nela residem.
16. Deputados chegaram a intervir para evitar confronto armado entre trabalhadores rurais e "jagunços do prefeito". A história está no capítulo "Ameaçados".
17. Discutiremos na segunda parte do livro ("O dinheiro") o valor das terras declaradas pelos eleitos.
18. A cifra inclui a propriedade de 82 asininos (burros, mulas).

[19] O Pará tem 143 municípios, mas o site do TSE não tinha informações sobre um dos prefeitos.
[20] Em 2010, os deputados declararam mais 3.670 cabeças. Em 2009, o Pará tinha cerca de 19 milhões de cabeças de gado bovino e bubalino.
[21] Município desmembrado de São Domingos do Capim.
[22] Antônio Carlos Magalhães, *Jader Barbalho: o Brasil não merece*, Salvador, s. n., 2001 (edição do autor).
[23] *Veja*, 25 de outubro de 2000.
[24] *O Globo*, 22 de janeiro de 2011.
[25] *Veja*, 27 de junho de 2001.
[26] *Jornal do Brasil*, 1º de outubro de 2001.
[27] *Folha de S.Paulo*, 20 de junho de 2001.
[28] *IstoÉ*, 13 de junho de 2001.
[29] STF, 10 de dezembro de 2006.
[30] *O Liberal*, 19 de março de 2006.
[31] *Folha do Meio Ambiente*, 1º de agosto de 2001.
[32] *Folha de S.Paulo*, 29 de outubro de 2009.
[33] Os diminutivos não são incomuns na política brasileira. Segundo Sérgio Buarque de Holanda, nos familiarizam mais com as pessoas e, ao mesmo tempo, lhes dão mais relevo (*Raízes do Brasil*, São Paulo, Companhia das Letras, 26. ed., p. 148).
[34] *Folha do Amapá*, 13 de maio de 2005.
[35] Agência Estado, 26 de maio de 2010.
[36] Entrevista ao site www.vermelho.org.br, em 11 de julho de 2011.
[37] José de Souza Martins, *A política do Brasil Lúmpen e Místico*, São Paulo, Contexto, 2011, p. 128 e 134.
[38] Site da Assembleia Legislativa do Estado do Maranhão.
[39] Victor Asselin, *Grilagem: corrupção e violência na terra dos Carajás*, São Paulo, Vozes, 1982.
[40] Jacinta de Fátima Souza Rolim, *A formação da estrutura agrária capitalista em Porangatu – GO*, estudo de caso, 2008.
[41] *O Estado do Maranhão*, 25 de junho de 2010.
[42] Blog do Itevaldo, 14 de maio de 2010.
[43] *Jornal Pequeno*, 8 de fevereiro de 2011. Teles declarou, em 2006, a posse de 1.389 hectares em Barra do Corda.
[44] O *Diário Oficial do Estado do Piauí* publicou em março de 2009, no entanto, um edital que mostra a posse, por Moura e sua mulher, da fazenda Ferrugem, em Nova Santa Rita. O imóvel com área de 828 hectares estava sendo desapropriado pelo Incra.
[45] *O Estadão do Norte*, 6 de setembro de 2005.
[46] *O Observador*, 31 de agosto de 2005.
[47] Vimos no capítulo "Latifundiários" que apenas 18 políticos declararam R$ 209 milhões em terras sem tamanho definido.
[48] Site Século Diário, 30 de agosto de 2010.
[49] Portal G1, 6 de outubro de 2011.
[50] Ele já informou ao TSE ser engenheiro, advogado e, em 1998 (quando foi eleito para a Câmara dos Deputados), "empresário e produtor de espetáculos públicos".
[51] *O Estado de Minas*, 11 de janeiro de 2010.
[52] Portal UAI, 22 de janeiro de 2009.
[53] *Folha de S.Paulo*, 10 de agosto de 2007.
[54] *O Estado de S. Paulo*, 24 de julho de 2007.
[55] *Veja*, 20 de junho de 2007.
[56] *Folha de S.Paulo*, 4 de janeiro de 2008.
[57] *Folha de S.Paulo*, 23 de agosto de 2007.
[58] Site do Senado Federal (senado.gov.br), 19 de maio de 2007.
[59] Agência Estado, 25 de junho de 2007.
[60] Portal UOL, 6 de fevereiro de 2011.
[61] *Folha de S.Paulo*, 15 de dezembro de 2002.
[62] Rádio Aliança, 8 de julho de 2010.
[63] Paulo Maluf é procurado internacionalmente desde março de 2012, pela Interpol, mas por outros motivos. Em 2007, teve a prisão decretada pela Justiça dos Estados Unidos, pelos crimes de conspiração, auxílio na remessa de dinheiro ilegal para Nova York (US$ 11,68 milhões) e depois Inglaterra,

Suíça e Ilha de Jersey. A origem seria o desvio de dinheiro público nas obras da Avenida Água Espraiada (atual Avenida Roberto Marinho), em São Paulo. Por meio de sua assessoria de imprensa, Maluf nega sistematicamente ter conta no exterior. Se pisar em solo estrangeiro, porém, vai preso.
64 *Veja*, 16 de setembro de 2009.
65 *The New York Times*, "Relentless Foe of the Amazon Jungle", 17 de setembro de 2003.
66 CorpWatch, 16 de dezembro de 2004. Disponível em: <http://www.corpwatch.org/article.php?id=11756>. Acesso em: fev. 2005.
67 *Diário Oficial*, 2 de março de 2011.
68 *Época*, 12 de junho de 2006.
69 Três ativistas da organização foram presos pelos seguranças (que se intitulam "polícia do Senado") quando tentavam entregar a faixa à senadora.
70 O termo merece ser colocado entre aspas pela sua carga de *marketing*; nem sempre aqueles apresentados como "representantes do setor produtivo" têm larga eficácia, em um país com muitos latifúndios improdutivos.
71 Naquele momento eu produzia a série de reportagens "Câmara Bilionária", que deu origem a este livro, publicada em 16 jornais filiados à Associação Paulista de Jornais. A série foi finalista do Prêmio Esso (categoria Interior) em 2007.
72 Ver capítulo "Pará: onde vale tudo".
73 Embrapa, 26 de fevereiro de 2009.
74 *Folha de S.Paulo*, 12 de abril de 2006.
75 *Folha de S.Paulo*, 9 de julho de 2010
76 Búfalos foram incluídos, pois muitos políticos declararam os dois no mesmo item, "bovinos e bubalinos". A quantidade de búfalos é pequena em relação ao total.
77 A palavra "animais", por outro lado, costuma ser utilizada em outra situação: nas declarações para equinos e asininos.
78 Quase todas as 9.176 mil cabeças de caprinos (8.577) e quase todas as 8.378 mil cabeças de ovinos (8.027) pertencentes a políticos, conforme este levantamento, foram declaradas por políticos nordestinos. Outros políticos declararam 9.134 cabeças de um total de 9.336 "caprinos e ovinos" – declarados juntos. No caso dos suínos, houve larga vantagem dos políticos do Sul: 8.500 em relação a um total de 9.973 cabeças.
79 É comum que políticos muito ricos sejam escolhidos como suplentes para o Senado. Em boa parte eles são financiadores de campanha.
80 Congresso em Foco, 9 de julho de 2010.
81 Rede Agro, 18 de novembro de 2011.
82 Blog do Dener Giovanini, no Estadão, 3 de outubro de 2011.
83 Vale lembrar aqui informação fundamental do capítulo "Donos do Brasil": 36,4% das terras declaradas pelos políticos não tiveram seu tamanho especificado.
84 Ver capítulo "Um Brasil muito particular".
85 Apenas atualizo DEM no lugar de PFL e PR no lugar de PL.
86 O tema é objeto de uma pesquisa acadêmica, em curso, por uma das orientandas de Oliveira na pós-graduação da USP; a Universidade Federal Fluminense também pesquisa o agrarismo na política brasileira.
87 Rede Brasil Atual, 3 de março de 2011.
88 Capital do Jericó, 5 de janeiro de 2008.
89 Ela fica para o capítulo "Famílias e clãs".
90 A experiência paranaense inspiraria um grupo do PCdoB, mais de 15 anos depois, na Guerrilha do Araguaia. Pedro Pomar foi o elo entre os dois conflitos.
91 José Gomes da Silva, *Buraco negro: a reforma agrária na Constituinte*, Paz e Terra, Rio de Janeiro, 1989.
92 Desde junho de 2011 ele é diretor-geral da FAO (Organização das Nações Unidas para Agricultura e Alimentação).
93 *Telecatch* era uma espécie de MMA da época, uma luta livre, mas em tom de farsa.
94 Deputado João Alfredo Telles Mello (org.), *Reforma agrária quando? – CPI mostra as causas da luta pela terra no Brasil*, Brasília, Senado Federal, 2006.
95 Os dados do Ibama sobre crimes ambientais são um dos temas do capítulo "O arco do desmatamento".
96 Nesta parte coloco o partido em que os políticos estavam na época das votações.
97 Em 2011, o site Congresso em Foco informou que um em cada dois deputados possui laços de parentesco com outras figuras da vida pública brasileira; PMDB, DEM e PP são os partidos com mais políticos com esse perfil.

[98] O deputado não especificou quantos hectares possui. Em 1998 ele declarou somente um sítio e uma fazenda e 200 hectares, que somavam um patrimônio total de R$ 520 mil. Em 2010, após alguns mandatos sucessivos na Câmara, ele tinha R$ 9,7 milhões.

[99] Em um caso clássico de *vendetta* à brasileira, Arnon mirou no plenário o senador Silvestre Péricles, também alagoano. Mas acabou atingindo no peito o senador José Kairala, do Acre. Ele não foi punido. No dia 4 de dezembro de 2010, o *Jornal do Brasil* descreveu o episódio da seguinte forma: "Naquele quatro de dezembro, a tribuna do Senado Federal, em Brasília, parecia uma região de batalha entre dois cangaceiros engravatados oriundos das terras áridas do sertão de Alagoas".

[100] *Folha do Leste*, 15 de janeiro de 2011.

[101] Blog do Sakamoto, 31 de agosto de 2011.

[102] O irmão de Acir, Airton Gurgacz (PDT), é vice-governador de Rondônia.

[103] *Veja*, 14 de janeiro de 1998.

[104] *O Imparcial*, 16 de fevereiro de 2011.

[105] *Jornal Pequeno*, 8 de fevereiro de 2011.

[106] *Folha de S.Paulo*, 13 de março de 2011.

[107] Já vimos Primo no capítulo "Pará: onde vale tudo", pois ele tem 3 mil hectares de terras em São Félix do Xingu. E o veremos no capítulo "Ameaçados".

[108] Portal Correio, 11 de abril de 2010.

[109] Falaremos dele no capítulo "Mortos", sobre a morte de camponeses.

[110] *IstoÉ*, 6 de julho de 2011.

[111] *Diário Oficial do Estado do Piauí*, 23 de abril de 2009.

[112] O mesmo vale para o capítulo "Um Brasil muito particular".

[113] Victor Nunes Leal, *Coronelismo, enxada e voto*, Rio de Janeiro, Forense, 1949.

[114] Originalmente publicado em 1994 com o título *O poder do atraso*, o livro foi reeditado em 2011 pela Editora Contexto (São Paulo) e ganhou novo título.

[115] As denúncias do irmão Pedro Collor tiveram um papel decisivo nas investigações que levaram ao pedido de *impeachment* do presidente – e sua renúncia. Mas, como não se relacionavam a bens rurais, fogem ao objeto deste livro.

[116] *Folha de S.Paulo*, 6 de setembro de 2006.

[117] Moreira não foi eleito. Ele declarou possuir 12.438 hectares de terras.

[118] Portal G1, 2 de maio de 2011.

[119] Repórter Brasil, 20 de janeiro de 2010.

[120] Site do MST, 26 de outubro de 2009.

[121] Portal UOL, 22 de agosto de 2011.

[122] Mais da metade da verba utilizada (R$ 1 milhão de R$ 1,89 milhão) foi para Paulo Skaf, presidente da Federação das Indústrias do Estado de São Paulo e candidato do PSB derrotado na corrida para o governo paulista.

[123] Durante a Constituinte, como vimos no capítulo "A hora da votação", alguns deputados se consideravam impedidos de votar certas questões, mas no caso da reforma agrária não houve pudor.

[124] *Gazeta do Povo*, 16 de março de 2009

[125] *Bem Paraná*, 2 de junho de 2009.

[126] *Valor Econômico*, 26 de julho de 2010.

[127] *O Globo*, 21 de dezembro de 2011.

[128] Não foi possível identificar o parentesco.

[129] *O Globo*, 20 de fevereiro de 2008.

[130] Agência Brasil, 30 de novembro de 2011.

[131] Site Tudo Rondônia, 20 de outubro de 2008. Disponível em: <www.tudorondonia.com.br>. Acesso em: fev. 2012.

[132] *Folha de S.Paulo*, 4 de abril de 2008.

[133] Transparência Brasil, 11 de janeiro de 2010.

[134] Repórter Brasil, 26 de julho de 2010. Mais detalhes sobre trabalho escravo no capítulo "Escravizados".

[135] *O Globo*, 21 de maio de 2010.

[136] Blog do Dener Giovanini, Estadão, 6 de outubro de 2011.

[137] Site Amazônia, 14 de dezembro de 2004. Disponível em: <http://amazonia.org.br>. Acesso em: fev. 2012.

[138] *Diário do Pará*, 6 de fevereiro de 2011.

Notas

[139] Este levantamento também não incluiu os vereadores.
[140] O município também aparece no capítulo "Amazônia despedaçada". É onde autoridades impediram fiscalização do Instituto Chico Mendes.
[141] Muitos nomes de fazendas embargadas ironizam involuntariamente as histórias.
[142] JusBrasil, 30 de outubro de 2008.
[143] O Eco, 9 de maio de 2008.
[144] Falamos com detalhes sobre o município no capítulo "Pará: onde vale tudo".
[145] Ele é de Guaxupé (MG), onde se concentram muitos Ribeiro do Valle – sobrenome de minha avó paterna. Um parente distante?
[146] A lista suja é atualizada a cada seis meses pelo Ministério do Trabalho e Emprego. Os cadastrados ficam impedidos de obter empréstimos em bancos oficiais. Em janeiro de 2012, ela chegou ao número recorde de 294 nomes. O nome oficial é Cadastro dos Empregadores Autuados Por Exploração De Trabalho Escravo.
[147] Entre 2007 e 2009, houve 4,9 mil libertações por ano. Repórter Brasil, 28 de julho de 2009.
[148] Como vimos no capítulo "Marcha para o Oeste", muitos deles têm terras em outras regiões. Por isso fazendas no Norte, por exemplo, aparecerão em outros trechos do capítulo.
[149] Repórter Brasil, 7 de dezembro de 2009.
[150] *Folha de S.Paulo*, 27 de setembro de 2010.
[151] Última Instância, 11 de novembro de 2009.
[152] *O Liberal*, 1° de julho de 2003.
[153] Instituto Observatório Social, 15 de março de 2011.
[154] Mas particularmente de Tocantins: dois deputados tocantinenses, eleitos em 2010, e o prefeito de Pium (TO), eleito em 2008, possuem terras em São Félix. Outros quatro políticos no município (eleitos nesses pleitos) são do Maranhão, Piauí e Santa Catarina.
[155] Repórter Brasil, 31 de março de 2011.
[156] Repórter Brasil, 13 de junho de 2008.
[157] Repórter Brasil, 23 de janeiro de 2008.
[158] Fórum Carajás, sem data, e G1, 14 de março de 2007.
[159] Congresso em Foco, 12 de junho de 2010.
[160] *Época*, 22 de agosto de 2005.
[161] Repórter Brasil, 22 de dezembro de 2009.
[162] G1, 15 de março de 2009.
[163] Repórter Brasil, 9 de fevereiro de 2009.
[164] Repórter Brasil, 17 de novembro de 2006.
[165] Repórter Brasil, 24 de outubro de 2011.
[166] Repórter Brasil, 19 de abril de 2012.
[167] *Veja*, 4 de setembro de 2002.
[168] Repórter Brasil, 7 de fevereiro de 2006.
[169] Na declaração de 2010 consta que o valor baixou para R$ 1,56 milhão, pois, em disputa com a filha, transferiu os bens para o filho mais velho.
[170] *O Globo*, 6 de outubro de 2011.
[171] Repórter Brasil, 7 de dezembro de 2009.
[172] *O Globo*, 1° de outubro de 2009.
[173] Repórter Brasil, 15 de junho de 2009.
[174] *Época*, 22 de junho de 2006.
[175] Agência Folha, 15 de julho de 2001.
[176] José Gomes da Silva, *Buraco negro: a reforma agrária na Constituinte*, Rio de Janeiro, Paz e Terra, 1989, p. 87.
[177] Em 2011, foram 29 casos. Menos que em 2010. Em contrapartida, o número de trabalhadores ameaçados de morte aumentou 177,6%.
[178] José de Souza Martins, *Fronteira*, São Paulo, Contexto, 2009.
[179] Francisco de Assis Lemos, *O Vietnã que não houve: Ligas Camponesas e o golpe de 64*, Londrina, Ed. UEL/Ed. da Universidade Federal da Paraíba, 1996, p. 51.
[180] Sebastião Barbosa, *A mão armada do latifúndio*, João Pessoa, A União, 1984, p. 80.
[181] *O Norte*, 21 de agosto de 1983.
[182] *Veja*, 6 de setembro de 1995.

[183] Eric Nepomuceno, *O massacre*, São Paulo, Planeta do Brasil, 2007, p. 16.
[184] Na Coreia do Sul é menor ainda: apenas 3 hectares. Na Índia, 21,9 hectares. Na Itália, 300 hectares. No Peru, 150 hectares. As informações são da Campanha Nacional pelo Limite da Propriedade da Terra.
[185] Como José Sarney, foi eleito pelo Amapá, apesar de morar em outro estado. Gastou 5 milhões de dólares na campanha.
[186] Roseanne Murphy, *Martyr of the Amazon: The Life of Sister Dorothy Stang*, New York, Orbis Books, 2007.
[187] *Época*, 27 de abril de 2010.
[188] *IstoÉ*, 6 de abril de 2005.
[189] O governador na época, Simão Jatene (PSDB), negou que o estado tivesse sido omisso. Em 2010, Jatene não declarou propriedade de terras ou de gado. Em 2002, sim. Ou, mais precisamente, registrou a transferência de mil hectares (entre outras terras) para a ex-mulher. Ela também recebeu, após a separação, quatrocentas cabeças de gado.
[190] Instituto Observatório Social, 17 de fevereiro de 2011.
[191] *O Estado de S. Paulo*, 23 de janeiro de 2005.
[192] Não eram as únicas conexões. A revista *Veja* relatou, em 18 de dezembro de 2002, conversas comprometedoras entre Dias Mendonça e o ex-deputado Pinheiro Landim (PMDB-CE).
[193] Portal iG, 28 de janeiro de 2012.
[194] Ele é filho do escritor Mário Palmério, ex-deputado federal.
[195] *O Liberal*, 15 de agosto de 2008.
[196] *Diário do Pará*, 12 de novembro de 2005.
[197] Site do MST, 16 de setembro de 2010.
[198] Victor Nunes Leal, *Coronelismo, enxada e voto*, Rio de Janeiro, Forense, 1949.
[199] Sérgio Buarque de Holanda, *Raízes do Brasil*, 26. ed., São Paulo, Companhia das Letras, 2001.
[200] Ver capítulo "Um Brasil muito particular".
[201] Durante as eleições, a Câmara de Buriticupu reuniu material de campanha da futura parlamentar. Em 2011, Primo foi visto entrando na Assembleia Legislativa com uma caminhonete de uso exclusivo da mesa diretora.
[202] Ver capítulo "Pará: onde vale tudo".
[203] Comissão Pastoral da Terra NE, 19 de janeiro de 2012.
[204] Liga dos Camponeses Pobres do Norte de Minas, 7 de março de 2011.
[205] Agência Pública de Reportagem e Jornalismo Investigativo, 29 de fevereiro de 2012.
[206] Carta Maior, 17 de janeiro de 2007.
[207] Conselho Indigenista Missionário, 5 de abril de 2011.
[208] *Época*, 29 de abril de 2005.
[209] *O Globo*, 8 de maio de 2008.
[210] *Playboy*, junho de 2008.
[211] *Folha de S. Paulo*, 7 de abril de 2012.

O AUTOR

Alceu Luís Castilho é jornalista desde 1994, formado pela Universidade de São Paulo (USP). Entre 1994 e 2001, trabalhou no jornal *O Estado de S. Paulo*. Em 1999, venceu o prêmio Fiat Allis de Jornalismo Econômico. Foi fundador e editor-executivo da Agência Repórter Social, pela qual obteve o Prêmio Vladimir Herzog de Anistia e Direitos Humanos, o Prêmio Direitos Humanos de Jornalismo e o Prêmio Andifes. É também Jornalista Amigo da Criança, título oferecido pela Agência de Notícias de Direitos da Infância (Andi) em 2007.

O AUTOR

Alceu Luís Castilho...